真田家の鷹狩り

鷹術の宗家、祢津家の血脈

二本松泰子
Nihonmatsu Yasuko

三弥井書店

前見返し：宝暦頃之松代地図　氏名入　個人蔵
（真田宝物館寄託）

後見返し：信松代御家中屋鋪附　個人蔵

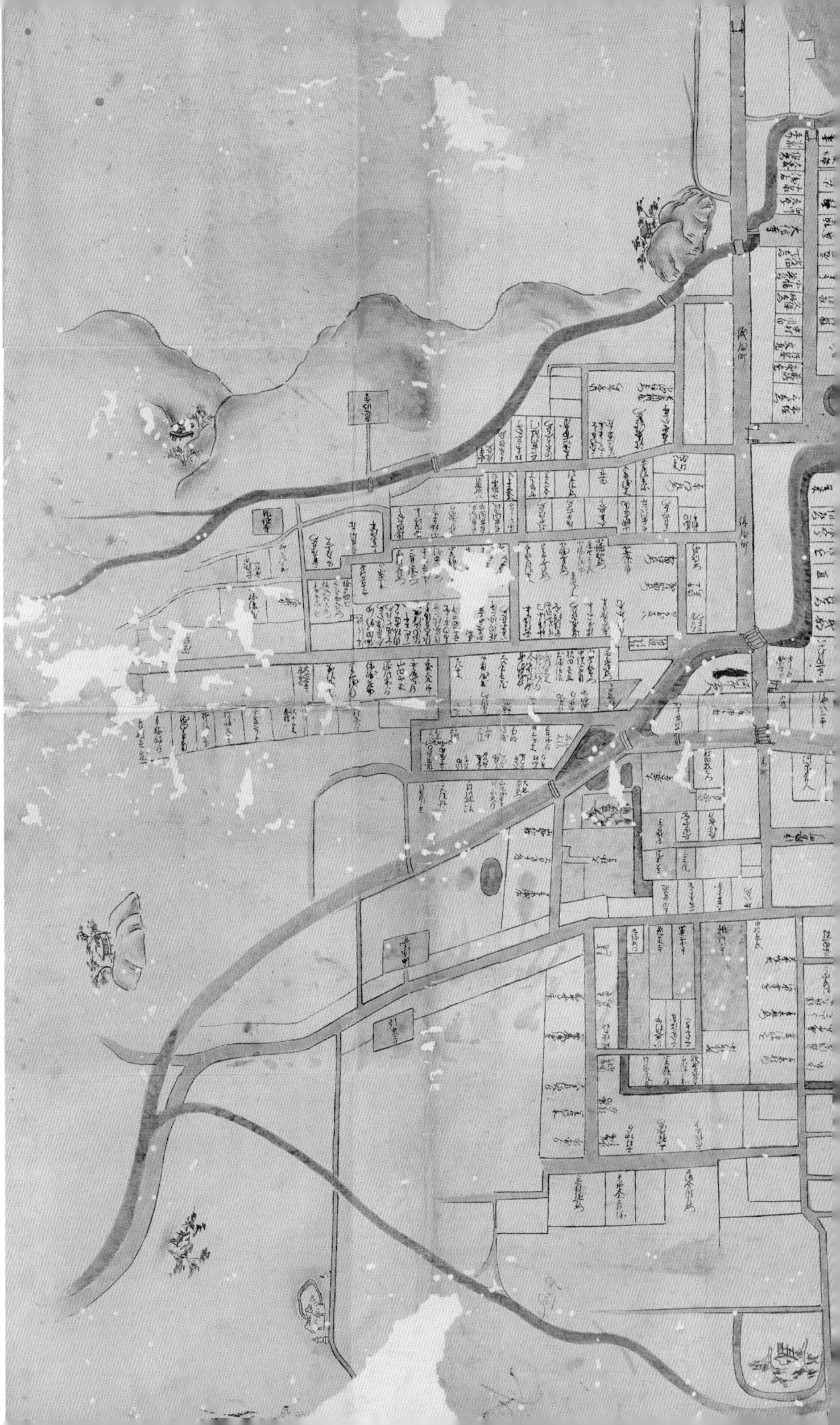

真田家の鷹狩り—鷹術の宗家、祢津家の血脈　目次

序章　―松代藩の真田家と祢津家の鷹狩り―

信州諸藩の中で、江戸時代を通じて最も多い石高を誇ったのは、代々真田家が藩主を務めた松代藩である。その初代藩主の真田信之は、九十三歳という長寿を以て藩政に尽力し、幕末まで続く松代藩の礎を築いた。長きに渡る彼の藩主としての業績については、たとえば、松代藩第八代藩主・真田幸貫の命を受けて同藩家老の河原綱徳が編纂した『真田家御事蹟稿』に見える「大鋒院殿御事蹟稿」巻之二[1]によると以下のように評価される。

> 滋野世紀　明暦三年丁酉十月晦日（綱徳謹テ按スルニ、明暦二年丙申ノ誤写ナルヘシ、）信幸隠居アリ、数年ノ間隠居ノ望ミ有トイヘトモ、将軍家綱公（綱徳謹テ按スルニ、家康公・秀忠公・家光公・家綱公御四代御勤仕、）御幼少タルノ間、隠居ノ義ハ延引有テ然ルヘシト、酒井讃岐守忠勝・酒井雅楽頭忠世等是ヲ留メラル、今年ニ至リテ将軍家モ御成長ナサレ、信幸モ九十一才ニ及ハレケレハ、是非ニ隠居有度ト達テ仰上ラレケレハ、酒井雅楽頭上使トメ上意有ケル趣ハ、伊豆守儀ハ天下ノカサリニ候ヘハ、隠居ハ仰付ラレ難ク思召候ヘ共、極老ノ儀、其上数年ノ願ニ候ヘハ、其望ニ任サルヘシトノ御諚ナリ、信幸御受ニハ我等式ヲ天下ノ飾ト思召ル丶ノ上意ハ面目身ニアマリ候也、将軍家イマタ御年若ニ御座ナサレ、左様ノ御心付ハ憚ナカラ感心奉リ候トナリ、

松代城址（奥の建造物は復元された太鼓門）

これは信之が隠居した際の経緯について説明した記述である。意訳すると、明暦三年（一六五七、正しくは明暦二年、一六五六）に隠居した信之は、数年来隠居を希望していたが、江戸幕府第四代将軍・徳川家綱がまだ幼いことを理由に幕府の老中を務めた酒井忠勝と酒井忠世に留意されて引き延ばされていた。しかし、家綱が成長して信之も九十一歳になった夕イミングで隠居を申し出ると、家綱は酒井忠世を介して「信之は天下の飾りであるため隠居は許可しがたいが、高齢であることと数年来の願いであることから、今回は望を叶える」と伝えたという。それを承った信之は「天下ノ飾」という将軍からの賛辞を身に余る光栄と喜びつつ、若くしてそのような気遣いの言葉を発した家綱に「感心」したとされる。この「天下ノ飾」という賛辞は、将軍や幕府の重鎮から一目置かれた信之の存在を表象する文言としてたびたび先学において引用される。(2)

さて、このように十万石の大名家の祖として高く評価された信之は、戦国時代から政治的な場面においてたびたび鷹狩り用の「鷹」を利用していた。たとえば、『戦国遺文・真田氏編第二巻』(3)には、信之に宛てた「羽柴秀吉御内書」が二通所収されている（両文書とも年未詳、真田宝物館所蔵真田家文書）。それらによると、信之から秀吉の元に「巣鶴」「兄鷹」が届けられた由が見える。(4)「巣鶴」とは野生の鶴（＝鷹狩りに遣う鷹の一種）の巣にいる雛のことで、「兄鷹」とは鷹狩りに遣う大鷹の雄のことを指す。同じく『戦国遺文・真田氏編第二巻』に所収されている信之に宛てた「石田三成書状」（年月未詳、真田宝物館所蔵真田家文書）にも、信之と三成との間に鷹を介した交流のあったことを示す文言が見える。(5)

このように政治的に利用価値の高い鷹狩りの鷹を調達するために、信之は真田家の家臣たちを存分に活用した。『戦国遺文・真田氏編第三巻』(6)所収の文書類を以てその事例を辿ってみると、まずは慶長七年（一六〇二）九月十四日付の「真田信之書状写」（「大鋒院殿御事蹟稿」二十一）において、信之が「木村五兵衛殿」「出浦上総守殿」宛てに、今年も大鷹を捕獲することを固く申し付けていることが挙げられる。この「木村五兵衛」「出浦上総守」とは、『戦国遺文・真田氏編第三巻』の注記(7)によると、それぞれ木村綱茂・出浦昌相とされ、いずれも真田昌幸の代には真田家に仕えていた当家の重臣たちである。このうち木村綱茂は、特に頻繁に信之から鷹の調達を命じられていたらしい。

すなわち、慶長十一年（一六〇六）三月十五日付の「真田信之書状」（真田宝物館所蔵伏島家文書）によると「木村土佐守殿」宛てに信之が「和田・大門」（現・長野県小県郡長和町）の「鷹之巣」を見つけておくよう命じ、さらにその際には「油断有間敷」と厳重に指示している他、(8)年未詳四月七日付の「真田信幸書状」（長野市原家文書）では「木村土佐守殿」と「原半兵衛殿」宛てに「巣鷹」をいつ巣からおろすのか尋ねている文言が見える。この「原半兵衛」とは、『戦国遺文・真田氏編第三巻』の注記(9)によると、関ヶ原合戦後に信之に仕えた原浄貞とされる。同じく年未詳四月十三日付の「真田信幸書状」（上田市立博物館寄託石井家共有文書）によると、「木村土佐守殿」「石井喜左衛門殿」「原半兵衛殿」に宛ての文面において「巣鷹之儀念」に言及している。ここで木村綱茂・原浄貞と並んで名前の見える「石井喜左衛門」とは、昌幸の代から真田家に仕え、信之に帰参してからは家老として活躍した人物である[10]。

以上のような木村綱茂・出浦昌相・原浄貞・石井喜左衛門以外にも、信之のために鷹狩りの鷹の調達に尽力した家臣は複数存在している。たとえば、慶長八年（一六〇三）三月二十二日付の「真田信之朱印状」（姫路市立城郭研究室寄託熊谷家文書）は、「湯本三郎右衛門尉殿」に宛てて信之が発給した朱印状である。それによると、「湯本三郎右衛門尉」の知行地から毎年「巣鷹」が献上されていたという。この「湯本三郎右衛門尉」とは、『戦国遺文・真田氏編第三巻』の注記[11]によると、昌幸以来の真田家の重臣である湯本幸吉とされる。

ちなみに、年未詳六月八日付の湯本幸吉に宛てた「本多忠勝書状」（姫路市立城郭研究室寄託熊谷家文書）には「先日者見事之鷹之羽送給候、忝存候事」と見え、信之の正室の父・本多忠勝から鷹の羽を送ったことについて幸吉に謝意が伝えられている。

また、『戦国遺文・真田氏編第三巻』において「慶長十一年カ」と注記される[12]五月二十七日付の「真田信之書状」（長野市岡村博文氏所蔵文書）によると、信之から「禰津志摩守殿」に宛てて、「はいたか壱つ」を御鷹匠に渡すことや信州三原野（現・群馬県吾妻郡長野原町）や西窪（現・群馬県吾妻郡嬬恋村）の巣鷹について確認し、「方々よりすたか所望」があるので巣から降ろすように肝煎に指示することを命じている。さらには「越前中納言様」から巣鷹の御所望があることや「はいたか」四羽のうちの一羽を御鷹匠に渡すことも指示している（後述）。『戦国遺文・真田氏編第三巻』の注記[13]によると、この「禰津志摩守」は祢津幸慶、「越前中納言」は結城秀康とされるが、前者は祢津幸直が正しい。祢津幸直とは信之の乳兄弟として育ったとされる側近の家臣である（後述）。彼の子孫は代々松代藩に仕えて幕末まで継続した[14]。なお、幸慶は幸直の嫡子。一方の「越前中納言」については、『信濃

史料　補遺巻下』(15)では当該文書は寛永二十年（一六四三）の書状とされ、「越前中納言」については結城秀康の次男で越前国福井藩三代藩主の松平忠昌であると注記する。

さらに、『真田家御事蹟稿』「大鋒院殿御事蹟稿」(16)に引用されている文書類にも、信之の命に従って鷹狩りに関連する実務に携わった人物の事績が記載されている。それらの中から前述した事例と重なっていないもののうち、たとえば「大鋒院殿御事蹟稿」巻之二十一に見える「上州利根郡白岩村中島某所蔵」の模写とされる記事によると、「祢津式部殿」「片山守膳殿」宛ての信之の書状において、「牧野大和殿」が「巣廻之鷹（＝鷹の雛が少し成長したもの）」を使いたがっているので準備をするように指示している。ここに見える「牧野大和」とは、長岡藩の初代藩主・牧野忠成の世嗣である牧野光成のことで、「祢津式部」は先述した祢津志摩すなわち祢津幸直を指す。「片山守膳」は管見において系譜等未詳。

その他、同じく「大鋒院殿御事蹟稿」巻之二十三には、「出浦昌相」に伝来したとされる文書群の中に年未詳六月三日付の信之から「出浦半平殿」「大熊靫負殿」宛ての書状が引用されている。「出浦昌相」とは、昌幸の代から真田家に仕えた後、上田藩主となった信之とその子息である沼田藩主の真田信吉にも仕えた真田家代々の重臣である。書中には「巣廻之鷂」が「祢津式部」の所から献上されることや「もち鷹（＝餅で捕らえた鷹）」の扱い等について「（祢津）式部」にも連絡をとることが指示されている。宛先に見える「出浦半平」は出浦昌相の嫡子で「大熊靫負殿」は昌幸に仕えた後に信之に従って沼田藩領に拠点を移した人物のことである。

同じく「大鋒院殿御事蹟稿」巻之二十三に見える出浦昌相伝来の年未詳五月二十八日付の信之書状は、「出浦半平殿」「山室彦兵衛殿」宛てに「鷹之儀入念」を指示する具体的な内容が記載されている。「山室彦兵衛」は系譜等未詳。さらに同じく年未詳二月二十一日付の信之から「出浦半平殿」宛ての書状にも鷹に言及した文言が見える。

なお、松代藩主になって以降の信之は、他藩と同様に、徳川将軍との儀礼的な関係において鷹を利用していたことが確認できる。たとえば、江戸幕府の記録書である『寛明日記』[17]によると、寛永八年（一六三一）六月七日に信之が二代目将軍・徳川秀忠へ「巣鴘」を献上したことが見える。さらには、家綱から信之へ「御鷹之鳥」（明暦元年（一六五五）二月一日）、「御鷹之雲雀」（明暦元年七月二十六日）、「御鷹之雁二羽」（明暦二年十月二十五日）を下賜した由も同書において記載されている。その他、松代藩士の桃井亦七郎友直が編纂した『滋野世記』（享保十八年（一七三三）成立）[18]においても、承応四年（一六五五）二月一日に家綱からの「御鷹之雁二」を信之が拝領した由が見える。このように諸大名と将軍との間で鷹や鷹の獲物の贈呈が行われるのは、政治的な意味合いを強く持つ儀礼であることはすでに先学において指摘されている通りである[19]。

以上のように、信之の意向を受けて政治儀礼や外交に利用する鷹関連の業務に携わった真田家家臣たちは多数存在する。その多くは昌幸の代から真田家に仕える松代藩の重臣たちであった。その中で、本書が注目するのは祢津志摩（祢津式部）すなわち祢津幸直である。というのも、彼は中世・近世に流行した武家流放鷹術を代表する鷹の家の宗家の一人であった。周知のように、祢津家は古くから鷹術を家芸とした。そのため、歴代当家からは鷹術の名人が何人か輩出されている。その中で最も著名な人物としては、『諏訪大明神画詞』において「東国無双ノ鷹匠」と称えられた祢津神平貞直がまずは挙げられよう。同書によると、この貞直は保元・平治の合戦において活躍した武人という。

さらに祢津志摩の伯父に当たる祢津松鷂軒（常安）もまた、鷹術の名人としてよく知られた存在であった。松鷂軒は戦国時代に徳川家康に仕えて上野国豊岡（現・群馬県高崎市）に五千石の所領を賜り、その実子である信政はさらに五千石加増されて豊岡藩を立藩している。このように松鷂軒が家康に重用されて異例の出世を遂げたというキャリアを持つことから、中世末期以降、松鷂軒所縁の祢津家の鷹術は家康愛顧の格式の高い鷹術と見なされ、武家の間で広く展開した。その結果、松鷂軒から伝来したとされる鷹術は中世・近世の武家流放鷹文化を牽引する存在となってゆく[20]。たとえば、幕末の故実家である栗原信充著の『柳菴雑筆』第二[21]によると、祢津家の系譜上における鷹術の伝来と松鷂軒の位

密岩神社から仰ぎ見た岩櫃山（岩櫃城は山の東側の尾根に築かれた）

岩櫃城本丸址

置付けについて、以下のように説明している。

> 但祢津の系図には、清和天皇第四皇子貞保親王一本貞元に作八代平権大夫重道の二男、祢津左衛門尉道直の子を神平貞直と云、貞直が子神平宗直、のちに美濃守と云、宗直の子神平宗道、その子神平敦宗、その子神平宗光、また大宮新蔵人と云、此時御所御鷹飼方の秘訣を伝ふと云は、酒君の流と、米光由光のながれと、祢津の家に一統して相承ること、なりしなり、宗光十五代美濃守信直入道して、松鷗《(ママ)》軒常安と云、宮内大輔元直の男なり、松鷗軒の弟子に、屋代越中守、吉田多右衛門家元、熱田鷹飼伊藤清六、小笠原某、羽根田某、横澤某、荒井豊前守、平野道伯等の数人あり、皆新得発明する所ありて、各一家をなす、是鷹飼流派の大概なり。

このような『柳菴雑筆』の叙述では、祢津家は清和天皇の第四皇子である貞保親王が祖であるとされ、その十四代末裔に当たる宗光を大宮新蔵人とも称して「御鷹方の秘訣」が伝授されたという。この宗光の鷹術については後述するが、ここで注目したいのは、さらにその十五代目に当たる松鶴軒に鷹術の高弟が多数存在したことを名指しで記載している点である。ここで名前が挙げられている人物たちの史実性についてはさておき、松鶴軒系の鷹術が広く流布して隆盛した事実を窺わせる情報と見て間違いない。

一方の幸直は、貞直や松鶴軒ほど鷹術名人のアイコン的な存在として著名なわけではない。しかし、彼もまた祢津家の鷹術をブランディングする一端を担っていた。というのも、現在、宮内庁書陵部には、幸直に奉公していた「甚兵衛」という人物が十二歳の時に幸直の所から盗み出して写したとされる『根津志摩守ト有之鷹書』と題する鷹書（写本）が所蔵されている。鷹書とは鷹狩りにまつわる物語や伝承および鷹を扱う実技に関する知識等を記載した伝書のことで、テキストによっては流派のアイデンティティを構築することを目的に制作された媒体である。[22] 幸直の名前が冠せられた当該の鷹書もまた祢津家の鷹術伝承を表象するテキストと認められる（後述）ことから、彼を介した祢津家の鷹術にも一種のステータスが確立していたと想定されよう。

その他にも、戦国時代における祢津家の鷹術の実態を示す事例として、真田宝物館寄託禰津家文書に含まれる以下のような起請文がある。[23]

起請文之事

貴家秘術鷹方伝受之条々、不可有他信、若此旨於相背者、可蒙　日本国神　八幡大菩薩・春日大明神、殊氏神　三島大明神・天満天神御罰者也、

文禄二

五月十二日　　三松斎（花押）

禰津長左衛門尉殿

進上

この起請文は、文禄二年（一五九三）五月十日付で「禰津長左衛門尉」という人物宛てに記されたものである。この「禰津長左衛門尉」という人物は、未詳であるが、もし「祢津長右衛門」の誤記ならば、祢津幸直の兄とい

う可能性もある。[24] いずれにしろ、真田宝物館寄託の禰津家文書とは、真田家に仕えて松代藩士となった禰津家の末裔（現在のご当主は禰津喜隆氏）に伝来したもので、当該文書はそれに含まれることから、少なくとも「禰津長左衛門尉」は幸直と同じく真田家家臣の祢津家に連なる人物に比定することができよう。また、この起請文を記したのは「三松斎」すなわち尾張守護・斯波義統の嫡男である斯波義銀（津川義近とも称する）とされる。右の起請文によると、三松斎は貴家（祢津家）から伝授された鷹方の秘術を他言しないことを誓い、もしそれに背くことがあれば日本国の神々である八幡大菩薩や春日大明神、殊に氏神である三島大明神や天満天神の罰を受ける旨を誓っている。妙心寺大龍院所蔵『斯波義近（義銀）肖像』には三松斎の肖像画に鷹狩りに用いる大鷹が描かれていて、彼が鷹術に強い関心を寄せていたことが窺われる。その志向性を以て「禰津長左衛門尉」から祢津家の鷹術を伝授されたものであろう。いずれにしても右掲の起請文は、真田家家臣の祢津家が当時すでに鷹術の家元的な存在であったことを示す有力な証左と言えよう。

以上のような幸直を取り巻く状況を踏まえた上で、信之が幸直に命じた前掲の鷹狩り関連業務を再度確認すると、宛先が連名ではなく幸直一人となっている五月二十七日付の「真田信之書状」（長野市岡村博文氏所蔵文書）が改めて注意される。そこで、下記に当該文書の全文を掲出する。

尚々、鶏壱つ進之申候、右之四つ之内はいたか壱つ御鷹匠へ可被相渡候、以上、

追而申候、三原信州へもすたかの儀可申越候、西窪より二す程おり候か、いまた沙汰共もなく候、別而

堅可申越候、方々よりすたか所望ニ候間、巣数下候様ニ肝煎尤候、以上、

急度申遣候、仍　越前中納言様より巣鷹就于御所望預御状候、先書ニ申遣候、其許ニ残置候はいたか四つ之内、壱つ御鷹匠へ可被相渡候、為其如此候、恐々謹言、

五月廿七日　　　　　　信之（花押）

禰津志摩守殿

右の「真田信之書状」に見える信之からの依頼内容において、注目すべき特別な業務と言えるのは「越前中納言様」が所望している巣鷹の調達であろう。というのも、先述の『戦国遺文・真田氏編第三巻』の注記に従えばこの越前中納言は結城秀康とされ、同じく『信濃史料　補遺巻下』の注記では松平忠昌とされている。もし結城秀康であるならば徳川家康の子であり、松平忠昌ならば家康の孫にあたる。また、忠昌は信之が入封する六年前の松代藩主でもある。いずれにしても、信之にとっては外交に気を遣う相手と言え、そのような人物から所望された巣鷹であるため、特別に祢津幸直一人に依頼したのではないだろうか。

あるいは、結城秀康は松鶻軒系の祢津家の鷹術に従事した鷹匠から鷹方の指南を受けたとされる。(25) 先述のように祢津流の鷹術は、松鶻軒を介して家康が愛顧した流派であることを忖度し、信之は家康の子孫が欲する巣鷹を祢津家に準備させようとしたのかもしれない。

また、『真田家御事蹟稿』「長国寺殿御事蹟稿」巻之四(26)には、以下のような叙述が見える。

祢津

（中略）

○真田御武功記　或覚書に曰、伊豆守殿幼少の時、祢津宮内大輔元直カ後妻ヲ乳付の母に頼給ふ、祢津か先妻ハ信州先方諸賀入道が女也、後妻は上州我妻の住士羽尾入道が女也、安房守殿羽尾に由緒有故に頼給ふと也、其後参州長篠合戦に、宮内討死しけれバ、妻女剃髪して貞繁尼と云、嫡子長右衛門ハ継子たるに依て、母子中平からず、貞繁尼源三郎にちなみ有に依て、常に安房守殿の御方に立寄により、内外の人いつとなくお局さまといふ、乳の好身なる祢津が子を式部と云、両人かの乳母の両の膝に居て、乳房を含みける程に、互に睦しく生立給ひしとなり、毎日伊勢山に遊び、心を慰め給ふ、源三郎殿此山坂を安く上り給はんとて、夙に起て朝草苅の馬に打乗給ふ、式部ハ腰に焼めしを付行て、共に是を食し、夕陽に及びて城に帰り給ふとなり、（伊勢山ハ戸石城ノ跡なり、朝草かりの馬とハ、民家馬を養ふ者、未明に山に行、青草を苅て餌とす、其馬をかりて用給ふ、）互に成長して、式部ハ祢津志摩幸直と名のる、（綱徳按スルニ、羽尾記ニ信之十八、幸直十七ト有、）ある時志摩申ハ、伯父にて候松鷗軒上州豊岡に罷在候、是を頼、家康へ成とも秀吉へ成とも奉公致し候べし、此年来の御厚恩申尽し難し、且御名残も惜く候となり、信之宣ふハ、被存立候所尤ニハ候得共、安房守殿今の侭にてハ朽果給はじ、大望ある人なり、我亦心中に大望あり、其深き志をしらぬ人か情なくも振捨往んとハ宣ふ物哉、日比の情をバ我ハ忘れぬ物をと有けれハ、志摩黙止がたく思ひとりて、神川一戦の時も二心なく篭城しけると也、

この『真田家御事蹟稿』が引用する、「真田御武功記」によると、「或覚書に曰」として、真田信之と祢津幸直の幼少時の逸話が記載されている。すなわち、祢津宮内太輔元直の後妻である上州我妻の住人・羽尾入道の娘が

信之の授乳係になったという。その所以は真田昌幸が羽尾に由緒があったからとされる。なお、この羽尾入道とは上野吾妻郡（現・群馬県吾妻郡）の国衆である羽尾幸全を指す。[27]この羽尾入道の娘は三河国長篠合戦で元直が討死すると剃髪して貞繁尼と称した。嫡子の長右衛門は先妻である諸賀入道の娘が生んだ継子なので折り合いが悪く、貞繁尼はむしろ源三郎（信之）との所縁から常に昌幸の方に立ち寄り、内外の人々にお局さまと言われるようになった。

また、貞繁尼の息子である式部は源三郎とともに彼女の両膝に乗って乳房を含み、仲睦まじく成長する。少年期になると、二人は毎日伊勢山（現・上田市上野の砥石城下の集落）に遊び、心を慰めたという。源三郎は山の坂を馬で駆け上がるために早朝に起きて刈った草を餌として馬に与え、乗馬を楽しんだ。式部は腰に焼き飯をつけて源三郎に従い、共にこれを食べて夕日がさす頃に城に戻った。そして、互いに成長して式部は「祢津志摩幸直」と名乗るようになった。ある時、幸直は伯父である祢津松鶴軒が上野国豊岡に在住しているのを頼って徳川家康なり豊臣秀吉なりに奉公する旨を信之に告げ、年来のご厚恩を感謝しつつ名残を惜しんだ。

先述のように、松鶴軒は家康に仕えて豊岡に五千石の領地を賜っている。若い幸直にしてみると羽振り良く出世した伯父に続きたいという思いであろう。それを聞いた信之は、幸直の思いは尤もであると一応は彼の気持ちに寄り添いつつ、その一方で自身の父である昌幸は今のままで終わる人ではない、その心中には大きな野望があると語る。さらには信之自身もまた心中に大望があり、その深い志を知らずに情けなくも自分を捨てて出てゆくのかと嘆き、日ごろの幸直の情について自分は忘れないものをと口説いた。それを聞いた幸直は黙っていられなくなり、信之に忠義を尽くすことを決意した結果、神川の戦（第一次上田合戦）でもふた心なく籠城したと記されている。

この叙述は、信之と幸直の若かりし頃の親密な交流を伝えるものであるが、随所に史実とそぐわない部分がある。たとえば、長野県立図書館所蔵『松代藩士系図　全』（資料番号0104163225、請求番号N288/3/）に所収されている二種類の系図はいずれも祢津幸直の末裔の系譜である。それらによると、政直（「祢津宮内大輔　松鶴軒」と注記される）の弟として「信忠」という人物の名前が見え、その信忠の次子が「幸直」とされる。その注記には「式部　志摩守　介右衛門　系左別　武靖公御伽相助　系在別」「式部　助右エ門　志摩守　武靖公御伽」とあり、「長国寺殿御事蹟稿」において祢津式部もしくは志摩と称されたとする「幸直」と同一人物で間違いない。つまり、幸直の父の名前は「信忠」とされ、「長国寺殿御事蹟稿」が「元直」と記載するのと齟齬がある。[28]

このように、右掲の『真田家御事蹟稿』「長国寺殿御事蹟稿」巻之四に見える叙述は、史実性の疑わしい情報が若干含まれてはいるものの、信之と幸直が親密な主従関係にあると広く認識されていたことによって信じられてきた逸話と見なされよう。

同様に、『真田家御事蹟稿』「大鋒院殿御事蹟稿」巻之十に見える以下の叙述もまた、そのような事実を主張する一環と類推されるものである。

真武内伝附録　祢津三十郎一当公御前ニテ、宮下藤右衛門ヲ討、藤右衛門ハ家老也、大坂へ玉薬通入シタル由ニ付、被為討、但江戸へ被召呼、呉服ナト下サレ、兼テ志摩綱徳按スルニ始名式部、ニ仰付ラレケルニ、志摩申ハ、私儀ハ御武威ヲ以テ相応ノコ、ロバセ数度仕候ヘトモ、悴儀ハ御静謐ノ御代ニ罷成、鼠ノ首ニテモ切申事無之間、三十郎ニ被仰付被下候ヘト申ニ付、三十郎ヘ仰付ラル、由、右藤右衛門御前ヲ罷立ト、其マヽ三十郎乍立父カ方ヲキツト見ケレハ、志摩瞻ト白眼ケリ、三十郎心得、跡ヨリ次ノ間迄出、ソコニテ藤右衛門待ヨ、御意シヤト声ヲカクル、藤右衛門立皈、脇差抜所ヲ討タリト云、志摩カニラミタルハ御前近キ所ナルニ依テ也、三十郎能心得タルナリ。

（中略）

取捨録　祢津三十郎後ニ夢道といふ、綱徳按スルニ、志摩幸直次男也、兄主水大坂ニ於テ討死故ニ家督ヲツク　上略上田御在城の時、大阪御陣の翌年、馬場主水と云忍の者、いか成野心か有けん、公儀へ訴人ニ出、大坂城内へ玉薬を入させられしと訴けるにより、段々六ケしく成けれ共、元御誤なき故被仰訳立て事済ケリ、然るニ、御家老の宮下藤右衛門と云者千石を領し居けるか、此者大坂へ書通なしたる事露見し、江戸へ召呼れ御成敗なり、藤右衛門も聞ゆる強力の者なれは、御気を思召て、祢津志摩を御撰にて、討手を被仰付たり、志摩申ハ奉畏候得とも、此儀ハ倅三十郎へ被仰付被下候へ、私儀ハ御太刀陰をかり奉り、相応の志をも仕候へ共、倅義ハ仕合とや可申不仕合とや申へき、年計重ね候て鼠の首ニても切候事無御座候と申上る、さらハ三十郎呼へしと被召出、何才ニ成候やと御尋有けれは、十七才ニ罷成候と申上る、唯今藤右衛門罷出候間討候得と被仰、御詞之下より藤右衛門罷出たり、則御前江被召出、上田表ニハ替る事無之か、城内無異なるか杯と御尋ニて、此度召呼候事余義ニあらす、其方身の上ニ付て不思議の事を聞出したり、実儀ニハ有ましけれ共、公儀を重んするなれは召呼たり、先今日ハ罷皈、緩々休足すへしとの仰ニて、御盃を給はり時服を被下退出す、三十郎続きて立て、脇指の柄に手を懸なから父の方をみれハ、志摩はたとにらむ故、敷居を越させ、已も越なから藤右衛門御意なりと声懸て討てかゝる

岩櫃城志摩小屋跡（祢津志摩守の屋敷跡と伝えられる）

> を、心得たり小倅と云なから脇指をぬくを飛違て討、藤右衛門さそくを踏切結ハんとするを、畳かけて切付、乗たをして首を取ける也、志摩かにらみたるハ、御前近けれハ奉憚て、御次ニてせよとの心なりしとそ、此手首尾を見給ひし故、三十郎ハ定の場をは外さぬ者なりと常々仰られしとかや、

ここで『真田家御事蹟稿』が引用する「真武内伝附録」「取捨録」は、いずれも大坂夏の陣の後、信之に大坂方との内通の嫌疑がかかった時の経緯を伝えるものである。すなわち、信之の家老である宮下藤右衛門が大坂方に弾薬を横流ししていた疑いがあることを案じた信之が彼を江戸に呼び出して幸直に成敗を命じたところ、幸直の息子である三十郎が父親の意向を汲みつつ見事に上意討ちを果たしたというものである。これも史実に基づく逸話であるか否かは不明であるが[29]、信之に親密に仕える幸直と息子の関係性、言い換えれば真田家に仕える祢津家の忠誠心が広く認知されていたからこそ伝えられた〝物語〟であろう。

実際に、祢津家は真田家家臣として重用され、松代藩で家老クラスの重臣となり、先述のように幕末まで続いた一族である。そのような歴史的背景があったからこそ、祢津家の人物が主君である真田信之と固い絆で結ばれていたという物語も受け入れられたのであろう。本書では、このような真田家と祢津家の主従関係に鷹術が介在していた事実について注目するものである。

ところで、先学において、真田家の鷹狩りに関する研究はあまり進められてこなかった。それは、中世・近世に鷹狩りを政治儀礼や外交に利用した武将たちの事例は数多くあり、真田家のそれは特に目立つ特徴を持つとは見做されなかったためである。しかし、真田家の鷹狩りを支えた〝祢津家〟は、先述のように、中近世における武家流放鷹文化の主流を担った鷹の家であった。このような特殊な事情を鑑みると、真田家の鷹狩りには政治的儀礼や藩外交にとどまらない、文化史上の意義を持つ伝統技芸としての側面を見出すことが可能であろう。

それならば、真田家家臣の〝祢津家〟について、放鷹文化の担い手としての視座から改めて検討し、真田家の鷹狩りの実像を見直す必要がある。しかも、当該の祢津家にはそのような家芸の実態を伝える文書群が伝来していることが、このたび新たに確認された。本書では、これらの新出文書群を主な手がかりとして、まずは当家の文事の実態を読み解き、それを真田家の鷹狩りにおける文化的営為の一環として位置付けてゆく。

一方、同じ祢津家でも松鷂軒系所縁の鷹術はその文化的位相が若干異なっている。というのも、松鷂軒は嫡子が長篠の戦いで討死した後、弟（＝幸直の父）である信忠の子の信光（＝幸直の兄。昌綱とも。後述）を養子にして家督を譲った。それから、先述のように家康に仕えて上野国豊岡に五千石の領地を賜ったのである。松鷂軒が隠居した後に生まれた実子である信政は関ヶ原の戦いの功績によりさらに五千石を加増されて豊岡藩一万石を立藩し、彼の長男である政次がその跡を継いだ。しかし、政次には跡継ぎとなる男子がいなかったため実弟の信直を養子にして家督を継がせた。が、彼もまた嗣子がないまま早世した（後述）結果、寛永三年（一六二六年）、上野豊岡藩祢津氏は無嗣断絶により改易となった。

つまり、松鷂軒や豊岡藩主となった彼の子孫は、真田家に臣従していない上、松鷂軒の弟子を称する武将たちの中にも真田家家臣となった人物は確認できず、松鷂軒系の祢津家の鷹術と真田家との縁は薄い。しかしながら、だからといって真田家家臣の祢津家の鷹術文書と松鷂軒所縁のそれとの内容が全く乖離しているというわけではなく、一部重なるところもある（後述）。

そこで、本書では、松鷂軒所縁の鷹術文書も適宜取り上げ、真田家家臣の祢津家伝来のものと内容の比較検討を試みながら考察を進める。それによって、祢津家が描く文化事象としての鷹術の実像を明らかにし、そのような当家の鷹術に支えられた真田家の鷹狩りが、普遍的な政治儀礼や外交の範疇にとどまらない文化的な特性を持つことを示したい。

以下に本書の概要を簡潔に述べる。

第一編では、真田家家臣の祢津家に伝来した新出の鷹術文書と系譜・家伝書類を取り上げる。松代藩士を務めた祢津家のうち、鷹術に関わったのは、幸直の子孫にあたる一族とその分家である。幸直の子孫の一族は、家祖を幸直の父親である祢津信忠とし、分家の方はその信忠の兄とされる禰津光直を祖とする。信忠の方が次男ではあるが、彼の息子の幸直以降、その子孫たちは代々松代藩の家老クラスの重臣となったことから、これまで徳川幕府が制作した公式な系図では、信忠の子孫（幸直直系の一族）が祢津家の嫡流とされてきた。

第一章では、そのような信忠系の祢津家に伝来した新出の系図を取り上げ、その氏祖伝承が有する意義について、鷹術伝承との関連性を視野に入れつつ考察する。

さらに第二章では、同じく信忠系の祢津家に伝来した家伝書や鷹書の内容について取り上げ、第一章で検証した信忠系祢津家の氏祖伝承および鷹術伝承との連動性を探る。

第三章では、光直系の禰津一族に伝来した新出の系図について取り上げ、当家独自の鷹術伝承の特徴を分析しつつ、それを踏まえて第一章・第二章で検証した信忠系の祢津家所縁の鷹術伝承との比較検討を試みる。これによって、真田家の鷹狩りを支えた文化的基盤としての祢津家の鷹術伝承の実相を明らかにしてゆく。

第二編では、同じ祢津一族でありながら真田家ではなく、徳川家康に仕えた祢津松鷂軒所縁の鷹術伝承について取り上げる。具体的には、第一編で確認した真田家家臣の祢津家の鷹術伝承との異同を踏まえながら、松鷂軒伝来の鷹書と鷹術文書が果たした文化伝承的な役割について考察を進めてゆく。

まず、第一章では、松鷂軒から伝授されたとする祢津家の鷹書の言説について、信忠系の祢津家に伝来した鷹書をはじめとするさまざまなテキスト（他流派のテキスト含む）に記載される類似表現との比較を通して、その独自性を明らかにする。

さらに、第二章では、松鷂軒からの伝来を主張する一方で伝授の経緯が異なる複数のテキストを取り上げて比較検討し、松鷂軒系の祢津家の鷹術が格式高いものとしてブランディングされた背景について検証する。このような考察を通して松鷂軒系の祢津家の鷹術と真田家家臣の祢津家の鷹術の相対的な特徴を明らかにしつつ、それぞれが有する文化的位相の差異についても探ってゆく。

以上の二編五章にわたって、真田家家臣の祢津家の鷹術伝承が象った文化基盤の実像を明らかにする。さらには、そういった祢津家に支えられた真田家の鷹狩りが、文化的営為としての側面があることについても言及してゆく。

なお、本書における写本・刊本からの引用に関しては以下の要領に従った。

・変体がなはおおむね現行のひらがなに、漢字の旧字体は適宜、通行の字体に改めた。ただし、底本の表記をそのまま残したものもある。

・振り仮名は底本の表記に従った。○や△などの記号類も底本の表記をそのまま示してある。

・明らかな誤字・脱字についても、底本の文字使いを尊重して改めず、そのまま引用して（ママ）と傍記した。あるいは、予想される表記を（　）内に傍記した箇所もある。

・判読不能の文字は□で示した。

注

（1）信濃史料刊行会編『新編信濃史料叢書第十七巻』（信濃史料刊行会、一九七七年）所収。

（2）平山優『真田信之―父の知略に勝った決断力―』（PHP新書、二〇一六年）、『真田氏三代と信濃・大坂の合戦』（中澤克昭、吉川弘文館、二〇一六年）など。

（3）黒田基樹・平山優・丸島和洋・山中さゆり・米澤愛編『戦国遺文・真田氏編第一巻』（東京堂出版、二〇一九年）。

（4）注（3）所収の「羽柴秀吉御内書」（一九三頁）、「羽柴秀吉御内書」（二三七頁）による。

（5）注（3）所収の「真田昌幸書状」（四一頁）によると、真田昌幸も石田三成に「巣鶴三・児鷹二」を献上していることが確認できる。

（6）黒田基樹・平山優・丸島和洋・山中さゆり・米澤愛編『戦国遺文・真田氏編第三巻』（東京堂出版、二〇二〇年）。

（7）注（6）の三一頁。
（8）注（6）所収の慶長十六年（一六一一）七月二十八日付の「小県郡和田村指出」（長和町上原家文書）には「亥五月十六日　弐拾表」として「和田之鷹見」と見える。
（9）注（6）の一五八頁。
（10）丸島和洋『真田一族と家臣団のすべて』（新人物文庫）「石井喜左衛門尉」（KADOKAWA、二〇一六年）による。
（11）注（6）の三六頁。
（12）注（6）の一〇五頁。
（13）注（12）に同じ。
（14）二本松泰子『鷹書と鷹術流派の系譜』第一編第二章「祢津流宗家の鷹術」（三弥井書店、二〇一八年）参照。
（15）信濃史料刊行会編『信濃史料　補遺巻下』（坂本太郎・室月圭吾監修、信濃史料刊行会、一九六九年）。
（16）信濃史料刊行会編『新編信濃史料叢書第十六巻』（信濃史料刊行会、一九七七年）および（1）に所収。
（17）国立公文書館デジタルアーカイブ『寛明日記』（函号一六三―〇一九五）。
（18）信濃史料刊行会編『新編信濃史料叢書第二巻』（信濃史料刊行会、一九七二年）所収。
（19）根崎光男『江戸幕府放鷹制度の研究』（吉川弘文館、二〇〇八年）、同『将軍の鷹狩り』（同成社江戸時代史叢書）（同成社、一九九九年）、同『犬と鷹の江戸時代〈犬公方〉綱吉と〈鷹将軍〉吉宗』（歴史文化ライブラリー）（吉川弘文館、二〇一六年）、岡崎寛徳『鷹と将軍 徳川社会の贈答システム』（講談社選書メチエ、二〇〇九年）など。
（20）注（14）二本松著書第二編「鷹術流派の系譜」参照。
（21）『日本随筆大成第三期3』（日本随筆大成編輯部編、吉川弘文館、一九七六年）所収。
（22）注（14）二本松著書参照。
（23）禰津喜隆氏のご教示による。翻刻文は『戦国遺文・真田氏編第三巻』所収。
（24）兄とするならば利直か。柴辻俊六・小川雄・山中さゆり翻刻・校訂、丸島和洋校注・解題『校注本藩名士小伝　真田昌

幸・信之の家臣録』（高志書院、二〇一七年）巻之三注「祢津長右衛門」など参照。

(25) 注（14）二本松著書第二編第一章「祢津流の伝播の実相―依田氏の鷹書群―」参照。

(26) 信濃史料刊行会編『新編信濃史料叢書第十五巻』（信濃史料刊行会、一九七七年）所収。

(27) 『校注本藩名士小伝　真田昌幸・信之の家臣録』巻之三注「祢津志摩守」など参照。

(28) 注（27）によると、他の多くの資料類によると元直は幸直の祖父の名前と伝える。

(29) 『校注本藩名士小伝　真田昌幸・信之の家臣録』巻之三注「祢津三十郎」など参照。

第一編

祢津家の血脈が描く真田家の鷹狩り

第一章　真田家を彩る祢津家嫡流の系譜伝承

はじめに

平安時代から室町時代後期にかけて、信濃国の東部地域では、小県郡海野（現・長野県東御市）、小県郡禰津（現・長野県東御市）、佐久郡望月（現・長野県佐久郡）をそれぞれ本貫地とする海野家・祢津家・望月家の一族が地縁的に緊密なつながりを持ち、一大勢力を誇っていた。彼らは、後世において「滋野氏三家」と称され、先学においで早くから研究が重ねられてきた(1)。

戦国時代になると、海野家・望月家は本家が衰退したのに対して、祢津家は真田家に仕えて松代藩士となった一族が嫡流を名乗り、幕末まで継続して独自の足跡を残したのは先述の通りである。しかしながら、このような近世以降の松代藩の祢津家の鷹術について、これまでその実態はほとんど知られてこなかった(2)。その最大の要因は、手がかりとなる資料類を入手できなかったことにある。

このたび、このように松代藩の祢津家に伝来した古文書類が現存することを知り、それらをご所蔵されている

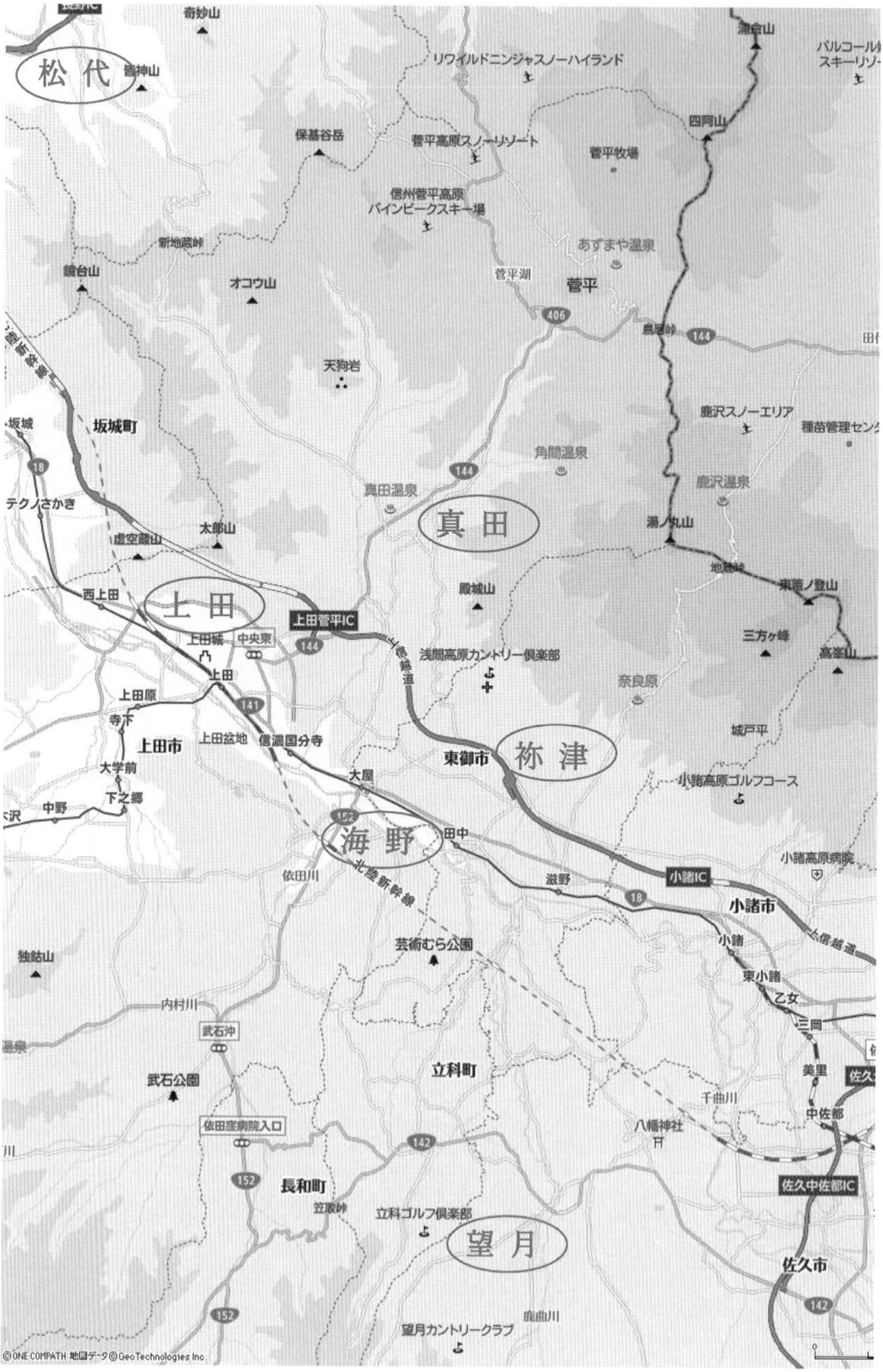
松代
奇妙山
リワイルドニンジャスノーハイランド
浦倉山
四阿山
保基谷岳
菅平高原スノーリゾート
菅平牧場
信州菅平高原
パインビークスキー場
新地蔵峠
あずまや温泉
鏡台山
オコウ山
菅平湖
菅平
406
鳥居峠
144
天狗岩
坂城
坂城町
18
鹿沢スノーエリア
角間温泉
144
真田温泉
鹿沢温泉
テクノさかき
真田
湯ノ丸山
太郎山
虚空蔵山
地蔵峠
東篭ノ登山
西上田
上田
殿城山
上田菅平IC
上田城
中央東
144
上信越道
浅間高原カントリー倶楽部
三方ヶ峰
高峯山
上田
上田原
141
奈良原
寺下
上田市
上田盆地
信濃国分寺
城戸平
東御市
祢津
大学前
大屋
小諸高原ゴルフコース
下之郷
中野
152
海野
田中
依田川
北陸新幹線
滋野
小諸IC
小諸高原病院
18
小諸市
小諸
上信越道
芸術むら公園
独鈷山
東小諸
乙女
内村川
三岡
武石沖
立科町
美里
武石公園
千曲川
中佐都
八幡神社
依田窪病院入口
142
佐久中佐都IC
152
長和町
笠取峠
立科ゴルフ倶楽部
望月
佐久市
142
152
鹿曲川
望月カントリークラブ
©ONE COMPATH 地図データ©GeoTechnologies Inc.

祢津泰夫氏[3]のご厚意によって調査する機会を得た。当該の文書群には、当家の系譜を伝える系図類や家伝を記す書物の他に、祢津家が代々家の芸としていた鷹狩りに関する「鷹書」と称される伝書もいくつか含まれている。すでに述べたように、近世において「祢津家の鷹書」と称される祢津松鷂軒系のテキスト群は、武家の間で広く流布したことが知られている[4]。ただし、松鷂軒は真田家家臣となった一族とは異なる家筋であるため、これまで知られてきた松鷂軒系の「祢津家の鷹書」と新出の祢津泰夫氏所蔵の鷹書群に見える鷹術伝承の位相については慎重に検討する必要があることも先述した通りである。それについては次の第二章で分析してゆく。

一方、当家に伝来した系図類については、従来知られてきた祢津家関係の系図の内容とは歴然とした異同が見られ、独自の系譜伝承が展開されていたことが確認できる。しかもそれらの系譜伝承には、家芸である鷹術の影響も窺えることから、こういった系図類に見える記述は真田家の鷹狩りの文化的側面を支える一要素としても注目に値しよう。

そこで、本章では、祢津泰夫氏所蔵の古文書群のうち、まずは当家伝来の系図類について取り上げる。具体的には、それらに見える系譜伝承について、他の祢津家関係の系図類との比較を通してその特徴を明らかにする。さらには、そのような当家の系譜が、真田家家臣の伝承としてどのような意味を持っていたかについても言及してゆきたい。

一　嫡流としての信忠系祢津家

ここでは、近世において松代藩士となった祢津家の系譜を確認するため、祢津泰夫氏所蔵の系図について検討する。まずは、木箱入りの巻子本で、箱のふたに「家門祖先累靈」と墨書きがある系図について取り上げる。同系図の寸法は、縦二十一・三センチ×横二七〇・〇センチ。罫線は朱線。系図の最末尾に見える人物の年代を参考にすると、原本はおおむね近世後期頃に成立したものであろう。全文は以下のとおり（注記は〔　〕で示した。以下同）。

∴清和天皇〔人皇五十六代　御諱惟久　文徳天皇第二皇子也　御母ハ閑院摂政大政大臣藤原良房忠仁公御娘　大后大宮藤原明子染殿后ト云云　仁壽二十午御誕生治世十八年元慶四年二月四日崩御〕

陽成天皇〔諱貞明　御母ハ大政大臣藤原長良御娘　皇太后宮藤原尊子二条后貞觀十年御誕生〕

貞保親皇〔三品式部卿管弦也　御母二条后号南宮ト又号桂親王ト　此時日本可爲將軍宣旨月花門院白旗ヲ賜之　奉齊今四宮權現ト信州小縣郡禰津村ニ有リ　壽六十一歳延喜二年四月十三日崩御〕

貞固親皇〔三品太宰師〕

貞元親皇〔四品号閑院ト〕

貞純親皇〔四品兵部郷（卿カ）〕——經基〔六孫王　正四位　武蔵守　始賜源姓〕

貞辰親皇

貞數親皇〔御母中納言在原行平四條后云々〕

選子内親皇〔仁明天皇第五御子　元康親王妻之住所摂津国難波也〕

月宮〔菊宮トモ申ス御母ハ嵯峨天皇第四御子恒康親王御娘〕――

善淵王〔正三位下大納言信濃国司醍醐天皇御宇延長九年乙亥始賜滋野姓ヲ　御母ハ大納言源昇カ御娘関白大政大臣藤原基經御娘〕――

滋氏〔院判官代　三寅大夫　贈左大臣〕――

爲廣〔三寅大夫　賜中納言　一説大納言又贈大納言〕――

女子〔但馬守藤原顕相郷（卿カ）室〕

敦重〔是ヨリ六代目芦田七郎爲元芦田ノ祖ナリ〕

爲道〔従四位下左衛門尉〕――則廣〔従五位下武蔵守〕――

重道〔平權太夫〕

廣道〔海野小太郎　海野元祖〕

道直〔禰津小治郎左衛門尉　家紋石餅又ハ月ト言字　信濃国小縣郡居住ス　故以テ禰津家号トス〕

廣重〔望月三郎　望月元祖〕

貞直〔禰津神平鷹ヲ仕フニ得妙故世名顕ス　壽永元年木曽義仲属北国発向ノ時信州横田河原合戰ニ午扈〕

宗直〔祢津美濃守〕――宗道〔祢津小次郎左衛門尉従五位下　按ルニ源平盛衰記祢津小次郎承平　建久元年十一月上洛ノ時隨兵弟（第カ）二十三番中野五郎小幡太郎ト一列　同六年十二月上洛之時供奉〕

貞親〔春日刑部少輔〕――貞俊〔春日五良〕

貞信〔浦野三郎〕――時信〔三郎〕

盛貞〔大塩四郎〕

敦宗〔祢津小次郎左衛門尉従五位下　建久六乙卯三月十日東大寺供養之時供奉第二十四番志賀七良笠原高六ト一列〕――宗光〔祢津神平治〕

宗俊〔祢津七郎〕

重能〔祢津八郎〕

光長〔祢津四郎〕

盛宗〔祢津伊与守又伊勢〕

重総〔一　祢津神平次〕――光頼〔祢津美濃守〕――頼直〔祢津神平次〕

光義〔二　禰津三郎〕

助長〔四　禰津民部丞〕

助義〔三　祢津右馬助〕

長重〔五　祢津五郎〕

時直〔祢津掃部介〕――長泰〔祢津美濃守従五位下〕――泰総〔祢津美濃守民部丞〕

氏直〔祢津次郎美濃守従五位下〕――遠光〔禰津越後守従五位下〕――女子〔御猿御前〕

時貞〔祢津宮内少輔上総介従五位下　法名龍玄〕――信貞〔祢津上総介　法名正山〕

光直〔祢津宮内少輔　法名定源院殿行叟〕――覺直〔祢津宮内少輔　法名一英〕

元直〔祢津宮内太輔　法名元山〕

勝直〔父元直ニ先立死ス〕

政直〔宮内大輔入道而號松鷗軒ト　信州之本領信光譲リ隠居而後依權現様之台命関東江　参上近侍而上州豊岡ヲ
拝領以末子鶴千代丸爲家督　法名月光院心源常安〕

信忠〔祢津神平　妻ハ眞田弾正幸隆公娘　實雖爲妹養而爲娘　法名家山全高大禪定門号宮ノ入殿ト〕

信光〔政直家督〕

幸直〔禰津志摩守　法名清高院殿一峰全純居士　元和四戊午六月八日歳五十七歳　永禄五戊年産　関ケ原之攻ハ
三十九歳也　信幸公ニ年五ツ上ナリ〕

主膳碓氷峠之合戰ニ後殿而討死

甚右衛門

女子

幸豊〔主水　元和元乙卯年五月五日於ニ大坂信吉公仕高名討死　法名玄性〕

直方〔三十郎　延寶三乙卯年十一月二十九日死　法名無道〕

直〔内蔵助大坂陣井伊掃部頭備ニテ高名有ル〕

半兵衛

宮内〔式部トモ云　眞田伊賀守殿ニ仕〕

女子

主馬〔又式部トモ云〕

女子〔前田右近家中ェ嫁〕

權太夫

女子〔小山田十太夫茂貞妻〕

幸覺〔三十郎　實ハ小山田采女第十太夫男也　直方外孫也　貞享五辰十月三十日木村縫殿右エ門明屋鋪被下上ヶ屋鋪恩田頼母ェ被下〕

幸次〔舎人　幼名彦四良〕

直常〔三十郎〕

女子〔早世　元禄九子死　法名素苗〕

女子〔早世　元禄十一寅死　法名茲仙〕

〔喜平治　幼名万治良　病身ニ付寛延二午年細掛邑住居〕

〔齊藤三五郎〕

女子

女子〔早世〕

女子〔早世〕

直滿〔多宮　實ハ禰津神平三男〕

直正〔三十郎　幼名藤五郎　實ハ村上彦九郎次男　妻ハ望月治部左エ門娘〕

女子

尚喜〔主水　二十一歳死ス　幼名熊十郎〕

好直〔藤五郎　幼名數弥　金井久左エ門好則養子〕

安直〔藤吉　赤澤多仲安春養子〕

女子〔早世〕
直勝〔犬之助　實ハ池田右太夫三男　後三十郎直住ト改ム〕
女子〔養女　實ハ恩田内蔵丞妹直勝妻〕
女子〔大熊衛士正朝妻〕
女子〔早世〕
直義〔八郎　早世〕

右の祢津泰夫氏所蔵の系図によると、先述の松鶴軒（右掲系図では「松鷗軒」表記）の俗名は「政直」と称し、当該系図は、その弟に当たる「信忠」の子孫の系譜である。ちなみに、政直・信忠の兄として「勝直」という人物がいたらしいが、父親の「元直」より先に没したという。前章で紹介した信之の側近の「幸直」は、右掲の系図によると、この信忠の次男とされる。近世以降はこの幸直流の子孫が一族中でもっとも勢力を有することから、こちらが嫡流の一族と見なされたらしい。たとえば、幕末の国学者・歴史学者である飯田忠彦が編纂した『系図纂要・第十三冊』(5)所収の「滋野朝臣姓真田」に見える祢津家の系譜部分でも、松鶴軒の家系については、松鶴軒から三代目に当たる「吉直」の注記に「無子絶」と記載しているのに対して、「幸直（志摩守）」の注記には「子孫在松代」と記してその末裔が存続していることを伝えている。このような記事は、当時の祢津家嫡流をめぐる認識が反映されたものであろう。

　また、祢津泰夫氏が所蔵されている当家伝来の古文書の中には、もうひとつ『滋野姓禰津系圖』（外題は表紙ウチツケ書で「滋野姓禰津系圖」、裏表紙無し、紙縒り綴じ、縦二十五・四センチ×横十六・一センチ、袋綴じ、全十二丁）という系図が含まれている。当該系図の前半部は、右掲の系図とまったく同じ内容で、清和天皇から幸直の末裔の系譜が記載されている。後半部には「政直（松鷂軒）」の実子（三代で断絶）と養子となった幸直の兄である信光（昌綱）の子孫の系譜が増補掲載され、前掲の系図には掲載されていない独自の情報が見える。そこで、以下に祢津泰夫氏所蔵の『滋野姓禰津系圖』のみに掲載されている後半部の増補記事を掲出する。

（上略）政直〔宮内大輔入道而號松鷗軒ト信州之本領信光譲リ隠居而後依權現様之台命関東江参上近侍而上州豊岡ヲ拜領以末子鶴千代丸爲家督法名月光院心源常安〕

├月直〔神平於参州長篠合戰討死法名月峯常圓〕

├信光〔宮内太輔妻ハ小室城主下曽根中務娘　松鷗軒家督相續後昌綱ト改ム隠居而号一味齋従権現様御證文并御書頂戴也法名照山恒徹〕

├信政〔美濃守童名鶴千代九小五良亦神平トモ云法名真岩安法〕

└女子〔水戸御家中　鈴木石見守妻〕

女子〔禰津甚五良妻〕

女子〔御旗本　小幡孫市妻〕

政次〔小五郎法名花岩昌榮〕

信直〔甚平實ハ信政次男也政次依無子家督而早世是故豊岡本領断絶法名泡山幼慶〕

早世〔小次郎是時本領断絶〕

信秀〔伊豫守實ハ雖爲小次郎兄有故而小次郎家督爲後見禰津ニ住ス小次郎早世以後眞田幸隆公之曽孫而又信幸公依有由緒而被相招領知三千五百石余而仕也法名葉山源黄〕

信重〔甚五郎妻関東禰津美濃守娘此時有故領知千石ニ成ル無男子故直次家督相續〕

女子〔井伊兵部太輔殿家中向山久兵衛方ェ嫁ス〕

女子〔奥平美作守殿家中　仁左ェ門方ェ嫁ス〕

女子〔奥平美作守殿家中荒尾九太夫方ェ嫁ス其子市右ェ門〕

直次〔八郎右ェ門　法名高安玄忠〕

長右衛門

直方〔権太夫〕

（盲人）意休　多門

直常〔甚五兵衛　法名傑山道英〕——直重〔甚平後直治改〕

克直〔八郎エ衛門　神平〕

直政〔幸道公新規仕　平次郎若而死〕

直勝〔直政死後家督相續〕

直孝〔造酒之助〕

直延〔數馬〕

直行〔岩﨑主馬〕

直滿〔禰津多宮〕

直敬〔内近〕——直重〔數馬〕

直衡〔神平　實ハ鎌原兵庫次男〕

女子〔直衡妻〕

信秋〔真田勘解由〕

直重〔數馬〕
内藏
女子〔岩崎主馬妻〕
女子〔真田志摩妻〕

右掲の祢津泰夫氏所蔵『滋野姓禰津系圖』によると、松鷂軒の実子である「月直」が長篠の合戦で討死した後、「信光」が松鷂軒の家督を相続した経緯が注記されている。信光は家督を相続した後に昌綱と改め、隠居後は一味齋、法名は照山恒徹と称したという。ちなみに、この系図の前半部では「信光」は「信忠」の長男で「幸直」の兄（異母兄）に該当する人物となっている。

さらにこの系図では、松鷂軒の直系の系譜について、まずは彼の実子である「信政」、次にその長男である「政次」、最後に次男の「信直」が家督を継いで当家が断絶した経緯も記載されている。このような松鷂軒の実子の家系については、先述したように、『系図纂要・第十三冊』において「信直（松鷂軒）」の家督を「信政」と「吉直」が継いだ後に断絶したことが見える。それと右掲の『滋野姓禰津系圖』の注記と比較すると、人名や家督を継いだ当主の数などに若干の異同が見られるが、江戸時代前半にはこの松鷂軒の実子の家系が途絶えたとすることについては一致している。『滋野姓禰津系圖』独自の内容としては、松鷂軒が養子にした信光（昌綱）の末裔の系譜が詳細に記されている点が挙げられよう。また、当該系図によると、信光のあとに家督を継いだ「信秀」の注記に信之に仕えた由が見えることから、信光系の当該一族も幸直の子孫と同じく〝真田家家臣の祢津家〟と判断される[6]。この『滋野姓禰津系圖』に見えるような、幸直・信光の子孫がいずれも松代藩に仕えた同族として一括する認識を踏まえて、本書では当該一族を幸直・信光の父である信忠の名称を用いて〝信忠系祢津家〟と称することとする。

さて、以上のような祢津泰夫氏所蔵の祢津家の系図類において、本書が注目するのは氏祖を示す冒頭の系譜である。それはすなわち「滋野氏三家」そのものの由緒と言えるものである。具体的には、清和天皇の皇子である「貞保親皇」を氏祖に仰ぎつつ、「貞保親皇」の子として「月宮」、さらにその子で滋野姓を賜ったとされる「善淵王」へとつながる系譜の部分である。このうち、貞保親王は清和天皇の第四皇子として実在の人物であるのは周知の通りである。祢津泰夫氏所蔵の系図類に見える貞保親王の注記にはいずれも、「三品式部卿」という官位・官職や管弦の名手であったこと、母親が「二条后（藤原高子）」であること、その敬称が「南宮」または「桂親王」であったことが見える。ここに見える「三品」は「二品」、「南宮」は「南院宮」の誤記とすれば、この部分の系譜や官歴の説明は『日本三代実録』『尊卑分脈』といった史実に基づくとされる記録類の情報とほぼ一致する。また、管弦の名手であったという点についても『続教訓抄』『懐竹抄』『體源抄』などの鎌倉・室町時代に成立した楽書において描かれる貞保親王の事績と符合するものであろう。

しかしながら、祢津泰夫氏所蔵の系図に見えるような、貞保親王を日本の将軍となすべき宣旨があったこと、「月花門院」から白旗を賜ったこと、それを四宮権現に奉斎して「信州小縣郡禰津村」にあるとする注記については、史実に基づくとされる記録類等において確認できない。同じく祢津泰夫氏所蔵の系図に見える「月花門院」という人物も未詳である（たとえば、後醍醐天皇の第一皇女の綜子内親王が「月華門院」を号していたが、時代的に合わない）。また、祢津泰夫氏所蔵の系図に見える注記によると、貞保親王は延喜二年（九〇二）四月十三日に六十一歳で「崩御」したと記されているが、『日本紀略』などの記録類では、延長二年（九二四）六月十九日に五十五歳で薨去したとされる。「延喜二年」は「延長二年」の誤記であろうか。

このように祢津泰夫氏所蔵の系図では、貞保親王の注記において史実とされる状況から乖離した内容が記されている。その他にも、当該系図でその貞保親王の子とされる「月宮」、その子とされる「善淵王」についても、歴史上においてその存在自体を確認することができない。このうち、「月宮」については、祢津泰夫氏所蔵の系図の注記によると、「菊宮」とも称し、母は嵯峨天皇第四の御子である恒康親王の娘であるという。この恒康親王の娘なる人物については、史実上の誰に該当するのか未詳。

また、「善淵王」については、同じく祢津泰夫氏所蔵の系図に見える注記によると、正三位下の大納言で信濃国国司であること、醍醐天皇の時代の延長九年（九三一）に始めて滋野姓を賜ったことが記されているほか、母親については大納言源昇の娘と関白太政大臣藤原基経の娘の二人が挙げられている。このうち、正三位下で大納言に任じられるのはいかにも位階にふさわしい官職のように見えるが、それに信濃国国司を兼任したというのは史実として不自然である。善淵王が滋野姓を賜った初代の人物とされることに寄せて「信濃国」の〝モチーフ〟を持ちだした伝承であると推察されよう。

二　滋野氏三家としてのアイデンティティ

前節で確認した祢津泰夫氏所蔵の系図類のように、史実とされる情報から乖離した伝承を載せる滋野氏関係の系図は他にもいくつか存在する。その中で最もよく知られているものとしては、『続群書類従第七輯上』に所収されている二種類の滋野氏三家系図が挙げられよう。前節で挙げた真田家家臣の祢津家伝来の系図類との相対比較をするため、まずは、二本の系図のうち、松鶴軒までの祢津家の系譜を含む『信州滋野氏三家系圖　又別滋野氏系譜有云々』（国立公文書館デジタルアーカイブ URL：https://www.digital.archives.go.jp/item/733539 請求番号：216-0001-0585）について、冒頭部分を中心にその一部を以下に引用する（以下、当該系図を続群書類従滋野氏系図A本と称する）。

続群書類従滋野氏系図A本

∴清和天皇〔仁王五十六代帝也水尾天皇文徳天王第四王子在位十八年〕

- 陽成院〔仁王五十七代在位八年〕
- 貞保親王〔式部卿　母二條后号南院宮貞観十年誕生延喜二年四月十三日薨〕
- 貞固親王
- 貞元親王〔號雲林院母治部卿仲野親王女〕

貞平親王

貞純親王〔源氏先祖〕

貞辰親王〔四品　母女御藤原珠子〕

貞數親王〔四品　母在原行平女延喜十一年薨三十二〕

巽子内親王〔仁明第五元康親王妻摂州難波居住〕

國忠

國珍

目宮王〔菊宮トモ云　母嵯峨第四惟康親王女〕

善渕王〔従三位　延喜五年始賜滋野朝臣姓母大納言源昇卿女滋野氏幡者月輪七九曜之紋也此幡者善淵王醍醐天皇御時賜之此幡濫觴者昔垂仁天皇御宇大鹿嶋尊日本姫皇女蒙天照大神之神勅定伊勢國五十鈴川上御鎮座天下告之其時御幡二流自天降一流者日天圓形也一流者月天七九曜也内宮外宮御尊形依厥御託宣此二幡奉還内裏三種神器同神殿奉納之云々而善渕王此御幡賜之者平真（ママ）王将門退洛中楯篭宇治之時善渕王為大将賜御幡馳向遂合戰得勝利追下将門於関東其時初賜滋野姓被任従三位其子孫海野望月祢津是滋野三家号望月紋日輪七九曜海野六連銭洲濱也〔案将門洛中合戰秀郷貞盛於東国合戰無勝負依之善渕王下向中途将門誅伏云々〕

滋氏王〔従五位下　院判官代信濃守　母太政大臣基経女〕――

為廣〔従五位上　号三寅大夫贈中納言従三位〕――

敦重〔藏人〕――（以下略）

為通〔従四位下　左衛門督〕――

則廣〔従五位下　武蔵守〕――重道〔野平三大夫〕――廣道〔海野小太郎〕―（中略）――

道直〔祢津小二郎〕――貞直〔神平　鷹名誉アリ自院賜寶珠并御劔〕――（中略）――

廣重〔望月三郎〕――（以下略）

元直〔宮内少輔　法名元山〕――信直〔美濃守　法名榮（常カ）安〕

幸義〔海野小太郎左京大夫　於信州村上義清合戰討死〕――

幸隆〔海野小太郎聟成相續号真田彈正忠法名一徳斉信州真田居住属武田晴信来甲州〕

信綱〔源太左衛門　天正三年三河國於長篠合戰討死〕

┌昌幸〔喜兵衛尉安房守〕――信幸〔伊豆守〕
└信昌〔隠岐守〕――（以下略）

この続群書滋野氏系図A本によると、松鶴軒については、俗名を「信直」、法名を「榮安」（常安の誤記か）と注記するにとどまり、甥である信光・幸直に関する系譜などは一切記載されていない。このことから、続群書滋野氏系図A本は、松代藩に仕えた真田家家臣の祢津家にはあまり関心を持っていなかったことが窺われよう。また、この続群書滋野氏系図A本では、前掲の祢津泰夫氏所蔵の系図類と同じく清和天皇の皇子である「貞保親王」を氏祖としている。ただし、その注記においては、母親が二条后であること、南院宮と号したこと貞観十年（八六八）に誕生して延喜二年四月十三日に薨去したことが記されているのみで、祢津泰夫氏所蔵の系図に見られる白旗に関する逸話は掲載されていない。

祢津の里の風景

祢津氏館址

また、続群書滋野氏系図A本の注記に見える貞保親王の薨去の年月日は、先に挙げた祢津泰夫氏所蔵の系図に見える注記と一致している。その一方で、貞保親王の誕生に関する情報については、『日本三代実録』に貞観十二年（八七〇）九月十三日とされているのに対して、続群書滋野氏系図A本の注記では「貞観十年」となっていて異同がある。さらに、貞保親王の子である「目宮王」については、続群書滋野氏系図A本の注記によると、「菊宮」とも称すること、母親が嵯峨天皇の第四皇子である惟康親王の娘であることが見える。この注記の内容については、嵯峨天皇の第四皇子の名前を「惟康親王」とする以外は祢津泰夫氏所蔵の系図の「月宮」の注記とほぼ一致する（祢津泰夫氏所蔵の系図では「恒康親王」）。

なお、歴史上に実在した「惟康親王」については、鎌倉幕府第七代征夷大将軍の名前がそれに相当するが、こちらの「惟康親王」の父親は「宗尊親王」（＝後嵯峨天皇の第一皇子）であることから、続群書滋野氏系図A本に見える「惟康親王」とは別人である。

次に、その目宮王の子である「善渕王」については、祢津泰夫氏所蔵の系図では「善淵王」と記載される人物に該当する。この人物の注記については、両系図において一部重なる叙述が見えつつ、続群書滋野氏系図A本の注記の方がより詳しい内容となっている。具体的には、続群書滋野氏系図A本の注記には、善渕王は延喜五年（九〇五）に滋野朝臣の姓を賜ったと見えるが、これは祢津泰夫氏所蔵の系図の注記に見える年号とは相違する。一方で、母親を大納言源昇卿の娘とするのは祢津泰夫氏所蔵の系図に見える注記内容と重なる。しかしながら、続群書滋野氏系図A本の注記に見える滋野氏の幡に関する叙述は、祢津泰夫氏所蔵の系図にはまったく記載されていない。

続群書滋野氏系図A本の幡に関する叙述には、滋野氏の幡が月輪七九曜の紋であるという文言のあとに、二つの逸話が掲載されている。その逸話の一つ目は、滋野氏の幡の由来譚である。具体的な内容は次の通り。

昔、垂仁天皇の時代に大鹿島尊と日本姫皇女が伊勢国五十鈴川上に鎮座する天照大神の神勅を蒙った。その時、天から二流の御幡が降ってきて、一流は天円形、もう一流は月天七九曜で、内宮外宮の御尊形であった。託宣によってこの二つの幡は内裏に奉還され、三種の神器と同じ神殿に奉納されたという。

二つ目の逸話は、善渕王がこの幡を賜った経緯に基づく滋野姓の由緒を説く縁起である。具体的な内容は次の通り。

平将門が洛中から退けられて宇治に立てこもったとき、善渕王が大将となってこの幡を賜り、馳せ向かった。そして合戦して勝利を得て、将門を関東に追い下したという。さらに、その時初めて滋野姓を賜り、従三位に任じられたとする。また、これらふたつの逸話に続いて、善渕王の子孫が海野・望月・禰津の滋野三家を号したことや、望月の紋は件の月輪七九曜、海野は六連銭・洲浜であることが記されている。

このように、善淵（渕）王は史実上の人物ではないものの、はじめて滋野の姓を賜った存在として、続群書滋野氏系図A本にその経歴が詳しく注記されているのである。ただし、このような滋野氏に注目し、その巫祝唱導によって甲賀三郎譚の伝承が生成されたことを想定する福田晃[7]は、善淵（渕）王よりもむしろ、その子である目宮王の方が同氏の職掌と関わる重要な人物であると指摘する。すなわち、福田によると、信濃国白鳥神社（現・長野県東御市）の神主に伝来した系図[8]や近世の兵学者である望月新兵衛安勝が著した系図[9]において、目宮王は、目に燕の糞が入り（あるいは眼病になり）、その治療のために信濃国加沢の湯（現・長野県東御市）に下向したという逸話が見えるという。このような目宮王の逸話について、福田は、信濃国の盲人と関わり深い海野氏の職掌に由来した伝承であることを予想しつつ、以下のように述べている。

滋野氏の古い伝承は、貞保親王所縁の目宮王の信州流離と、滋野始祖善淵王の英雄事蹟という程度で始まるものではなかったろうかと思われる。

このような福田の見解は、盲人と所縁深い海野家に限定した伝承としては首肯できよう。しかしながら、盲人とはほぼ関わりのない祢津家では、系譜の伝承内容が変容していった可能性も考えられる。少なくとも、前掲の祢津泰夫氏所蔵の祢津家系図によると「目宮」は「月宮」と記載される。「目宮」はいかにも盲人伝承との所縁を感じさせる名称であるが、「月宮」は必ずしもそれを想起させるものではない。

次に、信忠系祢津家の分家筋に当たる家の系図について取り上げる。具体的には、信忠および松鴿軒の兄とされる「光直」という人物の子孫の系譜を示したものである。当該系図の最末尾には文政年間の人物が掲載されていることから、その原本は近世後期頃に成立したことが推測されよう。この系図では、「光直」の子に当たる

「信吉」が真田昌幸と信之に仕えて以降、その子孫は代々松代藩士を勤めたとされる。この光直の子孫もやはり真田家家臣の禰津家の一族であることが確認できよう（この一族伝来の文書類はいずれも「禰津」表記であるため、本書でもこの一族については「禰津」とする）。

なお、この光直の子孫の一族にも複数の鷹書が伝来している等、祢津家の放鷹文化の担い手としての様相が窺えるものであるが、それについては第三章で詳しく取り上げる。以下、この一族については信忠系祢津家と区別するために、家祖の名称を用いて〝光直系禰津家〟と称することとする。

当系図の書誌は以下のとおり。

禰津喜隆氏所蔵、外題「禰津氏系圖」（縦六・六センチ×横四・五センチの貼題簽）、内題「禰津系圖」（一丁表冒頭）。四ツ目綴。袋綴。青鈍色の表紙。縦二十八・二センチ×横十九・七センチ。全三十一丁（うち遊紙後一丁）。罫線は朱線。

以下に当系図の氏祖を示す冒頭部分を掲出する（全文については後出）。

禰津氏系圖

禰津系圖

神武天皇以来五十六代　水尾帝御諱惟仁　文徳天皇第二御子御母者閑院摂政大政大臣藤原忠仁公御娘大皇大后宮
藤原明子染殿后云々

清和天皇〔仁壽二十年ニ御誕生　治十八年　元慶四年二月四日崩御〕

陽成天皇

貞國親王

貞保親王

貞元親王

貞純親王

滋野三家者海野禰津望月是也　幡之事　海野自戦之時ハ海野幡中左望月右祢津　望月自戦之時ハ望月旗中左海野右祢津　祢津自戦之時ハ祢津幡中左海野右望月

幡紋之事

日輪　海野

月輪　祢津

月輪七曜九曜　望月

滋野正幡望月傳之月輪七曜九曜之文也　此幡善淵王醍醐天皇ノ御宇賜ニ御幡　非私共垂仁天皇ノ御時大鹿嶌尊日本姫皇女蒙　天照大神之勅詫伊勢國五十鈴川上御鎮座天下告之　其時御幡二流自天降一流日天圓形也　一流月天七曜也　内宮外宮御尊形也　厥依御詫宣此二幡奉還内裡三種神祇同事奉納之云々

然彼善淵王此御幡賜事者平親王將門洛中退宇治楯籠時善淵（ママ）此御幡賜為大將軍向討手合戦打勝関東追下其恩賞
彼御幡並滋野性賜任正三位大納言也
海野祢津望月三家之紋所　日輪月輪星ヲ付候處恐レ有ニ依テ海野ハ月日星ノ三ノ形ヲトリ　洲濱ヲ付候　祢津
モ月ノ丸付シヲ字ニ直シ　望月モ七曜ヲ付ル也
貞元親王ハ弓馬武術ニ長シサセ玉ヒ御氣アラク世ノ人耳ヲ驚シケル時ニ難波ノ浦ニ毒魚出テ人ヲ取ル　此事ヲ
聞玉ヒ親王勇士ヲ数十人集メ小舩ニ縄ヲ引張リ海中ニ飛入シニ魚終ニ数十人ヲ呑入ケレハ終ニ親王ヲ始メ皆々呑
レケルカ人腹ノ中ニテ差通シ切ワリケル　飛ヒ出ケルカ終ニ数十人死候処ニ親王御一人ハ生皈リ玉ヒテイヨ〳〵
我侭募リシ故終ニ信濃国江配流海野村ニ居給ヒ深井カ娘仕給ヒテ男子三人ヲ設玉フ　是海野元祖也

人皇五十六代清和天皇第四之皇子奉号　滋野天皇惟即滋野氏之祖也

貞元親王〔号関善寺殿〕

幸恒〔海野小太郎　祢津之元祖善淵海野権太夫道次二男祢津小治郎直家居住信濃國小縣郡祢津郷故以祢津為家号〕

道直〔海野小太郎弟　祢津小次郎後左衛門尉　従五位下　直家事　信州小縣郡カヤノ城主〕

重俊〔望月三郎〕

貞直〔祢津神平　後美濃守　宗直　正五位下　鷹仕得名　壽永元年左馬頭義仲北國江發向之時　同道信州横田
河原合戦手負越後國直居津討死〕――（以下略）
春日〔春日刑部少輔〕
貞信〔浦野三郎〕
盛貞
貞俊

この禰津喜隆氏所蔵『禰津氏系圖』によると、当家の系譜もまた、先に挙げた祢津泰夫氏所蔵の系図及び続群書滋野氏系図A本同様、清和天皇の流れを汲むことを示している。しかし、清和天皇と陽成天皇を兄弟に示すなど、史実とされる系譜と異なる内容も見える。さらに、当家の祖を貞保親王ではなく、その弟の「貞元親王」とし、祢津泰夫氏所蔵の系図や続群書滋野氏系図A本と異なる独自の系譜も伝えている。

ところで、その貞元親王の注記には、滋野三家として海野・祢津・望月についての説明が見える。まず各家の幡について、海野が戦っているときは海野の幡を中にして左に望月・右に祢津、望月が戦っているときは望月の幡を中にして左に海野・右に祢津、祢津が戦っている時は祢津の幡を中にして左に海野・右に望月の幡をそれぞれ配置することを述べる。次にその幡の紋について、「日輪」は海野、「月輪」は祢津、「月輪七曜九曜」は望月と記す。このような各家の幡に関する解説は、『続群書類従第七輯上』に所収されているもうひとつの『滋野氏系圖』「善淵王」の注記に見える記事とほぼ同じである。

以下にその『続群書類従第七輯上』所収の『滋野氏系圖』（国立公文書館デジタルアーカイブ URI：https://www.digital.archives.go.jp/item/733536請求番号：216-0001）の一部を抜粋して引用する（以下、当該系図を続群書滋野氏系図B本と称する）。

続群書滋野氏系図B本

∴清和天皇━━貞保親王━━目宮王〔兼宮トモ申　母惟康親王女〕━━

善渕王〔正三位信濃守　延喜五年始賜滋野姓　滋野正幡者望月傳之月輪七九曜之文也此御幡者善渕醍醐天皇御宇賜之御幡也此御幡濫觴者昔垂仁天王御宇大鹿嶋尊日本姫皇女蒙天照太神之勅定伊勢國五十鈴川上御鎮座天下告之其時御幡二流自天降一流者日天圓形也一流者月天七九曜也内宮外宮御尊形也依厥御託宣此二幡奉遷内裏三種神器同事奉納之云々而善渕此御幡賜之者平親王将門退洛中楯籠宇治之時善渕王賜此御幡為大将軍向討手遂合戰得勝利追下将軍於関東其時為恩賞賜此御幡并滋野姓任正三位也海野望月祢津是謂滋野三家也出陳之次第海野自戰之時者海野幡中左望月右祢津望月自戰之時者望月幡中左海野右祢津々々自戰時者祢津幡中左海野右望月々々紋月輪七九曜海野六連銭〕

滋氏〔信濃判官〕━━為廣〔三寅大夫賜中納言〕━━為通〔右衛門督〕━━則廣〔武蔵守〕━━重道〔平三大夫〕━━

廣通〔海野〕――（以下略）
廣重〔望月〕――（以下略）
道直〔祢津〕――貞直〔神平　鷹上手〕（以下略）

この続群書滋野氏系図B本もまた、冒頭に清和天皇―貞保親王―目宮王―善渕王と続く系譜を掲げている。このうち、善渕王の注記によると、まず滋野氏の幡の由来譚と善渕王がこの幡を賜った経緯に基づく滋野姓の縁起が見える。その内容は先に挙げた続群書滋野氏系図A本および禰津喜隆氏所蔵『禰津氏系図』とほぼ一致する。次に、海野・祢津・望月の三家が戦う時の幡の配置についての叙述が見え、これは前掲の禰津喜隆氏所蔵『禰津氏系図』における貞元親王の注記のそれと類似することはすでに述べた通りである。

なお、前掲の禰津喜隆氏所蔵『禰津氏系図』に見える貞元親王の注記によると、「幡紋之事」として各家の幡紋を示しつつ、滋野氏の正幡は望月が伝える月輪七曜九曜の紋であると記す。それに続いて、この幡の由来譚と善淵王がこの幡を賜った逸話（滋野氏の由緒）を記載する。その叙述が、続群書滋野氏系図A本・B本の善渕王の注記とほぼ一致しているのも先述の通りである。

さらに、禰津喜隆氏所蔵『禰津氏系圖』では、このような幡にまつわるエピソードに続いて、海野・祢津・望月の紋所に日輪月輪星を付けるのは恐れ多いとして、海野は月・日・星を三つの形とり洲濱を付けること、祢津は月に丸を付けること、望月は七曜を付けることを記している。そしてその末尾には、貞元親王に関する禰津喜隆氏所蔵『禰津氏系圖』独自の逸話が掲載されている。具体的な内容は次の通り。

貞元親王は弓馬武術に長じているため気性が荒く、世の人の耳を驚かせていたという。ある時、難波の浦に毒魚が出て人を捕ったため、親王は勇士を数十人集めて小船に縄を引っ張り海中に飛び込んだところ、この魚は親王を含む数十人をすべて呑み込んでしまった。呑み込まれた人々は魚の腹の中から切り割って飛び出したが、数十人は死んでしまった。その中で親王一人が生き返り、ますますわがままが募ったので、ついに信濃国に配流され、海野村に住み、深井の娘との間に三人の男子を儲けたという。そして、これが海野の元祖であるという。

この深井氏というのは、近世に信濃国小縣郡の盲人を保護・管理した一族で[10]、享保年間成立の『真武内伝』[11]によると、目を病んだ貞保親王が深井氏の宅に御座して加沢温泉で湯治し、深井の娘との間に男子を儲けて「海野小太郎幸恒」と称したと伝える。このように、禰津喜隆氏所蔵『禰津氏系圖』は、さまざまな系譜伝承を混在させている。その上、こういった毒魚説話を注記に付した貞元親王の次代に当たる人物に再度「貞元新王」の名前を挙げて「滋野氏之祖」と注記しているのも伝承上の混乱が窺える。同じく貞元親王の長男である「幸恒」の注記によると、彼が「海野小太郎」と称したことが記されているだけでなく、「祢津之元祖」とされて「善淵海野太夫道次二男祢津小治郎直家」が信濃国小縣郡祢津郷に居住したために祢津が家号になったという説明が記載されている。意味がとりづらく、やはり伝承上の混乱が窺えよう。

一方、貞元親王の二男に当たる「道直」の注記には「海野小太郎弟　祢津小次郎後左衛門尉」と見え、祢津を称するこの道直が海野の弟であると主張されている。それは、同じく三男の重俊の注記には「望月三郎」という記載しかないことと比較すると、海野家と祢津家の祖はより親密なつながりがあることを強調する意図が窺えよう。

以上のように、近世の祢津家には複数の系譜伝承のあることが確認でき、諸家によってそれぞれ伝承に異同のあることも確認できる。ただし、いずれの系図も祢津家を滋野氏三家（海野家・祢津家・望月家）の一族とするモチーフは固定している。しかしながら、祢津家の諸家が伝えるこのような滋野氏の系譜伝承には、福田が中世における「滋野氏の古い伝承」の骨子をなすモチーフと指摘する「貞保親王所縁の目宮王」や「善淵（渕）王」が必ずしも登場するとは限らない。それは、松代藩士として存続してきた近世祢津家の事跡が、中世期のように地縁でつながった在地領主（滋野三家）としての活動とは異質なものであったためと推測する。そのような歴史状況の変遷の中で、祢津家は独自の家伝を形成するようになったと考えるのである。

三　真田家の家格を支える祢津家の系譜

以上において、近世に松代藩士として真田家に仕えた祢津家の各家に伝来した系譜伝承について考察した。その結果、諸家それぞれに独自の内容を有していることが確認された。次に、本節では、祢津家以外に伝来しているが、〝祢津家〟を主張する系図を取り上げる。具体的には、鷹術を介して展開した松鶴軒系の祢津家の系図について、信忠系の一族をはじめとする真田家家臣の祢津家の系譜伝承との比較検討を試みる。それによって、真田家家臣の祢津家に伝わる系譜伝承の相対的な特徴を明らかにしてゆく。

さて、先述したように、戦国時代に祢津松鷂軒が徳川家康に重用されたのを契機として、祢津家の鷹術は武家の中で格式の高い鷹術と見なされるようになった。そのような風潮から、たとえば諸行事の礼法を徳川将軍家に倣うしきたりの加賀藩主・前田家では、享保年間に祢津家の鷹術を受け継ぐ鷹匠の依田家を抜擢し、仕官させている[12]。この依田家とは、祢津家と同じく信濃国小縣郡を本貫地とし、戦国時代に依田守廣という人物が松鷂軒の娘婿になったとされる。その際、守廣が松鷂軒から祢津家の鷹術のすべてを伝授されたといい、それ以降、守廣系の依田家は代々祢津家の鷹匠となったというのである。

このような守廣系依田家の現当主である依田盛敬氏は、当家伝来の祢津家関連の鷹書及び鷹匠文書を百点以上所蔵されている[13]。それらの文書群の中に『祢津家景圖　十』と称する冊子状の祢津家の系図があり、その奥書によると、天正十六年（一五八八年）二月一日に祢津松鷂軒から守廣に伝来したものという。以下にその依田盛敬氏所蔵『祢津家景圖　十』の全文を掲出する[14]。

祢津家景圖

○清和天皇〔神武天王以来人皇五十六代水尾帝諱惟仁文得天皇第二御子御母閑院太政大臣藤原良房忠仁公御娘大皇大后宮藤原染殿云々仁壽二年御誕生治世十八年元慶四年二月四日崩御云々〕

─陽成天皇〔御母贈太政大臣藤原諱貞明長良卿御娘皇大后宮藤原号父二条后貞観十年御誕生〕

元良親王〔三品兵部卿〕

元平親王〔一品弾正尹式部卿母大納言源仲□□□〕

元長親王

清蔭〔大納言母和子始賜源姓云々〕

貞保親王〔南院宮一品式部卿御母二条后也延喜二年四月十三日崩御〕

貞固親王

貞平親王

貞元親王〔雲林院治部卿御母治部卿仲統母兼母基經継宮公娘〕

貞純親王〔六孫王正四位經基始賜源姓云々〕

貞展親王

貞数親王〔都（ママ）母中納言在原業平女四条后云々〕

選子内親王〔仁明天皇第五御子元康親王妻也住所摂津国難波也〕

月宮〔菊宮ト申也母嵯峨天皇第四御子恒康親王娘也正三位下信濃守国司〕

善淵王〔始賜滋野姓平母大納言源昇卿母（娘カ）母関白太政大臣藤原〕

滋氏〔院判官大夫　従三位三康大夫賜左大臣〕

爲廣

敦重〔蔵人大夫〕―爲重〔又三郎〕―僧元〔美濃守〕―盛弘〔信濃守〕

久盛〔民部丞〕―盛君〔葦田七郎〕―朝盛〔越前守〕―長隆〔五郎左衛門〕

爲道〔従四位下左衛門尉〕―則廣〔武蔵守〕―重道〔平権大夫〕

道直〔祢津左衛門尉〕―貞直〔神平〕

宗直〔美濃守〕

貞親〔春日刑部少輔〕―貞俊〔五郎〕

貞信〔浦野三郎〕―時晴〔三郎兵衛〕

盛貞〔大塩四郎〕

宗道〔左衛門〕

敦宗〔小次郎〕
宗俊〔七郎〕
重能〔八郎〕

宗光〔神平次　法名光仏〕

光長〔四郎〕
盛宗〔伊勢守〕

重継〔神平次〕
光義〔三郎〕
助義〔左馬助〕
助善〔式部丞〕
長重〔五郎〕

光頼〔美濃守〕――頼亘〔神平次〕――時直〔神平〕――長泰〔美濃守〕

泰綱〔美濃守〕――氏直〔美濃守〕――遠光〔越前守〕――女子

時貞〔宮内少輔　法名残雲〕――信貞〔上総介　法名□山〕

光直〔宮内太輔　法名竹叟〕――覺直〔宮内太輔　法名一莫〕

元直〔宮内太輔　法名无山〕――信直〔美濃守　法名常安祢津松鶴軒〕

守廣〔依田次右衛門尉　室松鶴軒娘　十郎左衛門事〕

貞守〔依田次郎左衛門　法名了返〕

仍守〔依田権六　法名智昌〕――重之〔鹿野五郎兵衛　室依田権六娘〕

貞廣〔依田源五〕――貞（清カ）〔依田六郎右衛門〕

└盛昌〔依田十郎左衛門　法名淨果〕――守眞〔依田次右衛門〕

先述のように、右掲の依田盛敬氏所蔵『祢津家景圖　十』は、奥書によると天正十六年二月一日に松鷂軒常安が娘婿の依田守廣に伝授したとされる。ただし、当該系図には守廣の七代末裔である守眞まで記載されているので、実際に書写されたのは少なくともその時期以降に下るものであろう。あるいは、守廣以降の系譜を代々書き継いできたものであろうか。なお、依田家が加賀藩に仕えるようになったのは守眞の先代の盛昌の代からである。いずれにしろ、依田家が加賀藩に仕官できた所以は、同家が祢津家の鷹術に従事していた一族とされていたからであるのはすでに述べた。それならば、松鷂軒系の祢津家の系譜に依田家のそれを繋げた『祢津家景圖　十』は、依田家が加賀藩に仕官のきっかけとなった祢津家との所縁を積極的に主張するテキストとして有用な媒体であったものであろう[15]。

ところで、右掲の『祢津家景圖　十』によると、祢津家の氏祖について、「貞保親王」ではなく同じ清和天皇の皇子である「貞固親王」としている。しかしながら、それ以降は「月宮―善淵王―滋氏」とあり、前掲の祢津泰夫氏所蔵の信忠系の祢津家系図と同じ系譜が続く。このうちの「月宮」の注記において、「菊宮」と号すことや母が嵯峨天皇第四御子の恒康親王の娘であることが記される点については、前節で挙げた信忠系の祢津家系図の「月宮」の注記とまったく一致する。その他、同じく月宮の注記において「正三位下」という位階や「信濃守国司」という官職が記載されている部分については、信忠系の祢津家系図で「善淵王」の経歴とされているものである。

また、依田盛敬氏所蔵『祢津家系圖　十』の「善淵王」の注記では、始めて滋野姓を賜ったことが記されている他、母親について大納言源昇卿娘と関白太政大臣藤原某の娘という二人の名前が挙げられている。これらはすべて、信忠系の祢津家系図の注記と一致する。最後に「滋氏」の注記については、「院判官大夫」「従三位」「三康大夫」「左大臣」という官職が見え、信忠系の祢津家系図の当該注記に見える「院判官代」「三寅大夫」「左大臣」という記載と重なる。

その一方で、このような依田盛敬氏所蔵『祢津家景圖　十』と前節で挙げた続群書滋野氏系図A本・B本に見える「目宮王」「善渕王」「滋氏王」の系譜伝承とを比較すると、「目宮王」は、注記されている官職や母親の出自は一致するものの、依田盛敬氏所蔵『祢津家景圖　十』では「月宮」と称されていて、そもそもの名前が異なっている。

さらに、「善渕王」については、続群書滋野氏系図A本・B本の注記に詳しい逸話が記載されているのに対して依田盛敬氏所蔵『祢津家景圖　十』では簡単な経歴しか記載していない。「滋氏王」の注記についても経歴の記述について異同が見られ、一致度は低い。ちなみに補足すると、禰津喜隆氏所蔵『禰津氏系圖』に至っては、「清和天皇―貞元親王―幸恒・道直・重俊」とされる系譜自体依田盛敬氏所蔵『祢津家景圖　十』とまったく異なっているし、注記されている内容についても重複する情報は確認できない。祢津泰夫氏所蔵の信忠系祢津家系図に見える氏祖の系譜は、依田盛敬氏所蔵『祢津家景圖　十』のそれに相対的に近似していることが判断されよう。

それを踏まえて、信忠系祢津家系図および依田盛敬氏所蔵『祢津家景圖　十』に共通して登場する「月宮」について注目する。繰り返しになるが、「月宮」は史実において確認できる存在ではなない。しかしながら、同じく依田家に伝来した依田盛敬氏所蔵の祢津家関連の鷹匠文書群には、右掲の系図以外にもこの「月宮」の名前が散見するのである。以下に該当文書のひとつを掲出する（句読点は私に付した。以下同）。

清和天王月宮一條院以来、於天下号多賀家者、信濃國小縣之住人祢津是也。貞直与云代、依多賀之名誉度々蒙
勅命之誉挙和朝、其名代々之子孫傳也。然所、成好以誓血承候間、家之多賀文一部、拾八之秘事、三拾六之口傳、不残相傳畢、志深人頻所望付而起請文請取、抜書之通可有相傳一部之所者、縦雖為子孫感志之浅深可為唯受一人千金莫傳云々。

慶長四年庚子

祢津松鷂軒常安（花押）（長方印）

五月十八日

依田十郎左衛門尉殿

これは、祢津家の鷹術の印可状である。奥書によると、慶長四年（一五九九）五月十八日に松鷂軒から依田十郎左衛門尉（守廣）に伝授されたものという。依田盛敬氏所蔵の鷹匠文書には右掲のような鷹術の印可状が四本と犬牽の印可状二本が含まれ、[16] 右に引用した印可状は、それらの中で最も古い年紀が記載されているものである。

この印可状の前半部には、「清和天王月宮一條院以来」、天下に鷹の家を称するようになった「信濃國小縣之住人祢津」の由緒が叙述されている。すなわち、「貞直云代」に鷹の名誉でたびたび勅命を蒙り、本朝で称揚され、

その名誉が代々子孫に伝わったというのである。さらに続けて、「家之多賀文一部、拾八之秘事、三拾六之口傳」が残らず相伝されたことなどが記述されている。

なお、依田盛敬氏所蔵のその他の印可状においてもほぼこれと同文が記載されているが、犬牽の印可状は「鷹の家」の部分が「犬の家」となっている。ここに見える「清和天王月宮一條院」という文言は「清和天王」「月宮」「一條院」の三人の人物を指す。「貞直」は、『諏訪大明神画詞』に登場する鷹匠の名人・祢津貞直であろうか。この「祢津貞直」については、祢津泰夫氏所蔵の信忠系の祢津家系図では「禰津神平鷹ヲ仕フニ得妙故世名顕ス」、続群書本滋野氏系図A本では「鷹名誉アリ自院賜寶珠并御劔」、同B本では「鷹上手」、禰津喜隆氏所蔵『禰津氏系圖』では「鷹仕得名」と鷹術の名人であることがいずれにも注記されているのに対して、依田盛敬氏所蔵『祢津家景圖　十』では「貞直」の注記において鷹術に言及されていない。そもそも依田盛敬氏所蔵『祢津家景圖　十』には、鷹術に関連する文言が他のどの人物の注記にも一切見えない。

いずれにしろ、仮に『諏訪大明神画詞』に登場する「祢津貞直」と同一人物としても、「清和天王月宮一條院」のどの人物とも時代的に齟齬があるので、伝承上のモチーフ的な人名と見なされよう。中世・近世に流布した鷹書や鷹匠文書において、「祢津貞直」はほぼすべてが鷹狩りの名人としてのアイコン的に登場していることから、右掲の依田盛敬氏所蔵の印可状もそれを踏襲したものと推測される。そして、注目すべきは、このような松鶴軒系の祢津家の鷹術（犬牽）由来伝承において「月宮」は必ず記載される存在となっていることである。信忠系の祢津家の系譜伝承が、松鶴軒系の祢津流の鷹術伝承と連動しながら展開していた実像が窺われよう。

最後に、依田盛敬氏所蔵『祢津家景圖　十』と他の祢津家の系図類（祢津泰夫氏所蔵の信忠系祢津家系図・続群書滋野氏系図A本・B本、禰津喜隆氏所蔵『禰津氏系圖』）との相違点について検討する。依田盛敬氏所蔵『祢津家景圖十』では、「海野家・祢津家・望月家」が同族であったとする系譜が見えない。この系譜は、他の祢津家の系図類のすべてに見えるものである。というのも、いわゆる滋野氏三家の関係性を重んじるのは、祢津家の主君である真田家が主張する発想であった。たとえば、『寛永諸家系図伝　滋野姓　服部姓』（国立公文書館　デジタルアーカイブ URL: https://www.digital.archives.go.jp/item/4160707請求番号：特076-0001）の冒頭には、以下のような記載が見える。

寛永諸家系図伝

滋野《しげの》姓

真田《さなだ》

土人《どじん》相傳《あひつたへ》て信州《しんしう》海墅《うんの》白取《しらとり》の大明神《だいみやうじん》を滋墅《しげの》の姓《しやう》の祖《そ》といはひたてまつるといふ貞秀親王《さだひでしんのう》を滋墅天皇《しげのてんのう》と謚《をくりな》すいにしへより真田の氏神《うぢがみ》と称《せう》し今《いま》に是《これ》をあかむ或《あるひ》はいはく貞秀親王《さだひでしんわう》の後滋野《のちしげの》の姓をたまふものか

∴清和《せいわ》天皇〔人皇五十六代〕――○貞秀親王《さだひでのしんわう》〔滋野天皇《しげのてんわう》と号す〕――

　幸恒《ゆきつね》〔海野《うんの》小太郎〕――

　　幸明《ゆきあきら》〔小太郎〕――（以下略）

　　直家《なをいゑ》〔祢津《ねつ》小大郎〕

「重俊《しげとし》〔望月《もちつき》三郎〕」

これは、滋野姓に連なる真田家の系譜を伝える冒頭部分である。右掲の記事によると、地元の伝承において信州海野（現・長野県東御市）で祀られている白鳥明神は滋野氏の祖神であるという。また、清和天皇の皇子とされる貞秀親王は諡を滋野天皇と称し、真田家の氏神として現在、崇敬の対象とされている。あるいは、この貞秀親王の末裔が滋野姓を賜った可能性もあると記す。この『寛永諸家系図伝』は、寛永年間に諸家から提出された資料をもとに徳川幕府が編纂した大名・旗本の系図集である。その内容は諸大名家の意向を重視したものであるため、右掲の『寛永諸家系図伝』に見える系譜は真田家側が主張する氏族伝承と見なすことができる。

祢津氏墓所

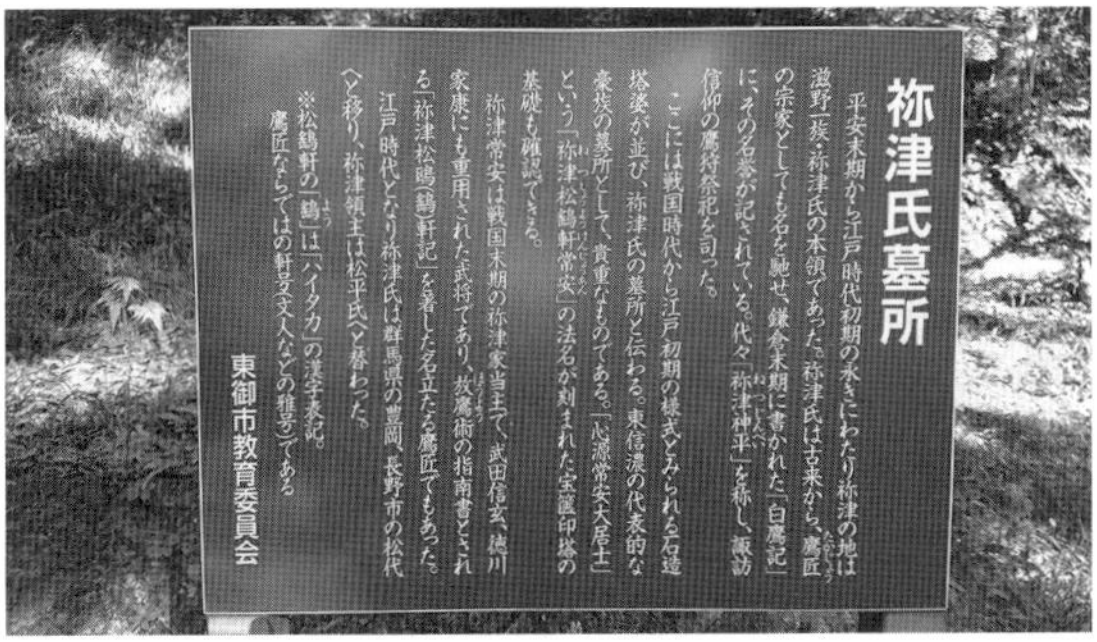

祢津氏墓所　解説板

この中で目を惹くのは、その貞秀親王の子である「幸恒」を「海埜小太郎」と称し、その長男は「幸明」（彼の直系が真田家となる）、次男の「直家」は祢津家の家祖、三男の

「重俊」は望月家の家祖とされる点である。これによると、海野家・祢津家・望月家は同族で、しかも祢津家と望月家は海野家から分家した家筋であるということになる。

このように、海野家を滋野氏三家の主流とみなす認識は重要で、(17)真田家所縁の他文の献においても確認できる。すなわち、『加沢記』巻之一「滋野姓海野氏御系図附真田御家傳之事」（国立公文書館　デジタルアーカイブ URL: https://www.digital.archives.go.jp/item/3250243請求番号：166-0040）には以下のような記述が見える。

昔時海野氏と申は人王五十六代清和天皇第五の皇子貞元親王と申奉る。御母は二條の后贈太政大臣正一位長良公の御女也。正平年中貞元親王蒙勅関東に御下向之時、始て滋野姓を賜り、位任四品号治部卿信濃国司を賜り、彼國に御下向有て小縣郡海野庄に住給ふ。御法名を開善寺殿と号。真言必《秘カ》密の道場一宇建立し、給御當家にて白鳥と敬。毎歳四月八月四日の日を祭給なり。御子壱人御座す。始て海野小太郎滋野朝臣幸恒と号。幸恒に三子有。或時、幸恒御父子打連給て武石の山中に遊猟の時、千曲川邊にして御領の地を分譲給へしとて、長男幸明ハ御嫡成けれは海野小太郎と号。仲を祢津小次郎真宗と号。季を望月三郎重俊と名付給。

この記事によると、海野氏の祖は清和天皇第五皇子（正しくは第三皇子）の貞元親王とされる。さらにその貞元親王の母親は二条后（藤原高子）で、正一位太政大臣の藤原長良の娘であったと記すが、それは正しくは貞保親王の母親である。史実では、貞元親王の母親は藤原仲統の娘である。それ以外にも、右掲の『加沢記』の記事には史実から乖離しているとおぼしき叙述が散見し、たとえば、貞元親王が正平年中（一三四六年～一三七〇年）に勅を受けて関東に下向してはじめて滋野姓を賜り、四位に任じられて治部卿と称し、信濃国司として当国小縣郡海野庄に下向・居住したという事跡は事実とは認定しがたい。

その他、貞元親王の法名を開善寺殿と称し、仏堂を建立しつつ白鳥明神を祭祀したという文言が見えるが、これも史実としての裏付けはない。同じく貞元親王の子供が海野小太郎滋野朝臣幸恒と称して初めて海野を名乗ったこと、さらにはその幸恒に子供が三人いて、長子の幸明は嫡男なので海野小太郎と称し、次子は祢津小次郎真宗、末子を望月三郎重俊と名付けたという記述については、その史実性よりも先述した『寛永諸家系図伝』において、貞秀親王（滋野天皇）の子である「幸恒」が「海野小太郎」を称し、その長男「幸明」が海野家（真田家）の嫡流となり、次男の「直家」が祢津家、三男の「重俊」が望月家をそれぞれ称したとする系譜とほぼ一致する点において重要である。

祢津の定津院

そもそも『加沢記』は別名『加沢平次左衛門覚書』とも称し、上野国沼田藩の初代藩主・真田信利（信直）に仕えた真田家家臣の加沢平次左衛門による覚書とされるものである。つまり、この『加沢記』は『寛永諸家系図伝』と同様に、真田家の意向が反映された書物であった。それならば、『寛永諸家系図伝』『加沢記』において共通して提示される〝祢津家と望月家が海野家の分家〟とする系譜は、真田家側の一貫した主張による伝承であることが想定されよう。

以上を踏まえて先に挙げた真田家家臣の祢津家の系図類を再確認すると、禰津喜隆氏所蔵『禰津氏系圖』が『寛永諸家系図伝』『加沢記』の内容に最も近い。具体的には、清和天皇皇子の貞元親王を滋野氏の氏祖とすること、さらには海野家元祖を「幸直」、望月家元祖を「重俊」とする点が一致する他、祢津家と海野家の家祖が兄弟であることを明記して両家の繋がりを主張している点などが真田家の伝承に寄せていることを窺わせる。

一方の祢津泰夫氏所蔵の信忠系の祢津家系図では「清和天皇―貞保親王―月宮―善淵王―滋氏―爲廣―爲道―則廣―重道―廣道（海野家元祖）・道直（祢津家元祖）・廣重（望月家元祖）」という系譜となっていて、真田家側の系譜伝承とはかなり相違する。

また、続群書滋野氏系図A本においても「清和天皇―貞保親王―目宮王―善渕王―滋氏王―爲廣―爲通―則廣・道直（祢津家元祖）・廣重（望月家元祖）―重道―廣道（海野家元祖）」、同じくB本でも「清和天皇―貞保親王―目宮王―善渕王―滋氏―爲廣―爲通―則廣―重道―廣道（海野家元祖）・廣重（望月家元祖）・道直（祢津家元祖）」となっていてやはり真田家の系譜とは大きく異なっている。しかしながら、これほど大きな異同を示しながらも祢津泰夫氏所蔵の信忠系の祢津家系図及び続群書滋野氏系図A本・B本ともに「海野家・祢津家・望月家」を同族とする系譜を必ず掲載している点が注意されよう。

また、依田盛敬氏所蔵『祢津家景圖　十』では、祢津家の氏祖について清和天皇の第三皇子（正しくは第二皇子）の「貞固親王」の名前を挙げている点で、すでに他の滋野氏関係のいずれの系図類とも異なっている。さらに「清和天皇―貞固親王―月宮―善淵王―滋氏―爲廣―爲道―則廣―重道―道直（祢津家元祖）」という系譜を提示して、海野家および望月家について一切言及していないのはすでに述べた通りである。これについては〝真田家を離れた祢津家の系譜伝承〟のひとつの型と見なすべきであろう。というのも、先述したように、真田家は滋野氏三家における海野家の嫡流性を主張することを目指した。そのための〝話型〟として海野家・祢津家・望月家の関係性を示す系譜を重視したと予想される。

そしてその結果、真田家所縁の系図はもとより、真田家家臣であった祢津家でも、滋野氏三家の関係性を示す系譜を踏襲して海野家・祢津家・望月家の家祖伝承を系図の必須項目として取り入れたものであろう。それに対して、真田家と関係の薄い依田家に伝来した依田盛敬氏所蔵『祢津家景圖　十』では、滋野氏三家の系譜を忖度して掲載する必要がないため、海野家と望月家に言及しない祢津家の系譜伝承が成立したと考えられよう。続群書滋野氏系図A本・B本は、そういった先行する真田家家臣の祢津家の系譜の影響を受けたものであろう。

ちなみに、寛政年間（一七八九年～一八〇一年）に江戸幕府が編纂した大名・旗本の系譜集である『寛政重修諸家譜　巻第六五四』所収の「滋野氏真田」や『系図纂要・第十三冊』所収の「滋野朝臣姓真田」もまた、先行する様々な系図を集大成して編纂したとされることから、同じく真田家家臣の祢津家の系譜に基づく滋野氏三家の情報を取り込んだ系譜を掲載したものと推測される。

おわりに

以上において、かつて東信地域で滋野氏三家として活躍した祢津家が、近世に真田家家臣となって伝えた系譜伝承について考察を進めてきた。具体的には、祢津信忠（＝祢津幸直の父親）の末裔に伝来した新出の祢津家の系図類を取り上げ、その内容を紹介しつつ系譜の特徴について考察した。これまで祢津家の系図と言えば、続群書類従に所収されている滋野氏三家系図がよく知られているが、今回、調査した新出の祢津家系図はその内容において相当の異同が確認される。

さらには、信忠および祢津松鷂軒の兄とされる祢津光直の子孫に伝来したこの一族の系図や松鷂軒の娘婿である依田家の子孫に伝来した祢津家の系図と比較しても数多くの相違点があった。すなわち、滋野氏の氏祖伝承を伝える冒頭の系譜について、清和天皇の皇子の名前がそれぞれ異なっている。しかもその注記の内容はいずれも史実とは乖離している部分が多く、さまざまな伝承が混沌としている様相を見せる。

このような滋野氏の氏祖伝承については、かつて福田晃が、（清和天皇皇子である）貞保親王所縁の「目宮王」および「善淵（渕）王」を中世における古い伝承の骨子をなすモチーフと想定した。しかし、今回調査した新出の祢津家の系図には必ずしもこういった「目宮王」「善淵（渕）王」は重要視されていない。それどころか「目宮王」ではなく「月宮」と称する皇子が登場し、福田が指摘するような盲人伝承とは異質な鷹術伝承を展開させている。

むしろ、真田家家臣としての祢津家の系図で重要なのは、海野家・祢津家・望月家のいわゆる滋野氏三家の由緒を示す系譜の部分であった。また、祢津家・望月家が海野家から分家したとする系譜伝承は、海野家の末裔を称する真田家が主張するものである。真田家に仕える祢津家では、主家に忖度してそのような海野家を主流とする滋野氏三家の伝承を必ず系譜に組み込んだのであろう。というのも、真田家と縁の薄い松鷂軒の娘婿である依田家に伝来した祢津家の系図には、海野家や望月家との繋がりは一切掲載されていない。松代藩士の祢津家には、鷹術を介した普遍的な伝承と真田家と深く関わる独自の系譜伝承が共存していたことが確認できよう。

注

（1）北佐久郡志編纂会編『北佐久郡志　第二巻』（北佐久郡志編纂会刊行、一九五六年）、福田晃『神道集説話の成立』第二編第四章「甲賀三郎譚の管理者（三）」（三弥井書店、一九八四年第一刷発行、一九九七年第三刷発行）、坂本太郎・平野邦雄監修『日本古代氏族人名辞典』（吉川弘文館、二〇一〇年）など。

（2）丸島和洋『真田一族と家臣団のすべて』（新人物文庫）「禰津幸直」（KADOKAWA、二〇一六年）には簡単に触れられている。

（3）二〇一九年（令和元年）六月五日（水）「信濃毎日新聞」朝刊の第三社会面によると「祢津さん（稿者注・祢津泰夫氏）の祖父が、本家に当たる長野市松代町の祢津家の当主から譲り受けた。本家の子どもたちは県外に転出するなどして、引き継がれなかったようだ」という。

（4）二本松泰子『鷹書と鷹術流派の系譜』第二編「鷹術流派の系譜」（三弥井書店、二〇一八年）による。

（5）宝月圭吾・岩沢愿彦監修『系図纂要　第十三冊』（平凡社、一九七四年）。

（6）長野県立図書館所蔵『［松代藩］御家中分限覚』（資料番号0104163142、請求番号N280.3/9/）などによると、松代藩士には信光系の祢津家の人物も存在する。

（7）注（1）福田著書。

（8）注（1）福田著書所収。

（9）注（1）福田著書所収。

（10）注（1）福田著書。

（11）信濃史料編纂会編『信濃史料叢書中巻』（歴史図書社、一九六九年）所収。

(12) 注（4）に同じ。
(13) 注（4）に同じ。
(14) 当該系図の書誌については、注（4）の二本松著書に掲出しているので参照されたい。
(15) 注（4）に同じ。
(16) 注（4）に同じ。
(17) 二本松康宏『曽我物語の基層と風土』第一編第二章「三原野と那須野をめぐる狩庭の祭祀者たちの名誉」（三弥井書店、二〇〇九年）などによる。

第二章　祢津家嫡流の鷹書

はじめに

先述したように、平安時代から室町時代後期の信濃国の東部地域では、当地を本貫地とする海野家・祢津家・望月家が地縁によって結束し、「滋野氏三家」と称して一大勢力を誇っていた。このうち海野家・望月家は中世末期にそれぞれ嫡流が途絶えてしまい（海野氏の名跡は真田氏が継承）、目立った事跡を確認することができない。一方、祢津家については、中世末期以降も嫡流が存続し、近世を通して史実上の足跡をたどることができる。その一族は、徳川家康に仕えた祢津松鶴軒の弟である信忠の末裔に当たる。信忠の次男とされる幸直が松代藩の初代藩主である真田信之に仕えて以降、彼の子孫は代々松代藩の家老クラスの重臣として幕末まで継続したことも第一編第一章で詳しく紹介した。

ところで、松鶴軒の直系の子孫は三代で断絶したものの、徳川将軍家に鷹書を献上したとされる[1]など、格式の高い鷹術を伝えていた。一方の信忠の末裔もまた鷹術と関わる一族で、当家にも複数の鷹書が伝来していることもすでに第一編第一章で触れた通りである。本章では、祢津泰夫氏が所蔵する信忠系祢津家の鷹書群の中から、物語的な叙述を多く持つテキストについて取り上げ、他のテキストとの本文の比較を通してその特徴を分析する。それによって、信忠系の祢津家が担った鷹術伝承の実相を明らかにし、真田家の鷹狩りにまつわる文事の実例として提示したい。

一　真田家の重臣としての祢津家嫡流のステータス

祢津泰夫氏が所蔵する信忠系祢津家に伝来した古文書類に含まれる系図類については、すでに前章で詳しく紹介した。本章では、そのような系図類ではなく、家伝を記した紙縒り綴じの冊子を取り上げる。当該の家伝書には奥書等はないものの、明治の年紀が見えることから、近代以降の書写と判断される。ただし、その内容は前近代に関するもので、前半部分は幸直と信之の逸話と信忠の子孫同士で起った本家争いについての叙述で、後半部分は祢津家の「中興」とされる人物たちの名前が列挙されている。

このうち、本家争いに関する記事については信忠の長男である信光（昌綱）と次男の幸直との間の経緯が記されていることから、当家の認識を明らかにするのに重要な情報が含まれている。そこでまずは、以下に当該の家伝書の全文を掲出する。

一　或覚に曰、眞田伊豆守殿御幼児の時、祢津宮内太輔元直が後妻を乳づけの母ニ頼給ふ。祢津が先妻ハ信州先方の諸賀入道か娘也。後妻ハ上州吾妻ノ住士羽尾入道が娘ナリ。安房守殿羽尾ニ由緒有故ニ頼給ふと也。其後参州長篠合戦ニ宮内大輔討死しけれハ、妻女剃髪して貞繁尼と云。嫡子長右衛門ハ継子たるによつて、母子の中平かならず。貞繁尼、源三郎殿ニちなみ有ニよつて、常ニ安房守殿の御方ニ立寄るニより、内外の人、いつとなくおつぼね様と云。乳の好身なる祢津が子を式部と云。両人、彼ノ乳母の両膝ニ居て、乳房を含みける程ニ、兄弟よりも睦しく、たかいニ生たち給ひしとナリ。毎日いせ山ニあそびて、りうそをつりて心を慰めり。源三郎殿、此山坂をやすくのほり給むとて、夙ニおきて朝草かりの馬ニ打乗り給ふ。式部ハ腰ニ焼めしを附行て、供ニ是を食し、夕陽ニ及て城ニ帰りしと也〔伊勢山ハ戸石の古城ノ跡ナリ。朝草苅の馬とハ、民家ニ馬をかふもの、未明ニ山ニ行、青草を苅て用、其馬を借りて乗てナリ〕。互《たかい》に成馬《長》して、式部ハ祢津志摩幸直と名乗り、或る時志摩申ハ、伯父ニテ候祢津松鷂軒、上州豊岡ニ罷在候、是を頼、家康へ成り共、秀吉へ成りとも奉公致シ候べし。此年ごろの御厚恩申尽し難く、且御名残も惜しく候と也。信之宣ふハ、存立候処尤ニハ思へ候得共、安房守、今の伜ニテハ朽果給ハじ。大望有人ナリ。我又心中ニ大望有ル。その深志をしらぬ人か情なくも振り捨いなんとハ宣ふものかな。日来《ごろ》の契りをハ吾ハ忘れぬ物をと有けれバ、祢津黙止《モダシ》がたく思ひ止りて、神川《家だ》一戦の時も二心なく籠城しけるとナリ。

一　祢津三十郎紋所ハ梯子《ハシコ》月と唱。本家ハ今ノ祢津数馬直家ニ候得共、三十郎先祖ハ先ニ御当家へ罷出。本家ハ断絶《タンぜつ》後、御当家へ被召寄。依而其時分ハ本家之様ニモ不拵。然レトモ人ノ知ル所ニシテ又未家タラン事にモふ面百彼是有紋所文字引替候間。

一　今ノ祢津三十郎先祖志摩ト云シトモ八百石ニテ本家ゟ先ニ御当家へ出て系圖ニ見ヘタリ。

一　祢津家紋黒餅を代月の文字ニ直ス。当時モ幕ノ紋ハ黒餅ヲ付ル。

一　其ノ後、祢津神平と祢津三十郎、本家別家のあらそへ有し時、親類、打寄ひやう□□□候處、兎も角も兄弟之事なれハ、兄神平の方を本家ト申候が可然様、皆々被申候有。夫ゟ神平の方本家と申侍候也。

一　長國寺殿禰津是行居士〔美濃國大井村。長国寺位牌ノ写ナリ。九月廿四日。右ハ祢津神平殿方ナリ。明治三十四年七百二年ニナル〕

禰津姓中興先祖法名左ニ記ス

朔日　年号月日不知
臨川院殿龍雲得水大禪定門祢津宮内大輔時貞

四日　右同断
勝興寺殿正山英忠大禪定門祢津上総介信貞

六日　右同断
定津院殿竹窻英賢大菴主祢津宮内大輔光直

天正三年乙亥五月廿一日
桂林院殿月峯常圓大禪定門祢津甚平

永禄十年丁卯二月九日
異峰宗尖居士　祢津一味齋親父

元和四年戊午正月廿九日
照山常徹居士　祢津一味齋殿

元和六年庚申五月十九日
梅窓理青大禪定尼　禰津一味齋息女

元和九年癸亥九月二日
葉山源黄大禪定門　禰津伊豫守

元和四年戊午十一月廿二日
月霄宗簾大禪　定尼祢津伊豫守内室

元和八年壬戌八月廿二日
露庵宗秋大禪　定尼　祢津伊豫守息女

直岩安法居士 年号月日不知 禰津美濃守
心源常居士 右同断 關東 禰津美濃守信直
桂窻芳久大禪定尼 右同断 關東禰津殿内室
元和九年癸亥十二月十八日 金溪紹寶大姉 禰津常安息女
元和十年甲子四月五日 月盈良心大禪定門 禰津甚十郎
元和四年戊午六月八日 一峯全純居士 祢津志摩守 幸直
　右志摩守殿祢津三十郎先祖ナリ
家山全高大禪定門 年号月日不知 宮ノ入上様親父
桐安秋梧大定尼 廿三日年号不知 宮ノ入市之頭
　右者不残小縣郡祢津村定津院ニ石牌有之

一　禰津小二郎号ニ長命寺殿ト一小縣郡祢津村長命寺ニ石牌有之
一　禰津 祖 神平殿 祢津小次郎道直始居住信濃国小縣郡祢津郷故以テ祢津ヲ為ス家号ト
一　祢津主水幸豊、真田信去公ニ仕上州沼田村也。元和元年五月五日大坂夏御陣之節士隊長ニテ出悵討死ス。家来金太夫ノ□貢
　法名光海玄性
　祢津主水幸豊ハ祢津志摩守惣領也。
　　滋野姓氏權輿　附白鳥明神説
柳滋野姓真田氏之正系ヲ尋ルニ清和天皇ノ皇子二品式部郷貞（ママ）親王之後胤也。

この家伝書前半部分における第一条には、第一編第一章で紹介した『真田家御事蹟稿』「長国寺殿御事蹟稿」巻之四に見える真田信之と祢津幸直の幼少時の親交を伝える逸話が引用されている。

改めてその概略を確認しなおすと、まず「或覚に曰」として、祢津宮内太輔元直の後妻である上州我妻の住人・羽尾入道の娘が信之の授乳係になった由を記す。そして、その所以は真田正幸が羽尾に由緒があったからという。三河国長篠合戦で元直が討死すると、その妻は剃髪して貞繁尼と称した。嫡子の長右衛門は継子なので折り合いが悪いため、信之の方に立ち寄り、内外の人々にお局さまと言われるようになった。また、彼女の息子である式部は信之と乳母の両膝に乗って乳房を含み、二人は仲睦まじく成長する。毎日朝早くから夕暮れまで伊勢山に遊び、心を慰めたという。式部は祢津志摩幸直と名乗るようになった。ある時、志摩は伯父である祢津松鴎軒を頼って上州豊岡に行き、家康や秀吉に奉公しようとするが、信之公の心中に秘めた「大望」に感じ入り、信之公に忠義を尽くすことを決意する。そのため、神川の戦でもふた心なく籠城したという。

家伝書の冒頭に、こういった信之と幸直との親交の深さを示す著名なエピソードをわざわざ引用しているのは、主家である真田家に対する当家の忠誠心を主張する所以であろうか。

さらに続けて、第二条～第五条では、祢津家の本家争いに関する記事が列挙されている。まず、第二条によると、本家（の当主）は「祢津数馬直家」であるが、祢津三十郎の先祖は早くに「御当家」（未詳）に出たという。また、本家も断絶した後、「御当家」に召し寄せられたといい、その当時はすでに本家はその態ではなかったとされている。ここに見える直家については未詳であるが、〝数馬〟を通称（仮名）とする人物は、前章で紹介した祢津泰夫氏所蔵『滋野姓禰津系圖』（後半部に独自の内容を持つ）によると、信光（昌綱）の子孫の一族に散見する。

このことから、「祢津数馬直家」は信光系の祢津家の人物と想定されよう。

次に、第三条によると、祢津三十郎の先祖は件の「志摩」であるが、八百石の禄高を得ていたと記す。この祢津三十郎とは、幸直の子孫たちの通称として確認できることから、こちらは幸直系の祢津家の人物に比定できよう。「志摩」は幸直であろう。また、その祢津三十郎が禄高八百石を得たとされることについては、長野県立図書館所蔵『〔松代藩〕御家中分限覚』（資料番号0104163142、請求番号N280.3/9/）に所収されている明暦三年（一六五七）の分限帳の写しによると、松代藩筆頭家老の矢沢家（石高二千百二五石）から五番目に「八百石　祢津舎人」と見えることが参考になる。この家伝書に見える祢津三十郎がいつの時代の人物か未詳であるが、『〔松代藩〕御家中分限覚』の「祢津舎人」の禄高と一致することから、同じ一族（もしくは近しい縁者）であることが推測されよう。

続いて第四条には、祢津家の家紋が黒餅から月の文字に変更された（幕紋は黒餅のまま）ことが記され、同じく第五条では祢津神平と祢津三十郎との本家争いについて記述されている。これについては、両者が兄弟関係であることを理由に、兄の神平の方を本家とすることになった由を記す。ここに見える本家争いの歴史上の具体的な経緯は現段階では不明であるが、幸直の子孫である三十郎ではなく、兄の神平を本家と見なす発想は、先に触れた第二条において、信光の子孫とおぼしい一族を本来の本家とする認識と重なるものであろう。

一方、後半部分における祢津家中興の先祖の法名が列挙される直前に「長国寺殿禰津是行居士」という戒名が見える。これは美濃国大井村にある長国寺の位牌の写しだという。実は、「祢津是行」とは、祢津家所縁の鷹術伝承においてたびたび登場する人物で、物語上において主要な役割を持つ祢津家の鷹匠である。ただし、右掲の記事では、明治三十四年（一九〇一）が彼の死後七〇一年に当たる由が注記されていることから、家伝書にこの人物を記載するのは、後世の書入れである可能性も考えられよう。いずれにしても是行が登場する鷹術伝承については次の第三章で詳しく取り上げる。

さて、右の家伝書で祢津家の中興の祖として挙げられている中に「祢津宮内大輔時貞」「祢津上総介信貞」「祢津宮内大輔光直」の名前が見える。いずれも前掲の祢津泰夫氏所蔵の二種類の系図に、信光・幸直の直系の先祖として系譜上で確認できる。さらに「祢津一味齋親父」と見える人物は信忠のことで、続いて挙げられている「祢津一味齋殿」は信光を指す。また、「禰津伊豫守」と記されているのは、前掲の祢津泰夫氏所蔵『滋野姓禰津系圖』において、「伊豫守」と注記される「信秀」（信光の家督を継いだとされる人物）のことであろう。その他にも、「心源常安居士」の戒名を持つ「禰津美濃守信直」という人物は松鶴軒のことで、さらには「禰津志摩守幸直」の名前も確認できる。

以上のように、当該の家伝書に見える後半部分の記述は、松鶴軒をはじめとする真田家家臣以外の人物も含めて、祢津家の主要な人物を網羅して列挙した内容となっている。しかしながら、それらの中に信光・幸直の名前が見えること、さらには前半部分で信光の子孫と幸直の子孫とで本家争いをしていたことに言及していることを鑑みると、当該書がやはり信忠の末裔の一族に関する家伝書であることは間違いない。しかもその内容は、前掲の第一章で紹介した祢津泰夫氏所蔵の二種類の系図と脈絡が通じている。このように祢津泰夫氏所蔵の文書群には、それぞれ〝信忠系の祢津家所縁の文書〟として一括できるような、共通した傾向が各書の内容に見出される。このような文書群を介して当家の由緒やそれに伴う真田家家臣としての家格の特性が形成されたものであろう。

次節において取り上げる祢津泰夫氏所蔵の鷹書群もまた、このような系図や家伝書とともに伝来したものである。先述したように、信忠系の祢津家は鷹術の家元でもあり、こういったテキスト類もまた、当家のアイデンティティを構築する媒体であったことが予想される。そこで、次節では、このような祢津泰夫氏所蔵の鷹書群の中から、より文芸的なものを一つ取り上げ、その叙述内容の特徴について分析してゆく。それによって、鷹の家の宗家である当家の文事活動の実態を明らかにし、真田家所縁の放鷹文化の事例のひとつとして提示したい。

二　祢津家の鷹書の文芸性

祢津泰夫氏が所蔵している鷹書は全部で十点ある。以下にそれらの書誌と簡単な概略を示す。

①『若鷂之圖』…縦四十七・一センチ×横三十三・○センチ。若鷂の図にその解説が付されたもの。

②『若隼之圖』…縦四十七・一センチ×横三十三・○センチ。若隼の図にその解説が付されたもの。

③『塒《トヤ》大鷹之圖』…縦四十七・一センチ×横三十三・○センチ。塒大鷹（秋に鳥屋を出た大鷹）の図にその解説が付されたもの。

④外題無し。内題無し。縦二十四・○センチ×横十七・六センチ。四つ目綴じ。袋綴じ。半葉十行。漢字平仮名交じり文。全六十七丁。裏表紙見返しにも本文有り。五十三丁裏、六十丁裏は白紙。五十四丁表〜六十丁表に「白鷹記」の本文（有注）。六十一丁表〜六十七丁表に「架と緒」の図解。奥書無し。

⑤外題無し。表紙左肩に貼題簽の剥離跡有り。縦二十八・四センチ×横十九・八センチ。五つ目綴じ。袋綴じ。半葉九行。

漢字平仮名交じり文。全九十一丁（うち遊紙前二丁、後二丁）。八十六丁裏白紙。奥書無し。

⑥ 外題無し。内題無し。縦二十一・六センチ×横十七・七センチ。列帖装。半葉九行。漢字平仮名交じり文。朱筆で合点・句読点・濁点・ルビの記載有り。全八十四丁（うち遊紙前後一丁）。二丁表冒頭に「△鷹之五臓論之事」。奥書無し。後半部欠。

⑦ 外題無し。内題無し。縦二十一・六センチ×横十七・七センチ。列帖装。半葉九行。漢字平仮名交じり文。朱筆で合点・句読点・濁点・ルビの記載有り。全十七丁。裏表紙無し。十四丁表冒頭に「薬調合に用水の名之事」。奥書無し。前半部欠。

⑧ 外題無し。内題無し。縦二十一・四センチ×横十七・七センチ。列帖装。半葉九行。漢字平仮名交じり文。朱筆で合点・句読点・濁点・ルビの記載有り（但し、十二丁表~十四丁裏には朱筆無し）。全十四丁（うち遊紙前一丁）。二丁表冒頭に「事たるへし／灸治之次第」。四丁表~九丁表に鷹の灸穴図。三丁裏、九丁裏白紙。奥書無し。前半部欠。

⑨ 外題無し。内題無し。縦二十一・三センチ×横十七・一センチ。列帖装。半葉七行~十行。漢字平仮名交じり文。全二十二丁（うち遊紙後一丁）。一丁表冒頭に「鷹法普并色々」、三丁裏八行目に「つかいかた并内当尾飼之次第」、十丁表三行目に「小鷹つかひ方并可取飼次第」、十一丁表九行目に「薬の次第」。奥書無し。

⑩ 外題無し。内題無し。縦二十一・六センチ×横十七・七センチ。列帖装。半葉九行。漢字平仮名交じり文。朱筆で合点・句読点・濁点の記載有り。全七十二丁（うち遊紙後一丁）。二十二丁裏、二十四丁表裏、二十五丁表裏、二十六丁表裏、二十七丁表裏、二十八丁表裏、三十一丁裏、四十一丁裏、五十五丁裏はいずれも白紙。奥書無し。

右のうち、①～③はむしろ鷹図というべきもので、各鷹の精緻な図絵にそれぞれ解説文が付されている。また、⑥～⑩は同じ寸法と装丁であることから、一揃いのシリーズ本であると想定される。ただし、⑥の後半部や⑦⑧の前半部は落丁が認められ、完本ではない。ちなみに⑥⑦⑧は同筆。

右掲の①～⑩はいずれも奥書や外題（内題）がないため、伝来の具体的な経緯や流派などのテキストの素性を明らかにする手掛かりは現段階において確認できない。その中から、本章では、説話や縁起などの物語的な叙述が比較的多く含まれた上記の④のテキストを取り上げる。

さて、④のテキストは冒頭に鷹の伝来説話が掲載されている。このような伝来説話は、信忠系以外の祢津家に伝わる鷹書類にも類話が確認できことから、相対比較によって特徴を分析しやすい。そこで、まずは、テキストの該当部分を以下に挙げる。

それ鷹の日本ゑ渡り初る事三ケ度也。先一番にわたりて駿河国富士山を巣山となして、七子をなし七月七日にたて、日本國にひろめ始る也。鷹をつかひはしめられしハ、仁徳天皇の御宇八十六年の御代をたもたせ給ふ。四十六年の御年にあたり、九月十三日、はくさい国より鷹に八十一巻の文書を相添て渡し、けんし奉けり。其鷹の名をはくちと云也。和泉國もす野にて仁徳天皇初しめてつかひそめ給ふなり。彼御代の後にハ二百余年におよひ鷹をつかふと云事終たり。然間、古をつたへて知る人もなかりき。其名のみばかりにて、ふんみやうならす。清和天皇の御時まて此書ありといへ共、讀ひらき鷹を知る人もなし。其時の都はあわづなり。その比、唐人越前の国つるかの津に渡り、彼唐人の名をハこうしん、名乗ハ米光と云。装束ハ大あられのほいのあほにふ色のさしぬきのふちそめまりの衣着て、錦のほうしをそきたりける。形はさうに似たり。犬かいの名をハ袖満と云。犬の毛ハ黒駮なり。様ハ痩□□□牛のことし。犬の名をハとまほこと云。此旨をつるかよりさうもんす。帝王ゑいらんありて勅使にハ播摩の国の住人源政頼の卿をもつて鷹并犬請取にさしくたさるゝ。其すてに古渡りたる鷹の真書を彼米光に讀へきよし、せんしなり。米光、彼書を覧して手を打、此國に書ありとおとろき、讀ひらく事なし。政頼、此よしをさうす。帝王、御はかり事にこちくと云女ヲ政頼御使にて送り給ふ。こちくか装束、やまふきの色《ニヲイノ》の袴、髪ハひすいのことし。姿ハ如来のやう也。米光、こちくか姿を見て讐、鷹并犬、鷹装束、餌袋、かり杖、犬かいの装束、其外の具足共を御門ゑ奉る。政頼、是を請取。米光、帰らんと云。政頼、長持二ゑた、唐櫃一合、酒筒調てこちくに相添持参す。唐人、重而よろこひ、こちくにめてゝ、三月あまり逗留す。其中、政頼、八十一巻の真書ヲ米光に讀ひらかせ、十八のひち、三十六の口傳、迷ゝ習とゝめ、□のみちつしにして鷹を学に天下においてならふるかたなく、きいのおもひをなす。帝王、御らんあつて、政頼に□《高》鹿の郡を給にけり。さて、政頼、こちくの宿ゑあやの小袖一重にひねり文つかはわすとて、こちくてうことかたからは笛竹の一夜のふしを人にかたるなと讀てやる。こちく返事に、くれはとりかさねし夜半のあしたよりふしそまされるこちくひとりに、かく讀て返す。まかた國の内ほり川の□玉ほこの津よりハ五万五千里也。はくさい國玉ほこの津より日本越前の鶴賀の津迄ハ三万三千里なり。七日七夜に鶴賀の津に着たりといへり。

右の叙述には、部分的に整合性のない文脈や文意の取りにくい箇所がいくつかある。このように、中近世の鷹書類には、混乱した叙述が比較的多く見られるものである。そこで、以下に右掲の叙述について、文脈を整理した意訳を示すことにする。

鷹が日本へ渡った経緯は三度あるという。最初に渡ってきた時には「駿河国富士山」を巣山として、七ツの子をなして七月七日に巣立ちをさせ、日本に広めた。

鷹を遣いはじめたのは、仁徳天皇八十七年の御代の四十六年九月十三日、「はくさい国」から鷹に八十一巻の文書を添えて渡来して（天皇に）献上された。鷹の名前は「くち」という。そして、和泉国百舌野で仁徳天皇が初めてその鷹を遣った。そのあと、二百余年間、鷹を遣うことがなく、いにしえを伝え知る人もいなかった。その名前のみで分明ではなかったのである。清和天皇の時代までこの書はあったが、読みひらいて鷹を知る人もいなかった。そのときの都は粟津であった。

その頃、唐人が「越前の国つるかの津」に渡ってきた。その唐人の名は「こうしん」、名乗りを「米光」といった。装束は大霰の布衣の青鈍色の指貫にふち染の衣を着て、錦の帽子を着し、形は僧侶に似ていた。犬飼の名は袖光といい、犬の毛は黒駮で□□□（※判読不能）牛のような様子をして、名前は「とまほこ」と言った。この旨を敦賀から帝に奏聞すると、勅使として播磨国の住人である源政頼卿が鷹及び犬を受け取るために下される。古い時代に渡ってきた鷹の真書を米光に読ませようとする宣旨が下されたのであった。

米光は、この書物を見て、手を打ち、この国に書ありと驚くが、読みひらくことはなかった。政頼は、この由をさらに奏聞すると、帝は謀をめぐらせて「こちく」という女性を政頼に遣いとして送った。こちくの装束は、山吹色の袴に髪は翡翠のごとく、姿は如来のようであった。米光はこちくの姿を見て喜び、鷹ならびに犬、鷹の装束、餌袋、狩り杖（＝狩りに用いる杖）、犬飼の装束その他の具足などを帝に奉った。政頼はこれを受け取るが、米光は帰国しようとしたので、米光のために長持二枝、唐櫃一合、酒筒を整えてこちくに持参させると唐人は重ねて喜び、こちくを愛でて三月余り逗留した。そのうち、政頼は、八十一巻の真書を米光に読みひらかせ、十八の秘事、三十六の口伝を習い、天下において並びなき鷹飼となった。

帝は優れた鷹匠になった政頼を御覧になって政頼に「□《高》鹿の郡」を賜った。政頼はこちくの宿に綾の小袖一重にひねり文を遣わし、米光から教えられたことを他言しないように和歌で伝えた。こちくはそれらを了解した由をやはり和歌で返した。「まかた國の内ほり川の□（※判読不能）玉ほこの津」から五万五千里、「はくさい國玉ほこの津」から「日本越前の靏賀の津」までは三万三千里であるという。

ところで、序章ですでに触れたように、祢津幸直所縁の鷹書なるものも現存する。すなわち、宮内庁書陵部所蔵『根津志摩守ト有之鷹書』（函号一六三—九六八）と称する鷹書の序文には、以下のような記述が見える。

一大事と申。口傳人ニ諸物みせす、かさす候。子細忘、わかちゑを人の知事、此秘伝書清生をかけくはものこさすして常ニみれは、覚申候。是其儘尋根津志摩守所ニ奉公仕時、ぬすみ出しうつし候。甚兵衛十二才之時也。

右によると、同書は「甚兵衛」なる人物が十二歳のとき「根津志摩守」の元に奉公していた際に盗み出して写した秘伝書であるという。ここに見える「甚兵衛」の奉公先である「根津志摩守」は祢津幸直のことであろう。この序文が言うところの同書の原本になった鷹書については未詳であるが、少なくともこの宮内庁書陵部所蔵『根津志摩守ト有之鷹書』に見える叙述が幸直所縁の鷹術伝承と見なせることは認識できよう。そしてこのテキストの冒頭にも、鷹の伝来説話の類話が掲載されている。以下に該当部分の記述を挙げる。

鷹飼来之事
一　日本ん《ママ》鷹渡る事、仁徳天皇御宇の時也。其後四拾六徳歳過て、百濟國より日記を被添鷹を渡ス。使者は清来と申法師也。鷹の道状と云文字を相添渡る。其時、よへハん《本の儘不相分》なし。其後、清林《(和カ)》之御帝に衣《依》レ溥《傳》余と云。口傳猶義くらし。政頼将軍の御時、唐土の鷹の餌つる政頼《(ママ)》、彼唐人をかたらい、小竹女と申美人を妻ニ被請付候へハ、清来、慶て十八のひてん、三拾六の口傳きこしめし、やわら《不相分》ていろ〳〵の文字を請取給也。其時、鷹の餌飼しやうそく、犬引しやうそく、す《(ママ)》ニ餌袋、かり竿、打かひ袋、政頼将軍ニ渡シ申。其後、政頼将軍、小竹女を近つけていわく、
　　筒竹の二夜のふしをひとかし経
　　　暮羽鳥かさねし夜半のあしたより

右の記述もまた、文意不明な箇所が多く、かなりわかりにくいので以下に意訳を挙げる。

日本に鷹が渡ってきたのは仁徳天皇の時代である。そののち四十六年が過ぎて、百済国より使者が日記を鷹に添えて渡ってきた。使者は清来という法師で、「鷹の道状」という文字（文書？）を添えて渡ってきた。そのときは読む人がいなかった。

後に「清林《(和カ)》之御帝」に伝授したが、なおその意義は不明であった。政頼将軍の時、唐人を騙るために小竹女という美人を妻として差し出すと、清来は喜んで十八の秘伝と三十六の口伝を伝え、さらにはいろいろな文字（文書？）を政頼将軍が請け取ることになった。その時、鷹の餌飼装束、犬牽の装束、餌袋（＝鷹の餌を入れた袋）、狩り竿、打飼袋（＝犬の餌を入れた袋）を政頼将軍に渡した。そののち、政頼将軍は小竹女を近づけて和歌のような文言を伝えたという。

右掲の宮内庁書陵部所蔵『根津志摩守ト有之鷹書』に見える鷹の伝来説話と先に挙げた祢津泰夫氏所蔵の鷹書の類話を比較すると、文意の乱れという範疇を超えて大きく異なる内容となっている。そのうち、説話を構成するモチーフごとの具体的な異同については後出の異同表で示した（一一〇～一一四頁参照）。当該表で提示したように、モチーフ番号5、15の内容において両書は類似している。ただし、モチーフ番号5「清和天皇の時代まで鷹書はあったが誰もひらき見た人はいなかった」という内容については、宮内庁書陵部所蔵『根津志摩守ト有之鷹書』では鷹書に言及せず、「口傳猶義くらし」という表現にとどまっている。同じくモチーフ番号15「米光はこちくの姿を見て誉め、鷹並びに犬、さらには鷹狩りの道具を帝へ奉る」という内容については、宮内庁書陵部所蔵『根津志摩守ト有之鷹書』では米光が献上した相手は帝ではなく、政頼将軍となっている。

次に、第一編第一章で紹介した信忠系祢津家の分家筋に当たる光直系の禰津家にも鷹書が伝来した。それらは現在、ご当主である禰津喜隆氏から真田宝物館に寄託され、同館で保存されている。いずれも外題・内題等がなく、それぞれの書名は不明。そのうち、墨付き全二十二丁のテキストの冒頭部には、以下のような鷹の伝来説話が見える。

一　それたかの日本へわたりはしめたる事。神代より、はくさいこくより一はんにこえて、するかのふし山をすやまとなして、七の子をなす。七月七日にたて、、日本国にひろむ也。たかをつかふといふ事、仁徳天王の御とき、八十七年のよをたもたせ給ふ四十六年にあたりしとし、はくさいこくより、たかを書とあひそへてけんしたてまつり、そのたかのなをくちんといふなり。使のてい、そうのことし。仁徳てんわうの御よの後ハ、たかをつかふといふ事、たちたり。清和天王の御ときまて、この書ありといへとも、よみひらく人なし。そのとき、唐人、越前の靏かの津にわたり付。この唐人は、名をよねみつといふ。その米光に、このたかの真書《しんしょ》をよむへきよし、せんしなり。御つかいには政頼《せいらい》なり。かのよねみつ、てをうちて、この国に、かの書ありとおとろく。よみひらく事なし。政頼、このよしをそうす。みかと、御はかりことは、こちくといふおんなを政頼、御使とておくり給ふ。その、ち、政頼に、このしんしよをよみひらく。八十一くわんの書をつたへ○《十八の秘事》三十六の口傳をならひとり、しかるあひた、日本にたかを相傳ハ政頼、はしめてひろめけり。

右掲の叙述も文意の取りにくい箇所があるが、祢津泰夫氏所蔵の鷹書に見える類話とやや近いモチーフをいくつか含んでいることは明白である。意訳は以下の通り。

鷹が日本へ初めて渡ってきたことについて。

神代に「はくさいこく」から一番に渡ってきた鷹が、「するかのふし山」を巣山として七つの子を産み、七月七日に巣立たせて日本国に広まったという。

鷹を遣うということは、仁徳天皇の時代、八十七年の御代を保っていた時の四十六年目に当たる年に「はくさいこく」から鷹と鷹書を添えて本朝に献上された。その鷹の名前は「くちん」といい、使者の様子は僧のようであった。しかし、仁徳天皇の時代の後は、鷹を遣うことが絶えてしまった。そのため、清和天皇の時代までこの鷹書は存在したものの、それを読みひらく人はいなかった。

その清和天皇の時代に、唐人が「越前の靍かの津」に渡ってきた。この唐人は、名前を「よねみつ（米光）」という。その米光に、この鷹の「真書」を読むべき宣旨が下る。宣旨の使いは政頼である。米光はこの書物を見て、手を打ち、この国にかの書ありと驚くが、読みひらくことはなかった。政頼がこの由を奏聞したため、帝は謀をめぐらし、「こちく」という女を政頼に使いとして送らせた。その後、米光は政頼にこの真書を読みひらいたという。

そして、政頼は八十一巻の書を伝えられ、三十六の口伝を習い取った。それを相伝した政頼が日本ではじめて鷹術を広めたという。


右掲の宮内庁書陵部所蔵『根津志摩守ト有之鷹書』に見える鷹の伝来説話は、祢津泰夫氏所蔵の鷹書の類話のダイジェスト版のような内容と言えよう。後出の異同表によると、モチーフ番号1、2、3、5、12、13、18の内容において両書は類似している。ただし、モチーフ番号3「鷹の名前を「くち」という」については、禰津喜隆氏所蔵の鷹書では鷹の名前を「くちん」と表記している。これについては、ほぼ同じ名前と見做せる。同じくモチーフ番号18「政頼は八十一巻の鷹書を米光に読みひらかせて、十八の秘事、三十六の口伝を習い、天下にならびなき鷹術を身に付けた」という内容については、禰津喜隆氏所蔵の鷹書では鷹術を身に付けた政頼が相伝してそれを日本に広めた、という結末となっている。

最後に、祢津松鷂軒伝来のテキストとして、依田盛敬氏所蔵『鷹序之巻 乾二』について取り上げる。同書は、その奥書によると、「寶暦九己卯依田十郎左衛門／六月吉日 盛昌（花押）（縦二・三センチ×横二・三センチの朱正方印）／依田次右衛門殿」とある。すなわち、当該テキストは、宝暦九年（一七五九年）六月吉日に、依田盛昌から依田次右衛門に伝授されたという。この依田盛昌及び依田次右衛門とは、松鷂軒の娘婿で松鷂軒系の「祢津家の鷹術」を伝授された依田守廣の直系の子孫である。彼らもまた、松鷂軒系の「祢津家の鷹術」を受け継ぎ、加賀藩の「鷹匠」を務めた[2]。当該書の第三条には、以下のような鷹の伝来説話が記載されている。

一　抑、鷹之日本エ渡始ル事、神之代也。白濟國ヨリ一番ニ越、駿河之冨士ヲ巣山トナシテ、七ツノ子ヲ作。七月七日ニ巣山ヲ出、日本六十余州エ廣ムル也。吾朝ニ鷹ヲ仕ト云事、仁徳天皇之御宇之八十六年之御代ヲ爲持給。四十六年ニ當リシ年、白濟國ヨリ鷹ヲ書ト相添テ渡シケル。其鷹之名ヲ、俊鷹ト云也。使之躰、如僧也。仁徳天皇之御代之後ハ、鷹ヲ仕ト云事絶タリ。清和天皇之御時迄、此書有ト云共、讀開人ナシ。使ノ名ヲハ小満ト云也。清和天皇之御時、渡鷹ハ韓巻ト云也。使之躰、如僧也。此仁、越前國敦賀津ニ渡着。名ヲ好仁米光ト云也。文書盡シテ被渡キ。越前之國敦賀津ニ着テ奏聞ス。其時之都ハ、粟津也。大臣、公卿、納言、殿上至迄、集給テ、韓巻ヲ取ニ可下ト宣旨有ケレハ、公卿各々申サセ給イケル。其時、播磨國之住人、源政頼、爲勅使敦賀津ニ被下。内裏之御使成ト云。唐人之字者好仁ト云。名乗ヲ米光ト云也。米光カ奨束ニハ、大荒目之ホイノ色也。刺貫、節染之三重ノ衣ヲ着タリ。錦之帽子ヲゾシタリケル。形ハ似僧ニ。政頼、彼ニ向テ、宣旨御使成ト云ケレハ、政頼ニ向テ申テ曰、韓巻ニ文書ヲ相添テ、取渡テト云。其時、政頼、大國之文ヲ讀兼テ、米光ニ讀ト云ニ、ホウ枕ヲタベト答フ。其時、小竹ト云半物ヲ出ス。米光、餘ニ喜テ床ヨリ下、七度拜ス。小竹カ奨束ニハ、山吹之匂之色、紅之茂袴、髪ハ如翡翠也。形ハ似如来ニ。米光申ケルハ、小竹ヲ以テ奏聞可申ト御返事申。御門重テ政頼ヲ以、此鷹之文書ヲ可讀由、宣旨也。御使政頼也。彼米光、手ヲ打テ、此國ニ此書有ト驚。讀開事ナシ。政頼、此由奏聞ス。御門之御謀ニ、小竹ト云女ヲ、政頼、御使トシテ出シ給。政頼、此文書ヲ讀開、八十一巻之書。其後、政頼ニ相傳シ、三十六之口傳トス。如右之、不殘信濃國祢津、是ヲ傳／者也ト云云。

右掲の依田盛敬氏所蔵『鷹序之巻　乾二』に見える鷹の伝来説話はかなり詳しく、相対的にわかりやすい筋立てとなっている。しかし、米光を篭絡するために小竹が二回重複して登場する等、整合性のない文脈もいくつか確認できる。意訳は以下の通り。

鷹が日本に初めて渡ったのは神代のことである。「白濟國」から一番に渡ってきた鷹が、「駿河之富士」を巣山とし、七つの子を産んで七月七日に巣立たせて、日本六十余州に広まったという。

わが国で鷹を遣ったのは仁徳天皇の八十六年の御代の四十六年に当たる年に「白濟國」から鷹に書と添えて伝来したのが始まりである。その鷹の名前は「俊鷹」という。鷹を伝えた使者は僧形をしていた。しかし、仁徳天皇の御代以後は鷹を遣うことは絶え、清和天皇の時代までこの書を読み開く人もいなかった。使者の名前は「小滿」という。

清和天皇の御代に伝来した鷹は「韓巻」という。使者はやはり僧形をしており、「越前國敦賀津」に到着した。名前を「好仁米光」という。文書を持って渡ってきて、「越前之國敦賀津」に着くと奏聞した。その時、都は粟津であった。大臣や公卿・納言・殿上人にいたるまで集まり、「韓巻」を受け取りに下るべき宣旨があった。その時、「播磨國之住人、源政頼」が勅使として「敦賀津」に下り、内裏の使者であると言った。

唐人のあざなは「好仁」といい、名乗りは「米光」と言った。米光の装束は、大粗目の布衣の色（未詳）で、指貫は藤染の三重の衣を着し、錦の帽子を身に付けていた。形は僧に似ていた。政頼が彼に向かって「宣旨のお使いである」言うと、米光は政頼に向かって「韓巻」に文書を添えて渡すと言う。その時、政頼は大国の文書を読みかねたので、米光に読めと言う。すると、米光は「ホウ枕（未詳）」を賜るように望んだため、「小竹ト云平物」を出したところ、米光は喜んで床より降りて七度拝んだ。その時の小竹の装束は、山吹の匂いの色に紅の裳袴、髪は翡翠のようで、形は如来のようであった。米光が言うには、小竹を以て奏聞するとの返事である。

帝は重ねて政頼を以てこの鷹の文書を読むべき由の宣旨を出した。その時の使いは政頼である。かの米光は手を打ち、この国にこの書があると驚いた。しかし、読み開くことはなかった。政頼がこの由を奏聞すると帝は謀をめぐらし、小竹という女を政頼が使者として遣わせた。政頼はこの文書を読み開き、「八十一巻之書」とした。その後、政頼に相伝して「三十六之口傳」とした。それらは残らず「信濃國祢津」に伝わったという。

右掲の鷹の伝来説話は、宮内庁書陵部所蔵『根津志摩守ト有之鷹書』や禰津喜隆氏所蔵の鷹書より、祢津泰夫氏所蔵の鷹書の類話の方が近似するモチーフや叙述を多く含む。後出の異同表によると、モチーフ番号1、2、5、6、7、8、12、13、14、18において両書は類似している。ただし、モチーフ番号7「清和天皇時代に唐人が『越前の国つるかの津』に渡ってくる。名を『こうしん』、名乗りを『米光』と言った」という内容については、依田盛敬氏所蔵『鷹序之巻　乾二』によると、仁徳天皇時代に百済国から渡ってきた使者についても言及して「小満」という名前を伝え、より具体的な記述となっている。

以上のように、祢津泰夫氏所蔵の鷹書に見える鷹の伝来説話は、他の祢津家の各家に伝わるテキストの類話と比べると、モチーフ単位で一部に一致した叙述が見られる。ただし、一致するモチーフ同士においても表現レベルでは細かな異同が見られることから、テキスト間において出典関係などの直接的な影響関係があったとは考えにくく、むしろ、共通の物語伝承からそれぞれ個別に展開していった説話群であることが推測されよう。

三　京都文化と真田家の鷹狩り

実は、以上のような祢津家諸家に伝来したテキスト以外にも、祢津泰夫氏所蔵の鷹書に見える鷹の伝来説話に近い類話を記載する鷹書がある。すなわち、永青文庫所蔵『和傳鷹経 上下』（資料番号3‐3‐44）の冒頭に記載されている鷹の伝来説話は、管見において祢津泰夫氏所蔵の鷹書の類話に最も近い。

この永青文庫所蔵『和傳鷹経 上下』は、上巻の奥書に「右鷹書依 上意所令書写進上之如斯／明應五年丙辰閏二月日／前信濃守神貞通奉」（三十五丁裏）と見え、下巻の奥書に「右鷹書依 上意所令書写進上之如斯／明應五年丙辰閏二月日／前信濃守神貞通奉」（五十三丁裏）「宝暦十一年辛巳 以宇士之書寫之」（五十四丁表）と見える。これらの本奥書によると「前信濃守神貞通」が、明応五年（一四九六）に書写して幕府に進上したものという。ここに見える貞通とは、『諏訪大明神画詞』の作者とされる諏訪円忠から六代目の子孫とされ、室町幕府奉行人を世襲した京都諏訪氏の人物である。貞通はまた、京都諏訪社の神職を務め、当社の布教活動を積極的に行っていた(3)。このことから、当該のテキストは、京都諏訪氏のテキストという特性を持つものである。

このように、京都諏訪氏所縁のテキストである永青文庫所蔵『和傳鷹経』は、室町時代に京都を中心に流布したことが想定されよう。以下に、同書に見える鷹の伝来説話に該当する本文を掲出し、祢津泰夫氏所蔵の鷹書に見える類話との異同を分析する。

『和傳鷹経』

・本朝鷹渡始事

一・抑此土へ鷹渡始事三ヶ度也。神代の時一度人間始て、一度其後二百余年にあたつて、つかひ給して此道学傳る人なし。其名のみ云傳たるまでにて不分明也。仁徳天皇四十六年代百濟国より國使を副て鷹を奉る。

其鷹をハ倶智祖といへり。鷹飼の名をハ米光と云。犬飼、名をは袖光と犬の名をハ、とまほこと云。毛ハ黒駮也。彼唐人を越前敦賀津に着。政頼行向て鷹を請取、犬を請取て日記副て渡也。米光、兼満とす。政頼彼唐人の心をとらん為に長持一えた、からひつ一かう、酒の筒一、小竹といへるはした者にもたせて、唐人の所へつかハす。米光、なのめならすよろこひて、是を請取。さて朝に、おんなを返すとて捨文云

　小ちくてふ事かたから（ママ）ハ笛竹の一夜のふしを人にかたるな

此哥をよみて、あさの小袖一重とらせけり。此女にめて、、三ヶ月まてと、まり、政頼終夜當て鷹の事を被尋とひけるに、十六の秘事、三十六の口傳、悉習当當て鷹を仕けるには、下におきて哥□の思ひをなし、不思儀の見物なりとて御門も大に御悦あつて政頼にこまの郡を給にけり。

一・仁徳天皇八十七年たもたせおハします其時、四十年云正月ニ摩伽陀国ゟ駿王と云鳥をわたし、天竺の使にハ、勾陣、米光、文書相具して渡り、此宣旨を下さる、。宮あわつの宮なり。納言、宰相、公卿、大臣、殿上人、參集る時、誰か駿王鳥請取に下へきと宣旨ありけれハ、公卿、各申させ給けるハ、蔵人政頼ハかりそ御使に下て、駿鳥請取へきと申上給ける其時、政頼、越前国敦賀津へ下き。大国の御使、字勾陣、米光か装束は、大あられのあけにこうのさしぬきに藤染色の上の衣を着たり。錦の帽子をしたり。其時の形、僧ににたり。政頼、相向て宣旨の御使たりと云。米光駿王まいらす。文書あいくして渡したり。政頼、大國の御文よみへす。米光によめと政頼かいふに、ほう枕をたへと云。其時、こちくといふはしたものをいたす。米光、餘に悦て床よりおりて七度拜す。小竹か装束は款冬のにほひの色、くわに紅のまろ袴也。かみはひすいのことく、形は如来のやうなる其時、政頼とくとおもふハ、いかにと云へハ米光よむへしと答、小竹取て返

事、

くれはとりかさねし夜半の朝よりふしてまされる小竹ことかね
かくいひて米光大国の文書よむ。さて云、駿王ハ是た、の鳥にあらす。毘沙門天皇の変化駿鳥の魂也。摩伽
陀の内鷲峯山の麓にて駿王と云、けいたん国のうち五臺山の麓にてハ山に鳥といふ。日本富士のこしにてハ
鷹と云。百濟国ゟ日本国つるかの津にて三万三千里之。唐人ハ水神也。百濟国ゟ七日七夜につる賀の津に着
と云々。

右掲の永青文庫所蔵『和傳鷹経　上下』の二つの項目に見える叙述は、それぞれ細部のモチーフや叙述表現が異なる鷹の伝来説話である。両項目とも筋立てに混乱があり、鷹の伝来説話にまつわる著名なモチーフを適当にちりばめたような印象を受ける。意訳は以下の通り。

まず、一つ目の項目の叙述によると、本国に鷹が渡ってきたのは三度あるという（筆者注・当該項目ではそのうち二度しか言及していない）。一回目は神代で、そののち二百余年間、鷹を遣ったり、この道を学び伝える人はいなかったため、その名前のみ伝わり、不分明であった。

仁徳天皇四十六年の御代に「百濟國」より国使を添えて鷹が奉られた。鷹の名前は「倶智祖」、鷹飼の名前は「米光」、犬飼の名前は「袖光」、犬の名前は「とまほこ」と言う。犬の毛は黒駮である。その唐人が「越前敦賀津」に到着したので、政頼は行き向かって鷹を請け取り、犬を受け取って日記を添えて渡された。米光は兼光と

いう。政頼はこの唐人の心をつかむために長持一枝、唐櫃一合、酒の筒一つを小竹というはした者に持たせて唐人のところに使わせた。米光はなみなみならず喜んで、これを請け取った。翌朝、女を返すといって捨文に和歌を一首詠む。この和歌を詠んで麻の小袖を一重とらせた。

また、米光は、この女を愛でて三月まで滞留した。政頼は最後の夜に当たり、鷹のことを尋ねると、十六の秘事、三十六の口伝のことごとくを伝授された。帝も大いに御悦あって、政頼に「こまの郡」を賜ったという。

次に、二つ目の項目によると、仁徳天皇八十七年の御代を保っていた時の四十年という正月に「摩伽陀国」より「駿王」という鳥が渡ってた。その時、天竺の使いとして「勾陣・米光」が文書を伴って渡り、宣旨がくだされた。都は「あわつの宮」であった。納言、宰相、公卿、大臣、殿上人が参集し、誰が駿王を請け取るために下るべきかと宣旨があった。すると、公卿がおのおの言うには「蔵人政頼」が使いとして駿鳥を受け取るべきとのことだったので、政頼が「越前国敦賀津」に下った。

大国の御使いはあざなを「勾陣」「米光」と言った。米光の装束は、大霰の朱に紅の指貫に、藤染色の上の衣と錦の帽子を着用していた。その時の形は僧に似ていた。政頼は、相向かって宣旨の御使であるという。米光は駿王に文書を伴って渡した。政頼は、大国の御文を読むことができないので、米光に読めと言うと、米光は「ほう枕」を賜るよう望む。政頼はその時、「こちく」というはした者を出すと、米光は大変喜んで床より降りて七度拝んだ。小竹の装束は款冬の匂いの色、くわの紅のまろ袴である。髪は翡翠のようで、形は如来のようであった。その時、政頼が思った通り、小竹が尋ねると米光は文書を読もうと答えた。小竹は返事として和歌を一首詠んだ。如上の経緯から米光は大国の文書を読んだ。

さて、駿王はただの鳥ではない。毘沙門天の変化したのが駿鳥の魂である。「摩伽陀の内鷲峯山の麓」にて「駿王」と言い、「けいたん国のうち五臺山の麓」にては「山に鳥」という。「日本富士のこし」にては「鷹」という。「百済国」より「日本つるかの津」まで三万三千里である。唐人は水神である。「百済国」より七日七夜で「つる賀の津」に到着したという。

以上のように、両項目とも、かなり整合性の無い筋立てである。が、その叙述に含まれるモチーフは、祢津泰夫氏所蔵の鷹書に見える類話と重なる部分が多い。後出の異同表によると、永青文庫所蔵『和傳鷹経』第一項目ではモチーフ番号2、3、9、10、16、17、18、19の内容において祢津泰夫氏所蔵の鷹書に見える類話と一致している。

ただし、モチーフ番号3「鷹の名前を「くち」という」ことについては、永青文庫所蔵『和傳鷹経』によると鷹の名前を「倶智祖」と漢字表記している。また、モチーフ番号10の「犬の毛が黒駁であること、犬の姿形についての説明、犬の名前が『とまほこ』であること」については、永青文庫所蔵『和傳鷹経』では犬の姿形についての説明が無い。

さらに、モチーフ番号19「帝は政頼に『□《高》鹿の郡』を賜った」については、永青文庫所蔵『和傳鷹経』では、帝が政頼に賜ったのは「こまの郡」であると伝える。同じく後出の異同表によると、永青文庫所蔵『和傳鷹経』第二項目ではモチーフ番号6、8、14、21において祢津泰夫氏所蔵の鷹書と一致する。また、これら四つのモチーフは同書の第一項目には見られない。

図版①千秋文庫所蔵『米光之図』全体

以上のように、永青文庫所蔵『和傳鷹経』の一つ目の項目と二つ目の項目を合わせると、モチーフ番号2、3、6、8、9、10、14、16、17、18、19、21の計十二か所において祢津泰夫氏所蔵の鷹書と一致する。この数は、前節で挙げた祢津家各家のテキストに見えるいずれの類話よりも多い。このように、一致するモチーフ数の多いことが、先述したように、祢津泰夫氏所蔵の鷹書に見える鷹の伝来説話と永青文庫所蔵『和傳鷹経』の類話が近いと判断する所以である。

ところで、一般財団法人千秋文庫所蔵『米光之図』（和人物78、縦一〇二・五チセン×横三十三・五チセン）に付されている賛にも、祢津泰夫氏所蔵の鷹書の類話と近い叙述が見える。

当館の目録によると、原本は室町時代の絵師で狩野派の祖である狩野正信の子・元信（文明八年（一四七六）～永禄二年（一五五九））の筆とされ、模者は不詳[4]。現在、原本の所在は不明であるが、本来は「架鷹図」二幅と組み合わされ、三幅対とされたものらしい[5]。後述するように、賛には「明應七年戊午八月　黙雲天隠叟龍澤記」という款記が見えることから、原本は明応七年（一四九八）に制作されたという[6]。当該の『米光之図』には、朝鮮装束の朱服に黒い帽子を着用し、マナヅルとおぼしき鳥の頭・翼・脚を胸に抱えた「米光」像が描かれている。その米光象の上部には、室町・戦国時代の臨済宗の僧侶である天隠龍澤（応永二十九年（一四二二）～明応九年（一五

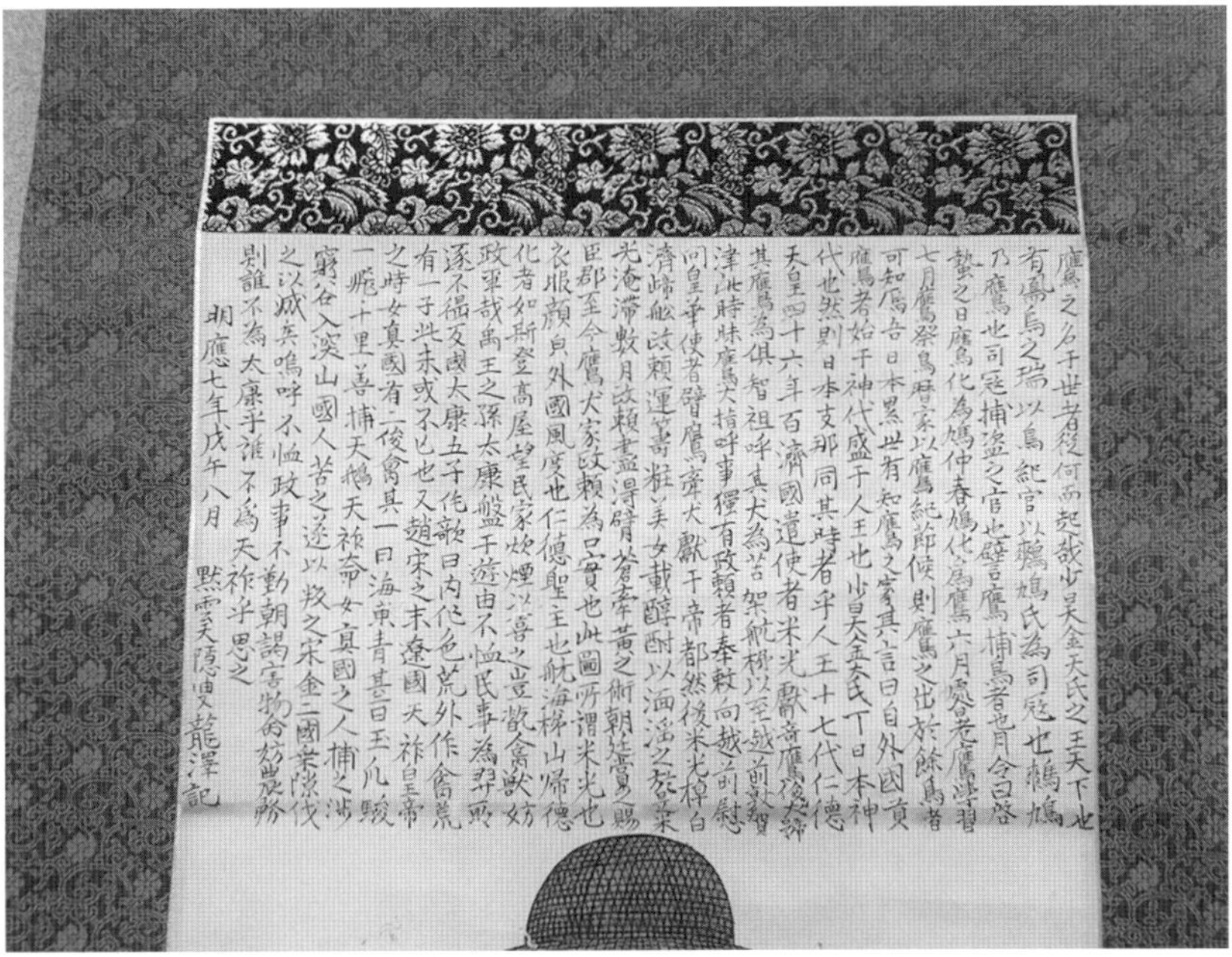

図版②千秋文庫所蔵『米光之図』上部画賛本文

○○）による米光像の画賛が付されている。

当該図については、絵師（模者）や賛の成立事情に関する具体的な考証が待たれるが[7]、原本制作に狩野元信や天隠龍澤が関わったとする経緯を踏まえると、永青文庫所蔵『和傳鷹経』とほぼ同じ時代の京都において成立したことになる。

先述したように、当該図は原本が所在不明なこともあり、画賛についてあまり知られていない。そこで、当該の画賛の全文について、【原文】【訓読】【概要】をそれぞれ以下に紹介し、基礎情報を提示しておきたい[8]（傍線は私に付した。以下同）。

【原文】

鷹之名于世者従何而起哉。少昊金天氏之王天下也。有鳳鳥之瑞以鳥紀官。以鶆鳩氏為司寇也。鶆鳩乃鷹也。司冠捕盗之官也。譬鷹捕鳥者也。月令曰、啓蟄之日鷹化為鳩。仲春鳩化爲鷹。六月處曰、老鷹学習。七月鷹祭鳥。曆家以鷹紀節候、則鷹之出於餘鳥者可知焉。吾日本累世有知鷹之家。其言曰自外國莫。鷹者始于神代盛于人王也。少昊金天氏丁日本神代也。然則日本支那同其時者乎。人王十七代仁徳天皇四十六年、百濟國遣使者米光、獻奇鷹俊犬。号其鷹為倶智祖、呼其犬為苦架。航梯以至越前敦賀津。此時昧鷹犬指呼事。獨有政頼者奉勅向越前、慰問皇華使者。臂鷹牽犬獻于帝都。然後米光棹百濟歸船。政頼運籌、粧美女、載醇酎、以涵淫之。於是米光淹滞數月。政頼盡淂臂蒼牽黄之術、朝廷賞之賜臣郡。至今鷹犬家政頼為口實也。此圖所謂米光。衣服顔皃、外國風度也。仁徳聖主也。航海梯山、帰徳化者如斯。登高屋望、民家炊煙以喜之。豈翫禽獣妨政事哉。禹王之孫太康、盤于遊由、不恤民事。為羿所逐、不得反國。太康五子之歌曰、内作色荒、外作禽荒、有一于此未或不亡也。又趙宋之末、遼國天祚皇帝之時、女真國有二俊禽。其一曰海東青、其二曰玉爪駿一飛千里。善捕天鵞。天祚命女真國之人捕之。渉窮谷入深山國人苦之。遂以叛之。宋金二國、乗隙伐之、以滅兵。嗚呼、不恤政事、不勤朝謁、害物命、妨農務、則誰不為太康乎、誰不爲天祚乎。思之。

明應七年戊午八月　黙雲天隠叟龍澤記

【訓読】

鷹の世に名づくる者は何《いずれ》より起こるや。少昊《しょうこう》金天氏の天下に王となるや、鳳鳥の瑞《ずい》有り。鳥を以て官を紀《しる》し、鷞鳩《そうきゅう》氏を以て司寇《しこう》と為すなり。鷞鳩は乃《すなわ》ち鷹なり。司冠は盗を捕ふるの官なり。鷹の鳥を捕ふるに譬《たと》ふる者なり。

月令《がつりょう》に曰く、(仲春の月)啓蟄《けいちつ》の日、「鷹化して鳩と為る」と。仲春(の月?)、「鳩化して鷹と為る」と。六月(季夏の月)の處に曰く、「(老)鷹習《しゅう》を学ぶ」と。七月(孟秋の月)、「鷹(乃ち)鳥を祭る」と。暦家 鷹を以て節候を紀すは、則《すなわ》ち鷹の餘鳥より出でたる者なるを知るべし。

吾が日本には累世知鷹《ちよう》の家有り。其の言に曰く、外國より鷹を貢《みつ》ぐ者は神代に始まり人王に盛んなりと。少昊金大[天]氏は日本の神代に丁《あた》るなり。然《しか》らば則ち日本・支那、其の時を同じくする者か。人王十七代仁徳天皇四十六年、百済の國使者米光を遣はし、奇鷹俊犬を献ず。其の鷹を号びて倶智祖と為し、其の犬を呼びて苦架と為す。航梯《こうてい》以て越前の敦賀の津に至る。此の時、鷹犬指呼の事に昧《くら》し。獨り政頼なる者の勅を奉じて越前に向かひ皇華の使者を慰問する有り。鷹を臂《ひじ》にし犬を牽《ひ》きて帝都に献ず。然る後、米光百済の歸船に棹《さお》ささんとす。政頼 籌《はかりごと》を運《めぐ》らし、美女を粧《よそお》はせ、醇酎《じゅんちゅう》を載《の》せて、以て之を湎淫《めんいん》せしむ。是《ここ》に於《お》いて米光淹滞《えんたい》すること數月、政頼 盡《ことごと》く臂蒼牽黄《ひそうけんおう》の術を淂(得)たり。朝廷之《これ》を賞し、臣に郡を賜る。今に至る鷹犬の家 政頼の口實と為すなり。

此の圖は所謂《いわゆる》米光なり。衣服顔皃《がんぼう》(貌)は外國の風度なり。仁徳は聖主なり。航海梯山《こうかいていざん》して徳化に帰する者は斯《か》くの如《ごと》し。高屋に登りて望みては、民家の炊煙あるを以て之を喜ぶ。豈《あ》に禽獣を翫《もてあそ》んで政事を妨《さまた》げんや。禹王《うおう》の孫太康《たいこう》、盤遊《ばんゆう》して由《よ》って民を恤《あわ》れまざる事あり(※)。羿《げい》の逐《お》ふ所と為り國に反《かえ》るを得ず。太康の五《ご》子之歌《ししか》に曰く、「内《うち》に色荒《しきこう》を作《な》し、外に禽荒《きんこう》を作す。(中略)此《ここ》に一《いつ》有りて未だ亡《ほろ》びざる或《あ》らざるなり」と。又、趙宋《ちょうそう》の末、遼國《りょうこく》の天祚《てんそ》皇帝の時、女真國《じょしんこく》に二俊禽《しゅんきん》有り。其の一は海東青《かいとうせい》と曰《い》ひ、其の二は玉爪駿《ぎょくそうしゅん》と曰ふ。一飛千里《いっぴせんり》にして、善く天鵞《てんが》を捕ふ。天祚女真國の人に命じて之を捕へしむ。窮谷を渉《わた》り、深山に入り、國人之《これ》に苦しむ。遂《つい》に以て之に叛《はん》す。宋・金二國隙《すき》に乗じて之を伐《う》ち、以て兵を滅《ほろぼ》す。嗚呼《ああ》、政事を恤《あわれ》まず、朝謁に勤《つと》めず、物命《ぶつめい》を害ひ、農務を妨《さまた》ぐれば、則ち誰《たれ》か太康為《た》らざらんか。誰か天祚《てんそ》為らざらんか。之《これ》を思へ。

※「由」が「田」であれば、「田に盤遊して、民を恤《あわ》れまざる事あり。」と読める。『書経』「五子之歌」にほぼ同じ記載有。

【概要】

鷹に名づけられるようになったのは、いつからだろうか。中国の太古の少昊金天氏が王となると、鳳凰がやってくるという瑞祥があった。そこで鳥によって官名を紀し、は鶻鳩氏によって司寇をあらわした。鶻鳩は鷹のことである。司寇は盗人を捕える官であり、鷹が鳥を捕えるのにたとえたのである。『礼記《らいき》』月令《がつりょう》篇には、二月、六月、七月それぞれに鷹の行動などが記されている。暦の専門官が鷹を取り上げて時候を紀すのは、鷹がほかの鳥よりも傑出しているからであるとわかる。

我が国には代々鷹を掌る家があった。その言うことには外国から鷹を献じた者は、神代に始まり、人の代になってからの天皇（神武天皇）の御代に盛んになったと。少昊金天氏はちょうど日本の神代の時代に当たる。それならば、日本と中国とは時を同じくして盛んになったのだろうか。人の代になって十七代の仁徳天皇の四十六年、百済《くだら》の国は使者として米光という鷹匠を遣わして、ぬきんでた鷹と優れた犬を献じた。その鷹を倶智祖と呼び、その犬を苦架と呼んだ。海を渡り山を登って、越前の敦賀の港に到着した。この時、日本人は鷹や犬を使う猟の技術には暗かった。ただ、政頼という者が勅命を奉じて越前に向い、百済国の勅使を慰問した。鷹を腕にのせ犬を牽いて都の天皇に献上した。その後、米光は百済の帰船に乗って帰ろうとした。

政頼ははかりごとをめぐらして、美女に化粧をさせ、よく熟したうま酒を載せて、米光を酒色におぼれさせようとした。そこで、米光は数か月とどまることとなり、政頼はその間に鷹や犬を猟に使う術をすべて習得した。朝廷はこれをほめて、臣下である政頼に郡を下賜した。今に至る鷹や犬を掌る家では政頼の（この話を）語り草としている。

此の絵図は米光を描いたものである。衣服や顔つきは外国のようすである。仁徳天皇はすぐれた天子である。海を渡り山を越えて（来日し）優れた徳行に感化される者がいるのは、この米光の例のようだ。高い屋敷に上って遠くを望みては、民の家々に炊事の煙が上がるのをみて喜ばれるのである。どうして狩猟に明け暮れて、政治を妨げるようなことがあろうか、いやない。中国の古代の天子禹の孫の太康は、狩猟に遊びほうけて民をあわれまないという失政があった。有窮国の君であった羿に追われて国に帰れなかった。その五人の弟が歌った「五《ご》子《し》之《し》歌《か》」には、「朝廷の中では女色に迷い、外では狩猟に耽る。

（中略）

この中の一つでも当てはまるなら、きっと滅びるだろう」とある。また、趙宋《ちょうそう》（北宋）の末、遼国《りょうこく》（契丹《きったん》の太祖が建て、金に滅ぼされた）の天祚《てんそ》皇帝（耶律延禧《やりつえんき》）の時に、女真国《じょしんこく》（隋・唐のころ靺鞨《まっかつ》といい、五代の時に女真と称し、松花江付近にいた）に二匹の優れた鷹がいた。その一匹は「海東青」といい、もう一匹は「玉爪駿」と言った。ひとたび飛べば千里をゆき、空をかける鵞鳥をうまく捕えるほどである。天祚皇帝は、女真国の人に命じて、之を捕えさせようとした。奥深い谷を跋渉し、深い山に分け入って探すために、女真国の人々は大変苦しみ、ついに反乱を起こした。宋・金の二国は、遼と女真のあいだに隙が生じたのに付け込んで、遼を撃ち、その兵を滅ぼした。ああ、政治を憂えず、朝廷での謁見に勤めず、動物の命をそこない、農務を邪魔するような行為をするならば、太康になってしまうのではないか。遼の天祚皇帝になってしまうのではないか。この教訓を深く思うべきだ。

右の通り、千秋文庫所蔵『米光之図』ではまず、中国で鷹が名付けられた経緯について述べ、次いで『礼記』月令篇の記事について触れている。続けて、仁徳天皇の時代に百済国から米光という鷹匠が鷹と犬とそれらを扱う技術を伝えたという、いわゆる鷹の伝来説話を記載した後に、仁徳天皇は優れた天皇であるため、狩猟に明け暮れて政治を妨げることはないと述べている。その一方で、中国古代の皇帝たちが狩猟や鷹狩りに遊びほうけて失政を行った事例をいくつか挙げている。

以上のような画賛の言説の中から、鷹の伝来説話の部分については傍線部で示した。その筋立てや叙述は、前掲の鷹書類に見える類話に比べるとさすがに文脈上の混乱はなく、整合性のある内容となっている。後出の異同表によると、モチーフ番号3、10、16、17、19において祢津泰夫氏所蔵の鷹書と内容的に一致している。ただし、モチーフ番号3「鷹の名前を「くち」という」については、画賛の方では「倶智祖」となっている他、モチーフ番号10「犬の毛が黒駮であること、犬の姿形についての説明、犬の名前が『とまほこ』であること」については、画賛の方では犬の毛及び姿形については言及されず、名前が「苦架」となっている。さらに、モチーフ番号16「米光が帰国したがったので、政頼は長持、唐櫃、酒筒をこちくに持たせて米光に与える」については、画賛の方では「こちく」に相当する女性の名前は明記されず、同じくモチーフ番号17「こちくを愛でた米光は三月逗留する」という内容についても、画賛の方では「こちく」の名前がない上「數月」の滞留と叙述される。また、モチーフ番号19「帝は政頼に『□《高》鹿の郡』を賜った」という内容については、画賛の方では政頼が下賜された土地の具体的な地名は記載されていない。

このような画賛における鷹の伝来説話において注意されるのは、モチーフ番号10に相当する叙述として、犬の名前が「苦架」となっている点である。

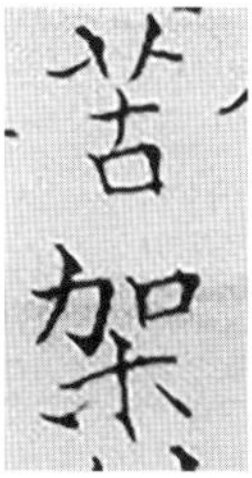

図版③千秋文庫所蔵『米光之図』上部画賛の本文より「苦架」

この「苦」の文字は「苫」の誤写ではないだろうか。もし、「苫架」とすれば、「とまほこ」と訓読できる。それならば、祢津泰夫氏所蔵の鷹書及び永青文庫所蔵『和傳鷹経』に見える鷹の伝来説話に登場する犬の名前と同じということになる。前節で確認したように、鷹とともに伝来した犬のモチーフは、祢津家の他の家に伝わる鷹書には記載されていない。そもそも、鷹とともに伝来した犬の名前を明記する事例は、まったく異なる話型（筋立て）の鷹の伝来説話には散見するが[9]、当該の話型を持つ類話群の中では、祢津泰夫氏所蔵の鷹書・永青文庫所蔵『和傳鷹経』・千秋文庫所蔵『米光之図』賛に見える三話しか管見において確認できない。

すなわち、当該の犬の名前のモチーフは、中近世において全国的に数多く展開した鷹匠所縁の鷹書類には見られず、京都諏訪氏の鷹書と天隠龍澤の著と伝えられる画賛に引用されていることから、室町期では京洛に流布した伝承のモチーフであることが窺えよう。少なくとも、この伝承のモチーフは、鷹匠たちによる文化伝承を遡源としたものでないことが想定される。祢津泰夫氏所蔵の鷹書に見える鷹の伝来説話は、永青文庫所蔵『和傳鷹経』や千秋文庫所蔵『米光之図』賛に見えるような、京洛で流布した説話が地方で享受された事例のひとつと判断されよう。

異同表

モチーフ番号	1	2
祢津泰夫氏所蔵の鷹書	日本に初めて鷹が渡ってきた時、駿河国富士山を巣山にして七子を育て、七月七日に巣立たせて日本に広めた。	仁徳天皇の時代に「はくさい国」から鷹と鷹書が渡ってきた。
宮内庁書陵部所蔵『根津志摩守ト有之鷹書』	×	○
禰津喜隆氏所蔵の鷹書	○	○
依田盛敬氏所蔵『鷹序之巻　乾二』	○	○
永青文庫所蔵『和傳鷹経　上下』第一項目	×	○
永青文庫所蔵『和傳鷹経　上下』第二項目	×	△…百済国ではなくて「摩伽陀国」もしくは「天竺」。
千秋文庫所蔵『米光之図』画賛	×	△…鷹書については記載無し。

3	4	5	6	7
鷹の名前を「くち」という。	「和泉國もす野」で仁徳天皇が初めて鷹を遣った後、二百余年間、鷹を遣うことが途絶えた。	清和天皇の時代まで鷹書はあったが誰もひらき見た人はいなかった。	その時の都は「あわづ」であった。	清和天皇時代に唐人が「越前の国つるかの津」に渡ってくる。名を「こうしん」、名乗りを「米光」と言った。
×	×	○	×	△…「政頼将軍」の時代に唐人がやってきたとする。その使者の名前は「清
○…鷹の名前は「くちん」。	×	○	×	△…「よねみつ」の別名は無し。
△…仁徳天皇の時代に伝来した鷹の名前は「駿鷹」、清和天皇の時代に伝来した鷹の名前は「韓巻」。	×	○	○	○…仁徳天皇時代に百済国から渡ってきた使者の名前は「小満」。清和天皇
○…鷹の名前は「倶智祖」。	△…「神代の時」に鷹狩りが伝来してから二百余年、鷹を遣うことが途絶えたという記載有り。	×	×	△…仁徳天皇の時代に百済国から渡ってきた鷹飼の名前は「米光」、のちに
△…鷹の名前は「駿王（鳥）」。	×	×	○	△…仁徳天皇の時代に摩伽陀国から渡ってきた使者のあざなは「勾陣」、「米光」。
○…鷹の名前は「倶智祖」。	×	×	×	△…仁徳天皇の時代に百済国から渡ってきた使者の名前は「米光」。

	8	9	10	11	12
	米光の装束及び姿形について。	犬飼の名前を「袖満」という。	犬の毛が黒駁であること、犬の姿形についての説明、犬の名前が「とまほこ」であること。	帝の命を受けて「播摩の国の住人源政頼の卿」が鷹ならびに犬を請け取るために下された。	古くに伝来した鷹書を米光に読ませようとしたところ、米光はこの書を見て驚く。しかし、読みひらくことはな
来」。	×	×	×	△…帝の命を受けたとする記載無し。政頼将軍が請け取る。犬に関する記載無し。	×
	×	×	×	×	○
時代に渡ってきた唐人のあざなは「好仁」、名乗は「米光」。	○	×	×	△…「播磨国之住人、源政頼」。犬に関する記載無し。	△…鷹書を読ませようとしたら、米光は「ホウ枕」を所望したとする。
「兼満」とする。	×	○	○…犬の姿形についての説明は無し。	△…「政頼」。	×
	○	×	×	△…「蔵人政頼」。犬に関する記載無し。	△…鷹書を読ませようとしたら、米光は「ほう枕」を所望したとする。
	×	×	○…犬の名前は「苦架」。犬の毛及び姿形についての説明は無し。	△…「政頼」。	×

	かった。						
13	帝の謀によって、「こちく」という女を、政頼を使いとして米光に送る。	△…帝の謀ではなく政頼将軍が判断したとする。	○	○	△…帝の謀ではなく政頼が判断したとする。	△…帝の謀とは明記していない。	△…帝の謀ではなく政頼が判断したとする。
14	こちくの装束及び姿形について。	×	×	○	×	○	×
15	米光はこちくの姿を見て誉め、鷹並びに犬、さらには鷹狩り道具を帝へ奉る。	○	×	△…小竹を見た米光は、喜びのあまり床より降りて七度拝んだとする。	×	△…こちくを見た米光は、喜びのあまり床より降りて七度拝んだとする。	×
16	米光が帰国したがったので、政頼は長持、唐櫃、酒筒をこちくに持たせて米光に与える。	×	×	×	○	×	○…女の名前は明記されていない。
17	こちくを愛でた米光は三月逗留する。	×	×	×	○	×	○…米光は「數月」留まったとする。
18	政頼は八十一巻の鷹書を米光に読みひらかせて、十八の秘事、三十六の口伝を習い、天下にならびなき鷹術を身	△…政頼将軍が清来から鷹術を伝授されたとする。	○	○	○	×	△…政頼が伝授された鷹術の内容について、鷹書や秘事、口伝など

	に付けた。						の記載無し。
19	帝は政頼に「□《高》鹿の郡」を賜った。	×	×	×	○…帝が政頼に賜ったのは「こまの郡」とする。	×	○…政頼は朝廷から郡を下賜されたとする（具体的な地名の記載無し）。
20	政頼はこちくの宿へ綾の小袖一重にひねり文を使わして和歌のやり取りをする。	△…和歌に異同あり。	×	×	△…和歌に異同あり。	△…和歌に異同あり。	×
21	「まかた國」及び「はくさい國」の「ほこの津」から「日本越前の靍賀の津」までの距離と移動日数について。	×	×	×	×	○	×

※○…同じモチーフがおおむね類似する表現で記載されている。
△…同じモチーフが異なる表現で記載されている。×…同じモチーフの記載がない。

おわりに

以上において、近世に松代藩の重臣となった信忠系祢津家伝来の新出資料に含まれる家伝書と鷹書（いずれも祢津泰夫氏所蔵）について取り上げ、その内容について分析してきた。

まず、家伝書については、祢津幸直が真田信之に近しく仕えたという『真田家御事蹟稿』に「真田御武功記」から引用されたとする逸話が見える他、第一編第一章で紹介した信忠系祢津家伝来の系図と符合する記載が見えることから、同書を含む祢津泰夫氏所蔵の文書群はいずれも〝信忠系の祢津家所縁の文書〟として一括できる共通の性質があり、このような文書群を介して当家の由緒やそれに伴う真田家家臣としての家格の特性が形成されたことを想定した。

次に、鷹書については、物語的叙述が多く見られるテキストを取り上げ、当該書に掲載されている鷹の伝来説話について検討した。具体的には、同じ祢津家の分家に伝来した鷹書に見える類話やそのほかの氏族所縁の鷹書及び五山僧の作とされる画賛に見える類話との比較を通して、当該テキストに見える説話の特性について考察した。その結果、信忠系祢津家の鷹書に見える説話は、鷹狩りの実技に携わる鷹匠たち所縁の鷹術伝承よりも、主に室町期に都の文化人の間で流布した文芸伝承の方に近い内容であることが判明した。このような信忠系祢津家伝来の鷹書の特徴を踏まえると、当家の鷹術が、放鷹文化の範疇に留まるものでなく、むしろ文芸性の高い文事活動といった様相を持つ伝統技芸であることが推測されよう。それならば、このような信忠系祢津家が支えた真田家の鷹狩りそのものについても、文芸や文化伝承といった領域に展開した可能性を検討すべきではないだろうか。それについては、次の第三章で詳しく考察する。

注

（1）　宮内庁書陵部所蔵『鷹狩記　祢津流　完』の奥書及び内閣文庫蔵『朝野旧聞裒藁』などによる。

（2）石井裕一朗「中世後期京都における諏訪氏と諏訪信仰―『諏訪大明神絵詞』の再検討―」（『武蔵大学人文学会雑誌』第四十一巻二号、二〇一〇年）、同「『諏訪大明神絵詞』成立についての試論―室町幕府奉行人諏訪円忠の絵巻制作―」（二本松康宏編『諏訪信仰の歴史と伝承』〈三弥井書店、二〇一九年〉所収）、同「『諏訪大明神絵詞』外題・奥書考」（『信濃・第三次』七十二巻十二号、二〇二〇年）などによる。

（3）二本松泰子『鷹書と鷹術流派の系譜』第一編「鷹術流派の成立」（三弥井書店、二〇一八年）など参照。

（4）「開館35周年記念　佐竹家　狩野派絵師たち　展示品目録」（一般財団法人千秋文庫、平成二十八年九月六日（火）～平成二十九年一月二十八日（土））。

（5）池田芙美・上野友愛・内田洸編『六本木開館10周年記念展　天下を治めた絵師　狩野元信』（サントリー美術館、二〇一七年）の解説および水野裕史氏のご教示による。

（6）注（5）に同じ。

（7）千秋文庫所蔵『米光之図』のような五山僧が著した米光像賛については、中本大も言及している（「鷹書研究会発表資料」二〇〇九年五月三十日（土））。たとえば中本は、室町時代の五山僧である月舟寿桂著作の『幻雲北征文集』に米光像賛が見えることを注目しつつ、月舟寿桂と朝倉教景（宗滴）との関係について触れている。さらには、「朝倉氏の出自を有間皇子の子である「表米（うわよね）親王」以来の日下氏とする説の周知」を所以として、月舟寿桂と関わり深い朝倉氏所縁とされる鷹書に米光説話が叙述されていることなどを推測している（「鷹書研究会発表資料」二〇〇九年五月三十日（土））が、いずれも再考を要する。

（8）訓読と概要については谷口（安藤）真由実氏からご教示賜った。ここに記して心より御礼申し上げる。

（9）注（2）二本松著書第三編第一章「派生した祢津流の鷹術伝承―依田氏伝来の犬牽の伝書をめぐって―」などによる。

第三章　禰津家本家の格式と家芸としての鷹術

はじめに

前章までにおいて、真田家家臣の信忠系祢津家に伝来した文書を読み解くことで、鷹術を介した当家の文化的諸相を明らかにしてきた。一方、松代藩には、信忠（＝祢津幸直の父）系とは別系の禰津家も存在することはすでに触れた。すなわち、祢津信忠の兄（＝幸直の伯父）とされる「禰津光直」の子孫の一族である。この一族にも複数冊の鷹書が伝来することもすでに紹介した。[1] しかしながら、この光直系禰津家には、実際に鷹狩りに関わったとされる人物は確認できない。それにも関わらず、当家では鷹書を伝来しただけでなく、家系図において禰津家の鷹術の元祖とされる人物を同族として示し、さらにはその人物の鷹狩りの逸話を注記で伝えているのである。その人物とは、前章で触れた「禰津是行」のことであるが、彼についてはその実在性が不明である。このように、史実と乖離する家系図を創出して鷹術との所縁を主張する光直系禰津家は、祢津家の放鷹文化の担い手として、独自の位置付けと役割を有していたことが予想されよう。

そこで、本章では、光直系禰津家の系図に見える是行の鷹術伝承について注目する。具体的には、禰津喜隆氏所蔵の系図に付された是行の注記を取り上げ、類話との比較を通してその伝承上の特徴を分析する。それによって、当家が伝承を介して従事した鷹術の実像を明らかにし、それが主君である真田家の鷹狩りの文化的側面にどのような影響を及ぼしたのかについて考察を試みる。

一　本家の権威と光直系禰津家

先述したように、本章で取り上げる禰津喜隆氏所蔵『禰津氏系圖』については、第一編第一章で冒頭の一部を取り上げた[2]。本章では、当家の家譜の全容を確認するため、すでに引用した箇所と重複する部分も含めて以下に全文を掲出する（四角の囲みや傍線は私に付した）。

禰津氏系圖

禰津氏系圖

神武天皇以来五十六代　水尾帝御諱惟仁　文徳天皇第二御子御母者閑院摂政大政大臣藤原忠仁公御娘大皇大后宮

藤原明子染殿后云々

┌清和天皇〔仁壽二十年ニ御誕生　治十八年　元慶四年二月四日崩御〕

└陽成天皇

貞國親王
貞保親王
貞元親王
貞純親王

滋野三家者海野禰津望月是也　幡之事　海野自戦之時ハ海野幡中左望月右祢津　望月自戦之時ハ望月旗中左海野右祢津　祢津自戦之時ハ祢津幡中左海野右望月

幡紋之事

日輪　海野
月輪　祢津
月輪七曜九曜　望月

滋野正幡望月傳之月輪七曜九曜之文也　此幡善淵王醍醐天皇ノ御宇賜二御幡　非私共垂仁天皇ノ御時大鹿嶌尊日本姫皇女蒙　天照大神之勅詫伊勢國五十鈴川上御鎮座天下告之　其時御幡二流自天降一流日天圓形也　一流月天七曜也　内宮外宮御尊形也　厥依御詫宣此二幡奉還内裡三種神祇同事奉納之云々
然彼善淵王此御幡賜事者平親王將門洛中退宇治楯籠時善淵(ママ)此御幡賜為大將軍向討手合戦打勝関東追下其恩賞彼御幡並滋野性賜任正三位大納言也

海野祢津望月三家之紋所　日輪月輪星ヲ付候處恐レ有ニ依テ海野ハ月日星ノ三ノ形ヲトリ　洲濱ヲ付候　祢津モ月ノ丸付シヲ字ニ直シ　望月モ七曜ヲ付ル也

貞元親王ハ弓馬武術ニ長シサセ玉ヒ御氣アラク世ノ人耳ヲ驚シケル時ニ難波ノ浦ニ毒魚出テ人ヲ取ル　此事ヲ聞玉ヒ親王勇士ヲ数十人集メ小舩ニ縄ヲ引張リ海中ニ飛入シニ魚終ニ数十人ヲ呑入ケレハ終ニ親王ヲ始メ皆々呑レケルカ人腹ノ中ニテ差通シ切ワリケル　飛ヒ出ケルカ終ニ数十人死候処ニ親王御一人ハ生皈リ玉ヒテイヨ〳〵我侭募リシ故終ニ信濃国江配流海野村ニ居給ヒ深井カ娘仕給ヒテ男子三人ヲ設玉フ　是海野元祖也

人皇五十六代清和天皇第四之皇子奉号　滋野天皇惟即滋野氏之祖也

貞元親王〔号関善寺殿〕

幸恒〔海野小太郎　祢津之元祖善淵海野権太夫道次二男祢津小治郎直家居住信濃國小縣郡祢津郷故以祢津為家号〕

道直〔海野小太郎弟　祢津小次郎後左衛門尉　従五位下　直家事　信州小縣郡カヤノ城主〕

重俊〔望月三郎〕

貞直〔祢津神平　後美濃守　宗直　正五位下　鷹仕得名　壽永元年左馬頭義仲北國江發向之時　同道信州横田

河原合戦手負越後國直居津討死）

春日〔春日刑部少輔〕

貞信〔浦野三郎〕

盛貞

貞俊

宗道〔祢津小治郎　左兵衛尉　従五位　建久元年庚戌十一月七日源頼頼（朝カ）公上洛之時先陣隨兵弟廿三番中野五郎小諸太郎一列也同六年乙卯二月十四日将軍上洛之時供奉同三月十日為令逢東大寺供養給著御東南院自石清水直令下向給時先陣隨兵宗道父子源平盛衰記云祢津小治郎泰平是也〕

敦宗〔祢津小治郎　左衛門尉　従五位下　建久六乙卯年三月十日東大寺供養之時弟廿四番志賀七郎笠原高六一列也〕

宗利〔祢津七郎〕

宗能〔祢津八郎〕

是行〔祢津神平　正治二年庚申九月源頼朝公仕武勇ノ誉多シ其頃信州桔梗原ニ化鳥出人武ヲナヤマシケル故化鳥退治セヨト有リケレハ神平大鷹犬引連テ桔梗カ原ニ発向アル鷹ニ名術ヲ以テツカヒケレハ美濃國土岐郡日吉村迄追掛ツヒニ化鳥退治シテ其身タ　カ犬迄落命也

長國寺殿根津是行居士ト号スコレ祢津ノ家鷹ノ元祖也
正治二年九月廿四日卒ス〕

宗光〔祢津神太郎　法名光佛〕—光長〔祢津神平治〕—盛宗〔祢津伊豫守〕

光義〔祢津四郎　後美濃守〕

重綱〔祢津神平治　美濃守　光頼ト号〕

光氏〔祢津三郎〕—助義〔祢津右馬助〕—助善〔祢津民部〕—長重〔祢津五郎〕

頼直〔祢津甚平治〕

時直〔祢津掃部〕

長泰〔祢津美濃守　従五位下〕—泰經〔祢津民部亟（丞カ）　従五位下　後美濃守　小治郎トアリ〕

氏直〔祢津治郎　美濃守　五位下〕—遠光〔祢津越後守　五位下〕

女子〔御猿御前　此御猿御前大力人ニ勝レ今祢津ニ猿橋ト申大石橋残リ今猿橋ト云此人ノカケラレシ橋也〕

時貞〔祢津上総介　法名龍雲　後宮内太輔　五位下〕

信貞〔祢津上総介　法名正山院〕――行貞〔祢津小治郎　法名行状〕

光直〔祢津宮内太輔　法名定津院殿行後居士　祢津村江四ノ宮権現ヲ建申候當社神主星合権頭天文七年ノ春村上義清信州ヲ段々切取リ已ニ眞田弾正忠幸隆ハ御兄海野左京太京太夫幸義ハ村上ト戦ヒ討死ス此時禰津宮内太輔同弟美濃守本國ヲ退去シ上野箕ノ輪ノ城主長野信濃守ヲ頼ミ暫ク逗留ス此時信濃守ハ雙六ヲ振リナカラ双六ノ初ノ五ト信濃衆ハ引トハ見ヘテ居ラレサリケリ　此時幸隆初メ心掛リノ折柄武家ヨリ頼ヲ以テ武田晴信公江味方上州ノ小幡山城守ヲ始信玄公ニ付法躰而祢津宮内太輔光直ハ一英軒幸隆ハ一徳斎美濃守ハ松露(ママ)軒信玄公二十一歳ニ而法性院ト申〕

信政〔祢津美濃守　後松露(ママ)軒　法名常安院上州碓水郡豊岡領在三万石今此村常安寺開基也禅宗也慶長二酉年十一月廿日病死　寛政八辰年七月上州豊岡村常安寺ヨリ本家神平江二百年法事申来ル右ニ付豊岡村ヘ飛脚遣シ名代越法事有ル〕

吉直〔祢津神平　早世　家断絶上州祢津是也　天正三年於参州長篠ノ軍ニ討死ス家ノ

郎等落合庄右ヱ門藤岡善左衛門名良原勘左衛門主人ト共ニ討死ス　此奈良原勘左門ハ當時祢津村
山ノ湯守ミハリ村庄右ヱ門是也〕

元直〔祢津宮内太輔　後伊豫守
天正三巳亥年三月廿一日武田勝頼壹万二千ノ人數ニ而三州長篠江発向ス此時宮内太輔元直武田方ニテ家康公信長ノ大軍ト戦ヒ十万人ノ大軍ヘ構三里カ馬ニナリケルト飛ヒ込々々真田源太左衛門信綱同兵部昌輝馬場山縣内藤始メ鉄砲ニ當リ討死ス寛政十二申年迄二百二十六年ニナル宮内太輔元直二人ノ子有リ嫡子ハ長右衛門利直母ハ室賀入道ノ娘也二男祢津志摩幸直母ハ上州吾妻ノ住人羽尾入道娘也安房守昌幸御由緒有ニ依テ志摩母ニ頼ミ給ヒ源三郎様御乳付ノ親ト成ル薙髪メ貞範ト云長右ヱ門ニハ継母タルニ依テ其中不和也源三郎様御城ニ居ル此故ニ何ツトナク御乳母ノ様ニ成リ人々モ御局ト云習ハセリ依之志摩申上ル者伯父松露(ママ)軒上州豊岡ニ罷在候是ヲ頼ミ秀吉カ家康公成トモ仕宦仕度候年来御厚恩難有ト御暇乞シケレハ源三郎様仰ニハ我心知ヌ者ノ様ニ振捨行者カト仰セ有ル依之思ヒ止リケル〕

利直〔祢津長右衛門　仕真田安房守昌幸上田篭城後久土山ヘ参リ出家而一味斎ト号〕

幸直〔祢津志摩　後助右衛門
仕真田伊豆守信之御婚礼ノ時東照宮ノ御娘實ハ本多平八郎忠勝息女天正十四丙戌年小松姫君十五歳信之二十一歳御時御輿入渡レハ本多佐渡守請取後ハ祢津助右衛門勤ル元和元年卯六月十日行年五十七歳ニテ病死　法名純公〕

幸豊〔祢津主水　仕眞田伊豆守信之元和元年卯五月七日大坂陣ニ於テ討死行年二十九歳〕

直勝〔祢津掃部　後式部　沼田侍〕――忠直〔上州沼田城主仕于真田伊賀守信澄公信澄御入部ノ時廣間ニ宮内ハ長柄之銚子持来ル此時不思儀也女一人忽然ト而来ル宮内ハ次ヘ立脇差ヲ反リヲ打追拂ハントセシニ信澄止メ玉フ〕――邑直〔祢津主馬〕

信吉〔三千石　祢津伊豫守　仕于真田安房守昌幸同伊豆守信幸〕

直勝〔祢津右馬介〕――幸近〔祢津万治郎　後佐左ヱ門〕

直繁〔祢津宇右衛門〕

信直〔御知行三千石　祢津伊豫　幼名甚五郎　後土佐〕

内室小野五郎右衛門妹

保科民部妻

市橋下総守妻

片倉小十郎妻　小野氏妹分

実真田左衛門幸村公御娘
此伊豫守者元和元卯五月七日大坂夏陣之時真田河内守信吉公御治男大内記信政公御供申大坂江出陣右者禰津伊豫左者矢澤但馬中備者禰津主水幸豊也此時主水二十五歳討死
元和八戌年信之公上田ゟリ松代江御所替之時御供申御安龘泉寺囲碁伊豫守子細有テ千石ニ被仰付不足ニ而御請不申上信州水内郡之内村山江引後伊豫守嫡子八郎右門寛文元丑年五百石被下苗字御立被成下後亦三百石御加恩被下八百石ト成内二百石禰津権大夫分地ス残六百石之所神平克直代迄ニ七百五十石被成下八郎右門者寛文八申年三月中旬之比ゟリ眼病ニテ御奉公難相勤嫡子神平幼年ニ附弟甚五兵衛呼返シ本家之跡式相繼ス甚五兵衛ハ被召出本家三千石ノ内慶安三寅年分地ス別段御奉公相勤申候所本家兄八郎右門眼病ニテ難相勤弟甚五兵衛直重先之養子トナリ本家跡式ヲ次八郎右門ハ君休ト改隠居ス甚五兵衛五十石本家江時参シ百五十石ト水内郡村山ニ而畑地六十石付隠居面ニ被候所畑地ハ後裔拂申候神平弟多門又百五拾石ニ而別段ニ御奉公相勤申候
此時常田圖書御知行六百石指上ヶ上田表江引後百石ニテ羅后出
實性院高安玄忠居士
元文八申年十一月廿七日

直次〔禰津八郎右衛門　後君休〕
通照玄微居士　元禄二巳年三月廿八日　妻者恩田頼母娘太駱妙源信女〔貞享二丑三月廿日〕

直重〔祢津甚五兵衛　延宝三卯年正月十九日卒ス　桑原院傑山道英居士〕

直治〔祢津神平　甚五兵衛養子ト成　享保十七年子二月十八日卒ス　廓霊院戒月本光居士行年七拾六歳〕

克直〔祢津甚平　宝暦十一年巳九月十日卒ス　義海院徳潤常馨居士〕

祢津平治郎〔義海院弟　七両弐分五人扶持被召出勤　尤本家ゟ五拾石分地　法名心海清安居士　宝永二酉年六月十日〕

女〔沢窂之助　妻〕

女〔三川谷大夫　妻〕

女〔岩崎藤十郎　妻〕

女〔宮嶋請左衛門　妻〕

直勝〔禰津甚五兵衛　初小膳　平次郎弟　養子ト成　法名量海宗寿居士　妻ハ松平伊賀守殿御家中　梅戸仁左衛門娘　法名應海量雲大姉〕

直孝〔青木浪江　青木忠大夫ヶ養子ト成　法名廓樹院〕

祢津小膳〔妻ハ直勝娘　實ハ遠藤恵左衛門弟養子〕——直春〔祢津左盛　妻ハ禰津要左衛門娘〕

直延〔祢津数馬　天明元年丑十二月五日ニ卒ス　見性院雲山本水居士〕

岩崎主馬〔室佐久間衛守　姉〕

早世〔弥三郎〕

直教〔祢津大炊　明和六年丑五月十五日卒　法名霊祥院物外薫英居士　室恩田木工宣民妹早世　後妻大熊四郎左衛門　妹　直教死後山越六郎右ヱ門江再縁数馬実母〕

祢津數馬〔神平直衡爲嗣子〕

〔眞田勘解由　真田仙葉名跡戴百石拝領〕

直衡〔祢津神平　実鎌原長門　弟〕

女子〔養子神平直衡妻〕

直重〔祢津數馬　實大炊直教男〕

〔主水　眞田勘ケ由　養子〕

女〔養子　數馬妻〕

女〔眞田志摩　妻〕

元直〔祢津多門　寛文六午年誕生　元文四未年三月十六日卒行年七十四歳　法名梅友梵清居士生年ヨリ寛政四子年迄百廿七年ニナル　享保十一年午五月十三日六十一歳之時原半兵衛二男式右ヱ門聟養子室　矢野式右ヱ門姉　法名身顔是心大姉　元禄七戌年十二月七日卒　寛政五丑年百年忌〕

某〔秋田江越出家　祢津多門弟　出羽國秋田　葉國山清源寺　宣海和尚〕

女〔大瀬又右ヱ門妻　原与惣兵ヱ妻卿左ヱ門関山彦作母也〕

女〔原半兵衛妻　延享二丑年二月二日卒　法名延譽院壽月大姉　牧野権右ヱ門妻式右ヱ門小野斎柳町兵吉母〕

女〔近藤郷左ヱ門妻　享保四亥年二月朔日卒　輝光院慧性了智大姉〕

女〔塩野儀兵衛妻　左門　儀兵衛　柳守衛　玉川慶藏　木工丞　越後高田ヨリ養子トナル〕

法名了母院

〔祢津甚九郎　享保十一午年二月十九日卒　法名樂翁紹栄信士〕

祖岳全心居士〔元禄四年未八月十四日　同甚九郎　アツミ兵内〕

憲桂良知大姉〔享保十年巳十月十九日〕

奥誉智法大姉〔貞享三年寅七月九日　願行寺ニアリ　寛政四子年迄百五十年〕

早世〔蘭光童子　宝永元年甲九月四日〕

直方〔祢津権太夫　祢津要左衛門友直父　法名傳禅院本覺白源居士〕

早世〔幼良童子　元禄七年戌十二月十六日〕

早世〔嶺月童子　宝永四年八月十日〕

女〔式右ヱ門妻　寛延二年巳五月六日卒　法名新學自鏡良明大姉　寛政十二申年迄五十二年〕

女〔赤塩村善右ヱ門妻〕

女〔藤田玄弥妻〕

太駲州源信女　貞享二年丑三月廿日

冬顔身正信尼〔享保二十年卯十月七日　寛政十二申迄六十六年〕

達直〔祢津式右ヱ門　天明二壬寅年十月四日卒　法名大鏡實道居士　行年七十九歳〕

早世〔幼曹童女　元文二巳年五月廿五日　寛政四子年迄五十六年〕

早世〔秋紅童子　寛保元酉七月九日　同十二申迄五十九年〕

早世〔縆林童子　六月十九日〕

早世〔與伯童子〕

早世〔蓮秋童子　十一月七日〕

早世〔姫殀童子〕

早世〔秋芳童子　寛延二年巳七月八日　寛政十二申年迄五十二年〕※□紙片が添付されている。

祥雲清光大姉〔天明四辰年六月八日　直之進實母子年迄九年ニナル〕

女〔慈光妙観大姉　天明八申八月二十三日　行年五十三歳〕

女〔鹿野丹治妻　澄譽慧泉大姉　享和二壬戌年六月廿七日〕

女〔秋芳童女早世　寛延二巳七月八日〕

女〔松山智秀太郎　元明八戊申十月十七日　行年二十三歳　直之進妹〕

茂尊〔祢津直之進　甚平治事　内室ハ八田競妹〕

祢津鉄三郎〔直之進嫡子〕

幼珠童子　早世〔寛政三年亥十二月二日〕

式直〔内室ハ大嶌永左衛門嫡女　實ハ養ノ子也　法名瑤臺ノ智光大姉ト号ス〕

祢津直治郎〔渡邊友右衛門恒二男養子　享和元酉年四月十五日初而之御目見五月十五日申上候　文政十丁亥年三月廿三日死ス　法名雲室大朝居士　行年四拾壹歳　後式右衛門ト成ル〕

女子〔福田兵衛妻　於富〕

直徳〔禰津繁之助　正年拾三歳　文政十丁亥年五月十四日家督被仰付　同十五日家督之御禮申上ル〕

「女〔実ハ内　於春〕

右の禰津喜隆氏所蔵『禰津氏系圖』によると、当家は清和天皇の流れを汲む滋野三家のひとつとされる。このような当該系図における滋野氏三家（海野家・祢津家・望月家）の家祖に関わる部分の系譜については、すでに第一編第一章において他家に伝わる祢津家の系図との比較検討を試みたので参照されたい。

それ以外に、右掲の禰津喜隆氏所蔵『禰津氏系圖』の中で注目したいのは「光直」についてである。当該系図によると、「行貞」という人物の三人の男子のうち、長男が「光直」、次男が「信政（松鷂軒）」、三男が幸直の父親である「元直」（祢津泰夫氏所蔵の系図によると「信忠」と記載される人物に該当）となっている。この三人がそれぞれ独立して一家を立てたとされることから、光直は禰津喜隆氏所蔵『禰津氏系圖』の一族の家祖と見なすことができよう。ただし、この光直は、『続群書類従第七輯上』所収の滋野系図、祢津泰夫氏所蔵の信忠（禰津喜隆氏所蔵『禰津氏系圖』では元直に該当）系の祢津家系図、同じく依田盛敬氏所蔵の松鷂軒（禰津喜隆氏所蔵『禰津氏系圖』では信政（松露軒とも）に該当）系の祢津家の系図にはいずれも名前が見られず、管見においてこの禰津喜隆氏所蔵『禰津氏系圖』においてしかその存在を確認できない人物である。

さて、その系図で付された光直の注記によると、彼は祢津村に四宮権現を建立した人物とされる。さらには、海野幸義が村上義清との戦で討死した時に、弟である信政とともに本国を退去して上野国箕輪城主の長野業正を頼ってしばらくその地に逗留したという。同注記は続けて、真田幸隆が武田信玄側に付いた経緯を説明し、光直もそれに追従したことを窺わせる。その他、法体となった光直は一英軒、幸隆は一徳斎、信政は松露軒（正しくは松鶴軒）、信玄は法性院と称したことなどが記されている。

その禰津光直の子である禰津信吉の注記には、真田昌幸及び信之に仕えて三千石を領したと見え、その子である信直の注記にも三千石の知行地を得ていた由が確認できる。また、この信直の注記については、別項目が立てられてさらに詳しい説明が掲載されている。それによると、信直は元和元年（一六一五）五月七日の大坂夏の陣に際して、真田信之の長男の真田信吉（上野国沼田藩の二代目藩主）と同じく信之の次男の真田信政（松代藩の二代目藩主）に供奉して出陣し、矢澤頼康や禰津幸豊とともに戦ったという（禰津幸豊は討死）。さらに、元和八年（一六二二）に真田信之が上田藩から松代藩に移封する際にも信直は供奉し、千石の知行地を下されようとしたがそれを不足として請けず、信州水内郡のうちの村山に隠居したという。その後、寛文元年（一六六一）に信直の嫡子である直次に五百石の知行地が下され、さらにその後、三百石加増されて合計八百石になったという。それを禰津権大夫に二百石分地し、残りの六百石は直次の四代目に当たる

祢津小路　祢津神平家屋敷址

祢津小路　碑

禰津克直の代までに七百五十石になったとされる。

しかしながら、直次は寛文八年（一六六八）の三月中旬頃より眼病を患い、当主を勤めることが難しくなったため、弟の直重を養子として「本家」の家督を継がせたという。直次は君休と名前を改めて隠居した。直重は五十石を本家に持参して百五十石とし、父の隠居地である水内郡村山の畑地六十石はのちに地元の子孫たちに払い下げた。その他にも、神平（直治？）の弟である禰津多門は百五十石で奉公した等、当家の知行地の石高に関する具体的な情報が詳しく記載されている。このような注記が見える「信直」こそ、光直系禰津家における〝松代藩士〟としての実質的な初代と言えよう。この信直の末裔について、禰津喜隆氏所蔵『禰津氏系圖』は文政年間までの系譜を掲載している。

ちなみに、同じ松代藩の祢津家である元直の子孫については「元直―幸直―幸豊―直勝―忠直―邑直」と簡略化された系譜が示されている他、松鷂軒（信政）の子孫についてはさらに簡略化して「信政―吉直」と記載されるのみで、幸直の兄が養子になった経緯などについては一切言及されていない。

以上のことから、禰津喜隆氏所蔵の『禰津氏系圖』は、あくまで光直系禰津家の子孫を一族の主流と見なす系譜となっていて、当家を「本家」と主張していることがわかる。しかし先述したように、公式に松代藩で祢津家の嫡流と見なされたのは信忠系の一族であった。すなわち、禰津喜隆氏所蔵『禰津氏系圖』に見られる光直系禰津家を本家とする意識は、必ずしも事実と符合する発想とは言えないものである。それならば、当該系図そのものが、史実を越えた当家の伝承的な価値を表象する側面のあることが推測されよう。

下信濃州《シナノノクニ》禰津《ネツノ》城主侍郎甚平惟之者《コレユキトイフモノ》上。属《シテ》二右大將頼朝《ヨリトモ》源君之《ノ》幕下《ニ》一、最《モ》樹《タツル》二忠《ノ》功《ヲ》一之勇士也。歳登《ナツテ》二四十《ニ》一、未レ有二男子一。其婦《ノ》海野氏密《ヒソカニ》承《キイテ》二大井妊《ハラミ》觀世音大士之《ノ》靈驗《ヲ》一而生二歡喜《ヲ》一、遥《ルカニ》望《ノゾミテ》之供二‐養《シテ》香華灯油種々《ノ》珍餅《ヲ》一而、七日斷《タチ》二火食《ヲ》一、自《ミノ》齋戒禮拜《シテ》、忽《ニ》祈《イノルウマンコトヲ》レ産二令子《ヲ》一。（中略）遂《ニ》滿《シテ》二十一月《ヲ》一生二端正《ノ》男《ヲ》一。及レ長《スルニ》、智解勝レ人《ニ》、文武無《シ》二及レ之者一。名曰《テ》二禰津小次郎惟清《ト》一者《ノ》是也。父母遂以《ニ》二文治三年丁未之春《ヲ》一、詣二妊觀音《ニ》一請二長興《ノ》教主圓淨《ニ》一、一七日《ノ》間、修《セシム》二護摩供并觀音水懺法《ヲ》一。然《シテ》而惟之、欲《トモ》レ加《ント》二堂坊《ノ》修補《ヲ》一。皆是《ナレ》新也。

（中略）

其《ノ》後建久之間、惟之同惟清《ク》狩《カリシテ》二信之《ノ》桔梗原《ニ》一而見《ル》二一《ツノ》白雉《チヲ》一悦《テ》放《ツ》レ鷹《ヲ》。雉《キジ》以二重羽《ヤヘハノ》神鳥《ナルヲ》一高《クシ》二羽音《ヲ》一、飛鳴《シテ》還《テ》怖《オソレシムヲ》レ鷹。惟之瞋《テ》放レ狗遂《ヲフ》レ之《ヲ》。衆人、防《テ》二四方《ヲ》一、擧《テ》レ聲、逐レ雉《キチヲ》。白雉高《ク》擧《テ》、指《シテ》二西空《ヲ》一怒飛《ハケシトブ》。鷹狗雖《ドモ》二逸物《ト》一、不レ能レ捉《トラフルコトヲ》レ之頻《ニ》追《テ》レ跡行《ク》。禰津父子、知《ハカツテ》二是《レ》化鳥《ナルヲ》一、制《シテ》レ人《ヲ》不レ令《メ》レ逐《ハシ》。鷹丞一人疾進尋《テ》レ之去《ル》。終入《ニ》二濃州慧奈郡《ニ》一、勢絶《ツキテ》而死《ス》矣。白雉、鷹、狗者至二土岐郡日好月好《ヨシノ》里《ニ》一、共氣絶《ス》矣。蓋雉鷹狗共是《ニ》以《テ》二神明之再化《ニシテ》而、本地藏《ト》觀音《ト》普賢《トノ》之方便力《ラ》一假現《リニシテ》析《クジキ》下於《タマヘル》惟之誇《カルノ》二殺生勇力《ニ》一之心《ヲ》上也。其後三《ノ》物雖二死《シテ》而有《リト》レ野《ニ》、太《タ》靈《ニ》甚《ダ》毒《ニシテ》而、人畜飛走其觸二其氣《ニ》一者《ハ》當處盡死《ニクス》矣。郷民畏《オソレテ》レ之立レ社、請《テ》二神官《ヲ》一、號《シ》二日好明神《ト》一而、恭《テ》祭レ之然而。人物無レ惱《コト》。若《シ》有レ累則、以二魚肉《ニク》五穀飯《イヽヲ》一爲レ祭則時《ニ》平復《シテ》得レ福《サイワイヲ》者《シ》多矣。厥《ソレ》至レ今神異甚新《タナリ》也。況於《ヤヲヤ》二昔日《ニ》一毎年日月《ノ》糞降《フンクダル》二此《ノ》宮社《ニ》一。得レ之、人免《ハマヌカルト》二一切《ノ》厄難《ヲ》一云。當時《ソノカミ》、禰津、聞《テ》二神《ノ》異靈《ヲ》一、忽翻《シテ》二殺生勇武惡心《ヲ》一、恒念《ニジテ》二彌陀觀音地藏《ノ》名號《ヲ》一、日々歸二善心《ニ》一、遂《ニ》以二建暦二年壬申之春《ヲ》一、再詣二大井之兩觀音《ニ》一、次《テ》至二日好《ノ》郷《ニ》一、具問《ニ》二白雉鷹狗《ノ》落處《ヲ》一、聞二其《ノ》社《ノ》異靈《ヲ》一、愈《イヨイヨ》生二信心《ヲ》一、命《シテ》二神主《ニ》一、抽《ンテ》レ實《ヲ》、祭レ之再拜《シテ》而退《ク》。復歸《ビル》二大井《ニ》一、通二‐夜妊觀音《ニ》一。

次《ノ》夜宿《ス》長國寺《ニ》。

（中略）

暫時《シバラクアツテ》、又云、我《カ》止息之《ノ》後《チ》、卜《シテ》枝蘇山道傍《ノヲ》、宜《ク》埋《ウツムテヲ》屍上立《ニツベシ》五輪石碑《ノヲ》。乃改《テ》名字《ノヲ》、當《ニ》呼根津是行信士《ト》。言訖《テ》、唱《コト》南無観世音《ト》三聲。又唱《コト》南無地藏《ト》三聲。次念《ニコト》南無釋迦牟尼佛《ト》三聲。乃詠辭世歌《ノヲ》云《ク》。念《ネンス》レバ佛ト我《レトフタリ》二人無シ。本來空《モトノスミカ》へ今ゾ是行《コレユク》。ト高ク唱へ已《ヲワツ》テ、端座合掌死去《シテシル》。是《レ》四月念四日也。榮慶公如《クニ》遺屬《ノ》、盡《ス》葬禮義《ノヲ》。加《テ》法諱《ノナヲ》、曰《フ》根津是行公靈嶽鷲仙居士《ト》。其墓有《ル》稲荷山背《ノ》者是也。當寺至今有惟之《ノ》守本尊運慶所《カ》作之地藏菩薩并、婦《ノ》正観音是行之《ノ》影像位牌者此由《ヨシ》也。

（後略）

右掲の『長國寺略縁起』の叙述の中で、是行による化鳥退治を伝える部分には傍線を付した。その傍線部より前の叙述については、同じ是行にまつわる逸話ではあるものの、鷹や化鳥とは全く関係のない別のエピソードとなっている。以下に、冒頭からの具体的な内容を確認してみる。

後鳥羽院の時代に信濃国の祢津の城主に甚平惟之という人物がいた。源頼朝に従い、忠功の手柄を立てる勇士であった。しかし、四十歳になってもいまだ跡を継ぐ男子がいなかったため、海野氏出身の妻か大井郷の妊観音に祈願し、その霊験によって無事、惟清という男子が生まれた。惟之と妻は文治三年（一一八七）の春、ご利益のお礼として護摩供養と観音水懺を修し、さらには妊観音の同坊の補修を行った。

その後、建久年間に惟之と惟清は、信濃の「桔梗原」で鷹狩りをしていたところ、一羽の白雉を見つけて鷹を放った。雉は八重羽の神鳥（雉）で羽音が高く、飛びながら鳴いて鷹を恐れさせた。惟之は怒り、犬を放ってこれを追い、衆人も四方に声を挙げて雉を追った。白雉は高く飛び上がり、西へ向かって飛んで逃げた。鷹と狗は逸物ではあるがこの雉を捕らえることは叶わず、頻りに跡を追う。禰津父子はこれが化鳥であることを知り、追わせるのをやめた。鷹匠が一人でこれを尋ねて行ったところ、美濃国恵那郡（現・岐阜県恵那市）に入って息絶えて死んだ。また、白雉と鷹および狗は土岐郡の「日好月好里」（現・岐阜県瑞浪市日吉町および明世町）に至り、気絶した。ただし、雉・鷹・犬はともに神明の化身で、本地はそれぞれ地蔵、観音、普賢であったものを、惟之の殺生をたしなめるために化現したという。

その後、これら三つの動物たちは死後に野にあって祟りなす存在となり、人間や家畜はそれらの気に触れるとことごとく死んだ。郷民たちはこれを恐れて社を建てて神官をよび、「日好明神」と号して恭しく祀ると、人々は悩みが無くなった。もし累が及ぶならば、魚肉及び五穀飯を以て祭ると災いが平復して幸いを得る者が多かった。それは今に至るまで霊験あらたかで、まして昔日は言うまでもない。この社を得てから人々は一切の厄難から逃れることができた。

その時、惟之はその霊威を聞き、たちまちにして殺生の武勇を誇る悪心を改め、常に阿弥陀・観音・地蔵の名号を念じて日々善心に帰った。そして、ついに建暦二年（一二一二）の春に大井の両観音（長国寺と長興寺）に再詣した途次に日好郷（土岐郡）に至り、白雉・鷹・犬が落ちたところを詳しく訪ねてその社の霊威を聞いた。是行は、ますます信心を起こして神主に命じてこれを祭祀し、再拝して退出した。そして、再び大井郷に戻り、妊観音で夜を過ごし、翌日長国寺に宿泊した。しばらく経った後、惟之が自分の死後は木曽の山道のそばに屍を埋めて五輪塔を立てること、さらには名前を改めて根津是行居士と呼ぶことを命じて息を引き取った。

その遺言通りに葬礼が行われ、諱は「根津是行公靈嶽鷲仙居士」となった。長国寺には、今に至るまで是行の守本尊である地蔵菩薩像と妻の観音菩薩像、そして彼の位牌が存在するのはこの所以であるという。

先述したように、右掲の原文における傍線部が是行の化鳥退治譚に相当するが、傍線部より前に記載されているのは美濃国大井郷の妊観音の霊験譚である。また、傍線部より後に見える化鳥退治の後日談についても、禰津惟之が根津是行と改名したことや長国寺に是行の菩薩像や位牌が保存された経緯などが記述され、寺院伝承らしく仏教色のある内容となっている。

このような『長國寺略縁起書』の叙述と、前掲の禰津喜隆氏所蔵『禰津氏系圖』に見える是行の注記の言説を比較すると、化鳥が信州桔梗原から美濃国土岐郡日吉村に逃げたとするモチーフが一部重なるものの、まず主題そのものが大きく異なっている。というのも、禰津喜隆氏所蔵『禰津氏系圖』では、人々を悩ませる化鳥に対して是行が鷹を遣って退治し、落命したという悲劇の英雄のような逸話を伝えるのに対して、『長國寺略縁起書』では、地蔵・観音・普賢が化現した雉・鷹・犬によって惟之（是行）が悪心を改めるという菩薩の霊験譚となっている。

さらに、『長國寺略縁起』では、桔梗原の化鳥（八重羽の白雉）を鷹に追わせたのは惟之父子とは別人の「鷹丞（鷹匠）」であるといい、惟之（是行）は特に鷹術に長けた人物とされているわけではない。このような両書の相違点を踏まえると、禰津喜隆氏所蔵『禰津氏系圖』に見える是行の化鳥退治譚には、光直系の禰津家が有する鷹術に対するこだわりを窺うことができよう。

ところで、戦国時代以降、上野国吾妻郡（現・群馬県吾妻郡）に代々居した根津家伝来の古文書にも是行の化鳥退治譚が記載されている。当家は、戦国時代〜江戸時代初期に岩櫃城城主であった真田昌幸・信之親子に仕えた根津家の末裔であるという。現在のご当主である根津光儀氏が所蔵する古文書群のうち、是行の化鳥退治に関する記載が見られるのは、『遺書之事』『根津甚平由来記』の二点である。そのうち、まず『遺書之事』について取り上げる。同書は、縦二十四・八センチ×横一八七・六センチの巻子本で、その奥書によると、正保四年（一六四七）三月十五日に吾妻郡にある天台密教寺院の専龍院の僧侶が著したものという。その内容は、当家代々の当主の事蹟が記され、是行は当家の二代目当主とされる。同文書の該当部分の記述を以下に挙げる。


二代　當山開基長國寺殿根津是行大居士　甚平是行　根津甚平者鎌槍持軍ニ候テ武勇之誉多し。

後鳥羽院御宇、信州桔梗ケ原ニ刄ノ雉子と云化鳥出テ人民ヲナヤマス。依之化鳥退治之蒙勅命ヲ、桔梗原ニ至リ、
大鷹、犬ヲ具せ率、時ノ声ヲ上レバ化鳥、西ヲサシテ逃去リ、美濃國日吉村ニテ犬、鷹、化鳥ト共ニ食合、死ス。

是行モ精根尽、大井村ニテ死ス。此宿入口長國寺ニ石碑有リ。

正治二年庚未九月廿四日也

右掲の『遺書之事』の記述によると、長国寺の根津是行居士は甚平是行と称し、鎌・槍を以て戦に出て武勇の

誉れが高かったという。後鳥羽院の時代に信州桔梗が原に刃の雉という化鳥が出て人民を悩ませたため、化鳥退治の勅命を蒙った是行は桔梗が原に至り、大鷹と犬を率いて鬨の声を挙げると、化鳥は西を指して逃げた。美濃国日吉村において犬と鷹が化鳥と食い合い死んだ。是行も精魂が尽き果てて、大井村で死んだ。この宿の入り口の長国寺に石碑があるとされる。

このような是行の化鳥（刃の雉）退治譚は、前掲の禰津喜隆氏所蔵『禰津氏系圖』に見える是行の注記の内容と相対的に最も近い。ただし、両書の言説を細かく比較すると、右掲の『遺書之事』に見える叙述では、化鳥について「刃の雉」と記すこと、犬・鷹が死んだ場所と是行が死んだ場所を別々にして、是行の死んだ地名を「大井村」としていることなどが禰津喜隆氏所蔵『禰津氏系圖』と異なっている。このように筋立て自体に大きな相違はなく内容が近似していても、表現レベルで細かな異同があることから、両書の間に直接的な影響関係（典拠関係など）は無かったことが推測されよう。なお、右掲の『遺書之事』もまた、この化鳥退治譚を家芸としての鷹術の由来伝承には結びつけていない。

続いて、同じく根津光儀氏所蔵の『根津甚平由来記』について取り上げる。同本ももとは一枚綴りの巻子本であったものが、継ぎ目の糊が剥がれて二枚（一枚目は縦二十七・九センチ×横三十九・五センチ、二枚目は縦二十七・九センチ×横三十九・一センチ）の紙片となっている。以下に全文を挙げる。

根津甚平由来記

一　根津甚平は清和天皇の第四の宮、定安親王と申奉ル。此若宮、御心入邪にて、御父帝ゟいりよニ叶ハズ、信州小縣郡ェ遠流し給い、則根津ト云所ニ住給ふ間、御子三人有、海野太郎祢津二郎望月三郎とて、是眞田家の先祖也。二男次郎の末ニ根津甚平是行ト云物有。かま倉将軍ニ使て武勇の誉多し。其頃、後鳥羽院の御宇也。終ニ信州吉京ヶ原ニ化鳥出て人民をなやますの由、京戸ェ聞ェ、彼化鳥退治の勅命、祢津の家ェ下ル。是行、畏奉り、手勢三百余人、大鷹数多、犬数十疋引連、ききやうが原へはつかう有ル。變化と申は大成ル雉子《キジ》也。常の鳥とはかはり、羽が八重羽ニ生イ劔の如く、口ばしとがりて刃ニにたり。仍て八重羽のきじ共又刃の雉子共申傳也。然ルニ犬たかあまたかけ士卒は時の声を上げ、鉦《かね》大子を鳴シせめ立レバ化鳥せん方つき、西をさして迯去ルの跡をしたふて、追欠行ニあまたのたか犬も道にて食合て死す。大たか一羽犬一疋みの、国日吉《ヒヨシ》村と云所にて化鳥たか犬共ニ食合て死ス。仍て日吉村の氏神ト祭リ有之也。根津是行も馬諸共大井村にて落命ス。于時正治二年庚未九月廿四日也。根津の妻夫人の跡をしたい、大井村ェ尋来り。なきからをほうむり、大成五輪を建立し、長国寺ト云一寺ヲ開基して改名。當山開基長國寺殿根津是行居士トの位はいを立、同所舟岡山長光寺観音ェ詣て曰ク、我身は、くはいたい也。願は男子平産して根津の家を續かせ給へと一心に誓願して本国ニ帰る。程なく男子出生して、根津の家を立ル。夫ゟ年々布施みつぎを送りし所、天正年中武田四郎勝頼の軍勢、みの、国ニはつこうの時、火を欠、大伽らんをやき捨ル也。其後、根津のみつぎはたへたり。然レ共観音今ニまします也。是を根津観音共又の子観音共申也。霊験新たにして、くはいたいの人、参けい常ニたへずと也。甚平の位はい、武具馬具色々長国寺の什物ニ残り有之也。

右

文政六未の七日入峯の砌り、大井宿長国寺は先祖の開基成ル事書傳有しゆへ、佛參被住僧ェ尋候へば、位はいぇ焼香相濟。其後、住物□見仕右のゆいしよ書、其寺ニ有之候間、住僧ぇむしん被写来り申候。以上。

文政十亥七月十四日

上州吾妻郡御原村高沢山祝住　本龍院弁了秀寛　敬書

進上　根津仙有様

右の文書の奥書によると、文政六年（一八二三）六月七日、吾妻郡の本龍院という寺院の僧侶である弁了秀寛が入峯の際に、当家（根津家）の先祖が開基した大井宿長国寺に詣でて由緒書を写したことが記されている。同書はそれを、文政十年（一八二七）七月十四日に弁了から根津仙有という当家の人物に宛てたものという。その具体的な内容は以下の通り。

根津甚平の氏祖は清和天皇の第四宮の定安親王であるという。この宮は邪心が多いため父帝の叡慮にかなわず、信州小縣郡に遠流され、根津というところに住んで三人の御子をもうけ、それが真田家の先祖になったという。そのうちの二男の末裔に根津甚平是行という人物がいて、鎌倉将軍に仕えて武勇の誉れが高かった。当時は後鳥羽院の時代である。

その時、「信州吉京が原（桔梗が原）」に化鳥が出て人民を悩ませている風聞が都にまで伝わっていた。その化鳥退治の勅命が根津家に下され、それを受けた是行は手勢三百余人と大鷹多数、犬数十匹を引き連れて桔梗原に発向する。化鳥とは大きな雉のことで、常の鳥とは異なり、羽が八重羽に生えて劔のようでくらばしがとがって刃に似ていた。そのため、八重羽の雉または刃の雉とも言う。是行が引き連れていった犬・鷹は多数駆け巡り、士卒は鬨の声を上げて鉦太鼓を鳴らして責め立てれば化鳥は仕方なく西を指して逃げた。そのあとを追いかけた鷹や犬は道中、食い殺されて死んだ。大鷹一羽・犬一匹が美濃国日吉村というところで化鳥と食い合って死んだため、日吉村の氏神として祀った。祢津是行も馬もろとも大井村で落命した。ときに正治二年九月二十四日のことである。

懐妊中の根津の夫人がその後、大井村に来て亡骸を葬って長国寺という一寺を開基し、当山開基として、「長国寺殿根津是行居士」の位牌を立て、舟岡山の長光寺観音に詣でて男子安産を祈願する。ほどなくして無事に男子が生まれ、根津の家を興した。それより毎年貢物・布施を送っていたが、天正年中に武田勝頼が攻めてきた時、大伽藍が焼失したのを契機に貢物は絶えた。しかし、観音はまだあるため、これを根津観音または子観音といい、参詣者が絶えない。甚平の位牌や武具・馬具などが長国寺の什物に残っていると言う。

このように、当該文書は冒頭に根津家の氏祖伝承に簡単に触れつつ、是行の化鳥退治が長国寺の開基由来となった経緯を詳しく叙述している。さらに後日談として是行の妻の出産や是行の位牌についても言及することから、前掲の『長國寺略縁起書』の本文を抄出したような似通った筋立てとなっている。

実は、十九世紀前半の美濃国の長国寺では、中山道を通る旅人に『根津甚平由来記』と称する木版刷りの文書を売っていたという(4)。すでに東昇がその木版刷りの全文を紹介しているが(5)、その内容は、根津光儀氏所蔵の『根津甚平由来記』の本文とほぼ一致している。このことから、根津光儀氏所蔵『根津甚平由来記』はそういった木版刷りの『根津甚平由来記』を写したものと判断されよう。つまり、根津光儀氏所蔵『根津甚平由来記』および『長國寺略縁起書』はいずれも同じ長国寺から発信された媒体であるため、両書は類似した内容になっているのである。ちなみに、『根津甚平由来記』と『長國寺略縁起書』に見える是行の化鳥退治譚における最大の異同として、前者では、是行が落命する悲劇の英雄として描かれている点が指摘できる。これは、長国寺が禰津家側の伝承を採り込んで、『長國寺略縁起書』を創り換え、その結果として『根津甚平由来記』が成立したために生じた異同であろう。

一方、このような根津光儀氏所蔵『根津甚平由来記』と禰津喜隆氏所蔵『禰津氏系圖』に見える是行の化鳥退治譚とを比較すると、随所にかなりの異同がある。最も大きな違いとしてはやはり、前者が化鳥退治を所以とする長国寺の開基伝承をテーマとするのに対して、後者は祢津家の鷹術の由来を説く系譜伝承が主題になっている点が挙げられよう。ただし、筆者はそれ以外の相違点にも注目したい。すなわち、『根津甚平由来記』において、化鳥について「刃の雉」とも言う由を記し、犬・鷹が死んだ場所と是行が死んだ場所を別々にして、是行の死んだ場所を「大井村」としている叙述である。これらはいずれも禰津喜隆氏所蔵『禰津氏系圖』の類話と異なるモチーフであるが、前掲の根津光儀氏所蔵『遺書之事』に見えるそれとは一致する。このことから、根津光儀氏所蔵『遺書之事』は、禰津喜隆氏所蔵『禰津氏系圖』に見える是行の化鳥退治譚と近い内容を持つ一方で、右掲の『根津甚平由来記』のような長国寺から発信された寺院伝承の影響も受けていることが推測されよう。

以上のことから、禰津喜隆氏所蔵『禰津氏系圖』に見える是行の化鳥退治の言説は、上野国吾妻郡の根津家に伝来した当家所縁の家伝である『遺書之事』と相対的に近い伝承であることが確認できた。そしてこの『遺書之事』は、美濃国の長国寺から発信された寺院伝承の影響が窺えることから、禰津喜隆氏所蔵『禰津氏系圖』の言説は、こういった長国寺所縁の寺院伝承の影響を間接的に受けながら、それを換骨奪胎して信仰から離れた禰津家の鷹術伝承に創り換えたものであることが推測されよう。

それでは、なぜ、光直系禰津家は、禰津喜隆氏所蔵『禰津氏系圖』が主張するように、寺院伝承として周知された逸話を当家の鷹術由来譚に組み込んだのであろうか。その理由を探る手掛かりとして、松鶴軒系の鷹書に見える祢津家の鷹術由来譚に化鳥退治のモチーフが引用されている事例などの類話が参考になる。そこで、次節では、そういった類話と禰津喜隆氏所蔵『禰津氏系圖』に見える化鳥退治譚の言説との比較検討を試みる。

三　在地伝承が象る禰津家本家と真田家の鷹狩り

本節では松鶴軒系の鷹書に見える化鳥退治のモチーフを用いた祢津家の鷹術由来譚についてまずは取り上げる。対象とするテキストは、依田守廣の子孫である依田盛敬氏が所蔵する鷹書群に含まれる『三　家意趣巻　三』である。すでに述べたように依田守廣は、松鶴軒の娘婿になったことを契機として松鶴軒系の祢津家の鷹術を伝授された鷹匠という。守廣の子孫たちは松鶴軒系の祢津家の鷹匠として富山藩・加賀藩に仕官し、祢津家関連の鷹書及び鷹匠文書を伝来した。現ご当主の依田盛敬氏はそれらを百点以上所蔵している。[6]

本節で取り上げる『三　家意趣巻　三』もその中のひとつで、書名から伺えるように当家（祢津家）の志向に沿った鷹説話などが掲載されている。また、同書の奥書によると、天正十六年（一五八八年）二月一日に祢津松鶴軒から「依田十郎左衛門（守廣）殿」に伝来したものという。依田盛敬氏所蔵の文書群には他にもまったく同じテキストの写本がもう一点含まれているが、ここでは比較的虫損の少ない方のテキストを紹介する。以下に同書に見える該当部分の叙述を挙げる。

一　祢津ヱ鷹御ユルサレノコト、一条院ノキヤウ御門ヱ奥州冨士深山ノ大鷹コトニスクレタルヲ、サメ奉ル。イカントシテカ、イチヱン鳥ヲトルト云コトサラニナシ。其比信濃ノ国祢津ノ神平貞直トテ鷹ノチヤウスアツテ、メシノホセラレ、カノ鷹ヲ取飼へキヨシ、センシナリ。貞直ソウシケルハ、キヨワラノヲモムキヲミ奉るニ、ミサコノトツキタル鷹ニヨリ、鳥ヲトラヌモコトワリナリ。ウヲナラテ取カタシト申ケル。サラハウヲニ取飼へキヨシ、重而センシナリ。神平承、ウヲニ取飼申へキコト、ヤスキシサイニ候共、河川ヲメクル犬、アラシト申ケル。其時、神平ケライノ者ニソウツイト申者申ケルハ、上流ノオリフシ、河ニヲイテ、カワウソノ犬ノコアリト申。シカラハ、コノ犬ヲ以河川ヲカマセントテ、ヤカテヒキノホセ、鷹犬トモニコシラヱ、ヨキ日ノ時ヲヱラヒ、難波ノウラニウチイテ、申ノ刻、夕日《ユウ》シツカナル時分、犬ヲ河ノヲモテヱハナシケル。貞直モ、鷹ヒキスヱテナキサニヒカヱタリ。シカルニ、波ノ上ヱス、キト云ウヲ一丈斗トヒアカル、則アワセケル中ニ取リテ、手帰、御門ナノメニヱイランアツテ、貞直ニ七度ノ官ヲサツケ、八拾壱巻ノヤウキヤウノ内、拾八帖ノ鷹フミトテ、拾八巻壱部ニテ、ヒテンヲヱラヒ出シ、天下ニヲイテ末世末代マテ、武家ノ鷹ノミナモトタルへキヨシ、インセンニアツカリ、クタサレケル。是ヨリ鷹ノ家トカウス。御トリツキハ、二条殿ニテ御座候。其後ノ代々ノ子孫、学ノトコロ、イマニコレヲ傳るナリ。

一　ナヲ家ノイシユノコト、貞直ト云代ニ賀深山ヨリ、鷹ノツフコヲトリテキタル。レンチウ、フトコロノ内ニテ、ハヤシケル。ミレハセウナリ。ヤカテ、手ムキノ兄鷹ト是ヲ号。貞直、取飼ケルニ、コトニスクレタル逸物ナリ。ソノヲリフシ、霜月ミマキノ内ニ、一ノ原アリ。カノ原ニテ鷹ヲツカイケレハ、フル雉子アリテ、カヱリテ鷹ヲ取コトタヒ〳〵ナリ。シカルニ神平、彼野ニイテ、手ムキノ兄鷹ヲツカワレシニ、レイノ鷹ソト心得、彼雉子イテ合、ヒシトソ《(クカ)》ミ、イカ、アリケン、只ヒキニヒク。ソノホトリニ千熊川ハタマカ渕ヱ引入ル。犬ヲマワシケレハ、渕ノソコヱカミイル。アヤシメ聞ケレハ、鈴モナリケル間、スイレンウ《(ヲカ)》イレ、ミケレハ、ロクシヤウイロノフル雉子ノ羽八重ニヲイ、足三ツアリ。ヤカテ取飼ケル。是ヨリシテ別足ト云コトハシマリケル。八重羽ノ鳥ノ住ケル野ナルニヨリ、ソノ原ヲ八重原ト号ス。鈴、水ノソコニテナリケル間、瀧丸ト号。其後、神平ヲモイケルハ、シセン都ヱキコシメシヲ、ヨハレ、メサレンニ遣上候ヘハ、家ノ拾代タルヘキヲト、ヲモイソノウツシヲハリ遣上ノタメニ、ヲト丸《(トカ)》号ス。以上、鈴二ツアリ。ソノホカ、モスニ鷂ヲアワセ、サマ〳〵ノコトアリトイヱ共、サイケンナク、ソロ《(ノカ)》間シルスニヲヨハス。マタ犬ノユライヲタツヌルニ、芝生田ト云所ヨリ出タルムク犬ナレハ、芝ムクト是ヲ名付。惣而、鷹ヲシラスシテ、ツカウコト常ニアラス。鷹ノヲコリヲシルヘシ。鷹ハコレアチナリ。鷹師ハ是、タウタイフンチンノアチノ如来ノシントクナリ。条々口傳有云々。

右の叙述は依田盛敬氏所蔵『三　家意趣巻　三』の冒頭の第一条および第二条に掲載されているものである。例によって文脈が乱れてわかりにくい部分があるため、以下に内容を整理した意訳を挙げる。

まず第一条は、祢津家に鷹術が許された経緯について述べたものである。

一条院の卿（未詳）が帝に「奥州冨士深山」の優れた大鷹を献上したが、なぜか鳥を捕らない。その時、「信濃ノ国祢津ノ神平貞直」という鷹の上手がいて、召し出されて上洛し、この鷹を飼うべき宣旨が下る。貞直が申し上げるには、「この鷹はミサゴとつがいになったオオタカなので、鳥を捕らないのも道理である、オオタカにとって、魚以外は捕るのは難しい」とのことである。それならば魚を捕るようにと、貞直に重ねて宣旨が下る。

神平（＝貞直）はその宣旨を承りつつ、魚を捕ることは易いが、河川で遣える犬が無いという。その時、神平の家来の「ソウツイ」と言う者が、上流の河において「カワウソノ犬ノコ」がいると進言する。それならばと、この犬を以て河川で狩りをするべく、すぐに引き連れて鷹・犬ともに準備して良い日の時を選び、「難波ノウラ」で申の刻の夕日が静かな時分に犬を河面に放す。貞直も鷹を据えて渚に控えていると、波の上にスズキという魚が一丈ばかり飛び上がった。貞直は鷹を遣ってそれを仕留め、持って帰った。それを見た帝は大変喜び、貞直に七度の官位を授けて、八十一巻の鷹経のうち十八帖の鷹書を「拾八巻壱部」にして秘伝を選び出し、天下において末世末代まで武家の鷹術の源とするべき由の院宣を下した。

これより（祢津家）は鷹の家と称するようになった。御取次は二条殿である。その後の代々の子孫が学んで今にこれを伝えている。

このように、第一条には、祢津貞直が誰にも扱えない「ミサコニトツキタル鷹」を遣って「カワウソノ犬ノコ」と共に「難波ノウラ」で巨大な鱸を見事に狩ることができたというエピソードが叙述されている。そしてその結果、貞直は帝から官位を授かっただけでなく、祢津家を武家の鷹術の元祖とするように院宣が下されたという。

続く第二条もまた「貞直」が登場する鷹術由来譚である。

（神平）貞直の代に「賀深山」（未詳）から鷹の卵をとってきて、懐で温めると孵化した。見ると兄鷹（雄のオオタカ）である。すぐに「手ムキの兄鷹」と称し、貞直が飼ったところ特に優れた逸物となった。

その当時、霜月に「ミマキノ」内の「一ノ原」で鷹を遣っていると、古雉子に鷹を捕られることがたびたびあった。神平（＝貞直）が、その野において「手ムキノ兄鷹」を遣っている時、いつもの鷹だと心得た雉子が出てきて、どうしたことかひたすら引っ張り、そのほとりにある「千熊川ハタマカ渕」に引き入れる。犬を遣うと渕の底へ噛み入れた。不思議に思って聞いていると、鈴の音が鳴った。そこで、泳ぎの達人を水中に入れて見てみると、緑青色の古雉子で羽が八重に生え、足が三つある鳥がいた。すぐにそれを捕獲した。これより別足ということが始まった。

また、この「ミマキノ」の「一ノ原」は、八重羽の鳥が住む野ということから、その原を「八重原」と言うようになった。鈴は水の底で鳴っていたので「瀧丸」と呼ぶようになった。

その後、神平は、自然と都で評判になったため、呼ばれて鈴を召し上げられた時の対策を考えた。この鈴は家の重代にするべきなので、その時の備えとして写しを作り、「ヲト丸」と称した。そのため、鈴は二つある。

その他、モズに鶴を狩らせるなど様々な逸話があるが際限ないので記すに及ばない。また、犬の由来を尋ねると、「芝生田」というところを出自とするむく犬なので「芝ムク」と名付けた。

総じて、鷹のことを知らないで遣うことは尋常ではない。鷹の起こりを知るべきである。鷹は阿字であり、鷹師は同体分身の阿字の如来の神徳である。

このように、第一条の祢津家の鷹術の由来譚に続いて第二条は、貞直の化鳥退治譚となっている。同じ貞直が登場することから、第二条は第一条の祢津家の鷹術由来譚と連動する逸話と見なされよう。すなわち、同じ主人公が活躍する〝祢津家の鷹術由来譚〟と〝化鳥退治譚〟が別項目で叙述されているという体裁である。ただし、当該書の第二条で記載されている化鳥退治譚には祢津家の鷹術の由来について言及されていない。それを主題とするのは第一条の方であり、第二条については、当家重代の鈴である「瀧丸」「ヲト丸」の由緒を説くことが主題となっている。

同じく第二条では化鳥退治譚に続いてモズに鶴を狩らせることに言及し、「芝ムク」と称する犬の由来に関する説明や鷹や鷹匠と如来の徳についての叙述が見えるが、これらは真田家家臣の祢津一族に伝来したテキスト類には見られない。その他、松鶴軒系の祢津家の鷹書独自の顕著なモチーフとして挙げられるのは、化鳥を退治した主人公が最後まで死んでいないところであろう（『長國寺略縁起書』では化鳥を退治した鷹匠が化鳥と戦っている最中に死に、後日談において最終的に惟之が死ぬ）。

なお、これらのテキストと同じく依田盛敬氏所蔵の祢津松鶴軒所縁の鷹書群に含まれる『観定巻』（奥書によると、天正十六年二月一日に祢津松鷂軒から守廣に伝来したとされる鷹書）や『山鷹巻　全』（奥書によると、寛永元年（一六二四）二月一日に守廣から嫡男の依田斎之助に伝来したとされる鷹書）にも、上記の『三　家意趣巻　三』の第一条・第二条とほぼ一致する本文で〝祢津家の鷹術由来譚〟と〝化鳥退治譚〟が連続して掲載されている(7)。このことから、当該伝承が松鷂軒系の祢津家の鷹書で重視される鷹術由来譚のパターンであることがわかる。

実は、このような松鷂軒系や祢津家といった流派や家伝的なものに拘らず、祢津貞直は一般的な鷹術の祖として多数の鷹書に頻繁に登場する。多くの祢津家の系譜において貞直が鷹術の名人と注記されるのも、こういった鷹書の普遍的な鷹術伝承と連動している所以であろう。それならば、禰津喜隆氏所蔵『禰津氏系圖』において「是行」を禰津家の鷹術の元祖と主張するのは、そういった鷹書が伝える鷹術伝承とは異質なモチーフであることが判明する。同系図の伝承はやはり長国寺所縁の寺院伝承の方に近く、相対的にそちらの方の影響をより強く受けていることが指摘できよう。

ところで、宮内庁書陵部所蔵『根津志摩守ト有之鷹書』（函号一六三―九六八）は、その序文によると、「甚兵衛」という人物が十二歳のときに「根津志摩守（幸直）」の元に奉公していた際に盗み写した秘伝書で、いわば信忠系祢津家所縁の鷹書とも言うべきテキストであることは先に紹介した。実は、当該書の「四拾八　八重羽のきしの事」にも、「祢津甚平」による化鳥退治譚が記載されている。以下に該当する叙述を挙げる。

四拾八　八重羽の雉の事

一　信濃国に小縣地熊大かけの渕ニ八重羽雉有。内裏へしやうけをなし人民取事かきりなし。仁徳天皇御宇、其後、百済国の帝より清来と申僧渡時、政頼将軍彼僧ニ鷹の秘傳を傳る。祢津甚平幾度も鷹を合ぬれは彼八重雉、鷹を渕へ引付る事かきりなし。此よし政頼将軍え申。政頼聞えて百済国の清来ニ惣傳の巻物を祢津甚平ニ渡足ニてたくみ申せとの給。其時祢津、大鷹と鵃と番せ犬と鸒を番せよく〳〵　飼主仕入時分、よき比、彼大かけの渕ぇ入さかし出。彼白符鷹を合ぬれは雀の鷹犬と心得、彼渕へ引入、原を犬渕ぇ入、さかし押出しぬれは八重羽の雉、渕ぇ入事ならす。渕より西国をさして飛にける。雉、草臥て美濃国おくい宿町頭にて鷹と犬とにとられ、死。鷹も犬も祢津もつかれて死す。今に至也。みの、国な、《（ママ）》い《（ママ）》の町頭に鷹と犬と祢津とせきとう三たい有。亦、鷹と犬と祢津と美濃国の大社と神成。鷹の宮、犬の宮、す、めの宮、祢津の宮、四ヶ所有。それよりして、天下なやむ事なしと申傳也。清来、佛法衆生の為に来る也。是仁徳天皇御宇時也。

一　日《ヒ》吉ハ　鷹の宮　一　月吉ハ　雀のみや

一　星吉ハ　犬のみや　一　大明神ハ祢津のみや

歌ニいわく

疾ひるのさかいハ爰に有明の月吉日吉里をならへて

右掲の叙述もまた、文意の分かりにくい箇所がいくつかあるため、まずはその内容を整理する。

信濃国の「小縣地熊大かけの渕（未詳）」に八重羽の雉がいたという。それは、内裏に祟りをなし、人々に害をもたらすことが限りなかった。

仁徳天皇の時代の後、百済国の帝から清来という僧が我が国に渡ってきて、政頼将軍に鷹術の秘伝を伝えた。「祢津甚平」は八重羽の雉を退治するべく、幾度も鷹を合わせると、雉は鷹を渕に引き付けた。このことを「政頼将軍」に申し上げると、政頼は百済国の清来から相伝した巻物を「祢津甚平」に渡し、工夫するように命じる。その時、祢津は大鷹と鵤を番いにし、犬と獺（うそ。カワウソのこと）を番いにしてよく飼いならし、よい時期を見計らって「大かけの渕」に探しに出る。雀と鷹と犬の活躍により、八重羽の雉を探し出してそれが渕へ入れないようにしたので、雉は渕から西国を指して飛んで逃げた。雉はくたびれて「美濃国おくい宿町頭（未詳）」という場所において鷹と犬に捕られて死ぬ。鷹も犬も祢津も疲れて死ぬ。今に至って、「みの、国な《（ママ）》、《（ママ）》いの町頭（未詳）」にて鷹と犬と祢津が石塔三体で祀られ、さらには美濃国の大社の神になる。「鷹の宮」「犬の宮」「す、めの宮」「祢津の宮」の四箇所があるという。それ以来、天下において悩むことがなくなったと伝わっている。

実は清来は仏法衆生の為に来たという。それは仁徳天皇の時代である。

また、日吉、月吉、星吉、大明神はそれぞれ鷹、雀、犬、祢津の宮であることを説き、続いて「月吉日吉里」を詠みこんだ和歌を一首掲出している。

右掲の化鳥退治譚は、祢津家の鷹術由来には言及していない。この点において、禰津喜隆氏所蔵『禰津氏系圖』および松鶴軒系の祢津家の鷹書とは主題そのものが相違している。この宮内庁書陵部所蔵『根津志摩守ト有之鷹書』に見える化鳥退治譚の主題を敢えて絞り込むならば、化鳥を滅した鷹・犬・祢津の鎮魂を期するものであろう。また、右の叙述によると、化鳥である八重羽の雉がいた場所は「小縣地熊大かけの渕」となっていて、禰津喜隆氏所蔵『禰津氏系圖』や長国寺所縁の寺院伝承すなわち『長國寺略縁起書』および根津光儀氏所蔵の『遺書之事』・『根津甚平由来記』が信州桔梗原とする地名と異なっている。

さらに、宮内庁書陵部所蔵『根津志摩守ト有之鷹書』では雉・鷹・犬と祢津甚平が死ぬ場所を「美濃国おくい宿町頭」とするのに対して、禰津喜隆氏所蔵『禰津氏系圖』や『長國寺略縁起書』および根津光儀氏所蔵『遺書之事』・『根津甚平由来記』では、雉・鷹・犬が美濃国土岐郡日吉村で死んだとする。ちなみに、禰津喜隆氏所蔵『禰津氏系圖』では是行も雉・鷹・犬とともに日吉村で落命したとし、『長國寺略縁起書』では鷹匠のみ美濃国恵那郡で死亡、根津光儀氏所蔵『遺書之事』『根津甚平由来記』では是行のみ大井村で落命したとする。

また、宮内庁書陵部所蔵『根津志摩守ト有之鷹書』では鷹・犬・祢津が祀られる場所を「みの、国な、いの町頭」としているが、『長國寺略縁起書』では雉・鷹・犬は土岐郡日好郷で日好明神として祀られたとし、根津光儀氏所蔵『遺書之事』では長国寺に石碑があると言う。さらに同じく根津光儀氏所蔵『根津甚平由来記』では雉・犬・鷹は日吉村の氏神として祀られ、是行は未亡人が長国寺を開基してそこに葬られたとする。一方の禰津喜隆氏所蔵『禰津氏系圖』では戒名に長国寺の名前が見えるのみである。

このような細かな異同をはじめとして、宮内庁書陵部所蔵『根津志摩守ト有之鷹書』の叙述では突然雀が登場したり、ところどころに「清来」や「政頼将軍」が登場して鷹の伝来説話の様相を一部示すなど、独自のモチーフが散見している。

その他にも、宮内庁書陵部所蔵『根津志摩守ト有之鷹書』では、化鳥を退治した人物は「祢津甚平」とされ、禰津喜隆氏所蔵『禰津氏系圖』と長国寺所縁の伝承が「禰津是行（惟之）」、さらには依田盛敬氏所蔵の松鶴系の祢津家の鷹書で「祢津貞直」とされているのとは異同がある。その一方で、宮内庁書陵部所蔵『根津志摩守ト有之鷹書』において化鳥を退治した主人公が死ぬという展開は、禰津喜隆氏所蔵『禰津氏系圖』や長国寺所縁の寺院伝承と共通している。すなわち、化鳥と戦った貞直が生き残ったままとするのは依田盛敬氏所蔵の松鶴系の祢津家の鷹書独自の話型である（『長國寺略縁起書』では化鳥と戦った鷹匠が戦いの最中に死に、惟之は後日談において死ぬ）。

しかしながら、宮内庁書陵部所蔵『根津志摩守ト有之鷹書』が化鳥のいた場所として挙げている「小縣地熊大かけの渕」という地名は、松鶴軒系の鷹書に見える「千熊川ハタマカ渕」と近い印象を受ける。具体的な場所は未詳であるが、どちらも祢津家の本貫地である小縣郡を流域とする千曲川の淵であることが予想され、地域性において脈絡の通じた伝承であることが推測されよう。

しかも、こういった在地性を反映した化鳥退治の伝承は、鷹書以外の文献にも事例が確認できる。すなわち、『八重原古来留帳』（個人蔵）の「八重原ノ辯」の章段の冒頭部には、以下のような叙述が見える。

此所を八重原と呼候事、八重羽の雉子、此原にすミ候を、祢津殿鷹狩りして見出被申候得共、取得る事成かたく、其子細ハ追出し候と羽毛山村下千曲川むらたの渕へまい込候故不叶、其後、芝生田村ゟ水中へ飛入、働候犬を求め被申候て、かの雉子を水中迄追いり候て、取候。其時之鷹の鈴、犬の鈴、今以松城真田伊豆守様御家中ノ祢津殿所持被致候由、右之犬、鷹の事、鷹百首の哥にも有之杯と申傳候ハ、文盲千万の事ニ候。川うそなとにとらせ候と申候て可然か、夫とも雉子の水中ニ入事も、心得かたき事なり。彼是と異説申傳人云、信しかたき事のミ。

この『八重原古来留帳』とは、小諸藩領の八重原村（現・長野県東御市八重原）の住人であった尾山小左衛門眞俊が、当時の八重原村に関する事柄を書き留めておいた記録を、彼の孫の尾山義左衛門がまとめて記したものという。このような尾山小左衛門眞俊や尾山義左衛門の一族の家系図によると、[8]尾山小左衛門の父は、江戸時代の初期に小諸を領した駿河大納言（徳川秀忠の三男・忠長）の家人とされることや、この『八重原古来留帳』において「元禄十二年（一六九九年）己卯霜月晦日」という日付や元禄年中に書写した経緯を伝える文言が見られることを踏まえると、当該文書の現物が写された時期は、おおむね一七〇〇年頃と推定されるものである。

さて、その『八重原古来留帳』に見える右掲の記事は、八重原の地名由来を主題とする叙述であると言えよう。以下にその意訳を挙げる。

八重羽の雉がこの原に住んでいたところを、「祢津殿」が鷹狩りによって見つけ出したものの、とる事が難しかったと言う。というのも、この八重羽の雉子を原から追い出すと、羽毛山村の下にある「千曲川むらたの淵」へ逃げ込んだため、狩ることがかなわなかったからである。

その後、「芝生田村」から水中に入り、犬を使って水中まで追い込んで捕獲したという。その時の鷹と犬の鈴は、現在、松代藩主真田信之様の御家中の祢津殿が所持しているとされる。この時活躍した犬と鷹は鷹百首の和歌にも伝えられているというが文章が読めないゆえに不明である。（水中に逃げ込んだ八重羽の雉子を）実はカワウソに捕獲させたというべきだろうか、そもそも雉が水中に入ったとすることなども疑問である。あれこれと「異説」があるものの信じがたい。

このような『八重原古来留帳』に見える化鳥退治譚は、先述したように在地性が反映されたモチーフが散見する。たとえば、祢津殿の鷹に追い立てられた八重羽の雉子が逃げ込んだ「羽毛山村下千曲川むらたの渕」という地名については、詳細な場所を確定することはできないが、「羽毛山」は祢津家の本貫地である小縣郡にある地名で、「千曲川」はそこの地を流域とする。このような千曲川流域の地名が、依田盛敬氏所蔵の松鶴軒系の鷹書や宮内庁書陵部所蔵『根津志摩守ト有之鷹書』にも登場するのは先述した通りである。

また、「芝生田村」は祢津家の支族とされる芝生田一族の居城である芝生田城があったとされる場所で[9]、松鶴軒系の鷹書では貞直が遣った犬である「芝ムク」の産地とされる。『八重原古来留帳』に見える化鳥退治譚は、いずれも実際に祢津家と所縁深い地域を挙げて、リアリティを持たせている伝承と言えよう。

そして同書において最も注意されるのは、化鳥退治に関わった鷹と犬の「鈴」に言及し、それを「松城真田伊豆守様御家中ノ祢津殿」が所持していると主張する点である。この叙述は、真田家家臣である祢津家の鷹術の実像を端的に表象した伝承と見なされよう。すなわち、信州における祢津家所縁の地域では、真田家の鷹狩りを支えた当家のイメージは、こういった宝鈴の由来伝承によって形成されていると推測されるのである。

以上のような分析結果を踏まえて、禰津喜隆氏所蔵『禰津氏系圖』の是行の注記に見える言説についてその特徴を改めて整理してみる。当該の言説に見える化鳥退治譚の主人公や叙述モチーフなどは、相対的に『長國寺略縁起書』および根津光儀氏所蔵『遺書之事』・同『根津甚平由来記』といった長国寺所縁の寺院伝承に近い（最も近似するのは『遺書之事』）。しかしながら、禰津喜隆氏所蔵『禰津氏系圖』に見える化鳥退治譚の主題は、彼を祢津家の鷹術の元祖として喧伝することにある。

化鳥退治のモチーフを祢津家の鷹術由来譚に取り込む類話は、依田盛敬氏所蔵の松鶴軒系の鷹書にも確認できるが、当該書では主人公の名前を「祢津貞直」とする。松鶴軒系の鷹書と同じ在地性を反映した化鳥退治譚を掲載する宮内庁書陵部所蔵『根津志摩守ト有之鷹書』や『八重原古来留帳』においても是行の名前は見えない。

また、前章で挙げた祢津泰夫氏所蔵の家伝書に祢津家中興の先祖として是行の名前が引用されていることはすでに指摘した通りであるが、同書ではこの是行と鷹術の関係については触れていない。主人公を是行としつつ、彼の化鳥退治譚を系図に取り込んで一族の系譜伝承としている事例は、光直系禰津家の系図以外において確認できないのである。このことから、是行の逸話を系図に盛り込む発想は、光直系禰津家独自の系譜伝承と言えよう。

では、なぜ光直系禰津家では、そのような系譜伝承を主張したのであろうか。その最も大きな要因として、松代藩における祢津一族間での関係性が影響していると予想する。すなわち、禰津喜隆氏所蔵の『禰津氏系圖』によると、当家の家祖である光直は行貞の長男であった。それならば、本来、祢津家の嫡流の家格を持つのは光直の子孫の一族ということになるが、松代藩において祢津家の嫡流として扱われたのは光直の弟である信忠（禰津喜隆氏所蔵『禰津氏系圖』では元直）の子孫の一族である。その信忠（元直）系の祢津家は代々松代藩の家老クラスの重臣となり、さらには実際に真田家の鷹狩り業務にも携わった。これに対して、光直系の一族の方は、松代藩では本来嫡流であるのにそのような扱いを受けることなく、鷹狩りについても実際に関わった事実を示す証拠はない。その代わりとして、当家伝来の系図に禰津家の鷹術の祖を説く独自の（他と区別化した）言説を取り込み、鷹術の家元としての系譜伝承を主張したのではないだろうか。このような鷹術伝承は、家格のステータスを主張するのに有用であったと考えられよう。

おわりに

以上において、真田家家臣の光直系禰津家の鷹術伝承について検証してきた。すなわち、新出の光直系祢津家の系図である禰津喜隆氏所蔵『禰津氏系圖』について取り上げ、まずはその全容を紹介しつつ、当家の鷹術の元祖とされる是行関連の言説について特に注目した。具体的には、この禰津喜隆氏所蔵『禰津氏系圖』の注記において、是行の化鳥退治の事跡を以て彼が禰津家の鷹術の元祖とされている伝承について、いくつかの類話と比較をすることでそれぞれの特徴を明らかにした。以下にその結論を二項目に分けて示す。

①　美濃国恵那郡大井にある長国寺所縁の寺院伝承との比較

『長國寺略縁起書』・根津光儀氏所蔵『遺書之事』・同『根津甚平由来記』といった長国寺所縁の寺院伝承に見える化鳥退治譚と禰津喜隆氏所蔵『禰津氏系圖』に見える類話を比較したところ、登場人物の名前やモチーフなどにおいて相対的に近似していることが判明した。しかし、長国寺所縁の寺院伝承は、禰津家の鷹術の由来には言及していない。すなわち、禰津喜隆氏所蔵『禰津氏系圖』に見える化鳥退治譚と長国寺所縁の寺院伝承の類話における最大の相違点として、『禰津氏系圖』では、是行を禰津家の鷹術の元祖として特化した人物像を造型していることが挙げられる。

②　在地性を反映した鷹術伝承との比較

松鶴軒系の祢津家の鷹術を継承した依田家伝来の鷹書（『三家意趣巻　三』をはじめとする）・信忠系祢津家所縁の宮内庁書陵部所蔵『根津志摩守ト有之鷹書』・小諸藩領の八重原村の在地の記録書である『八重原古来留帳』（個人蔵）には、祢津家所縁の地域における在地性を反映した化鳥退治譚が記載されている。禰津喜隆氏所蔵『禰津氏系圖』の類話はそういった在地性の影響はまったく受けていないことから、これらのテキストとの近似性は長国寺所縁の寺院伝承より低い。しかし、依田盛敬氏所蔵の松鶴軒系の祢津家の鷹書とは、化鳥退治譚を祢津家の鷹術の由来を説くために引用している点は共通する。その一方で、依田盛敬氏所蔵の松鶴軒系の祢津家の鷹書では化鳥を退治する人物を祢津貞直としていて、禰津喜隆氏所蔵『禰津氏系圖』と相違する。

以上のことから、禰津喜隆氏所蔵『禰津氏系圖』では、当家の鷹術の由来について、美濃国長国寺の伝承と連動して相応に知られた話型である化鳥退治譚を引用し、その話型に伴うモチーフとして禰津是行を採り込んだものであろう。その結果、光直系禰津家では、当家の系図を介して他系統の祢津家とは異なる独自の家芸（鷹術）の由来を主張することができたはずである。それによって、松代藩における当家の家格のステータス（＝独自の鷹術伝承に基づく家芸を持つイメージ）を喧伝する効果が期待されたものであろう。

また、こういった真田家家臣の祢津家による化鳥退治譚は、祢津家所縁の地域において、真田家の鷹狩りのイメージを形成する役割も果たしていたことが窺われよう。このような祢津家の鷹術を介して真田家の鷹狩りが文化伝承的な存在となっていったことが推察されよう。

注

（1）二本松泰子『鷹書と鷹術流派の系譜』第一編第二章「祢津流宗家の鷹術―祢津志摩の鷹書―」（三弥井書店、二〇一八年）など参照。

（2）二本松泰子「近世期における祢津氏嫡流の家伝について―新出の祢津氏系図を端緒として―」（『唱道文学研究第十二集』所収、三弥井書店、二〇一九年）。なお、長野県立図書館蔵『松代藩士系図 全』（資料番号0104163225、請求番号N288/3/）に所収されている二種類の系図や山中さゆり「禰津家文書について―戦国期における真田家家臣の動向―」（「松代〈付・年報〉」第二十八号、二〇一四年）で紹介されている執筆者作成の当家系図とは内容が異なっている。

（3）恵那市史編纂委員会編『恵那市史 史料編』（恵那市、一九七六年）所収。

（4）恵那市史編纂委員会編『恵那市史 通史編第二巻』（恵那市、一九八九年）七九三頁。

（5）東昇「一九世紀前期肥後国天草郡高浜村庄屋上田宜珍の家祖調査―美濃大井の根津甚平と信濃祢津、鷹」（『京都府立大学学術報告　人文』第六十八号、二〇一六年）。東論文によると、当該の木版刷りは、十九世紀の前半に肥後国天草郡高浜村（現・熊本県天草市）の庄屋となった上田宜珍が蒐集した史料類の中に含まれるものという。

（6）注（1）の二本松著書第三編「付・依田氏所蔵鷹書書誌一覧」参照。

（7）注（1）の二本松著書第二編第三章「祢津流の祢津神平説話」参照。

（8）『尾山家略系図』（個人蔵）。同系図と『八重原古来留帳』については、荒井良勝氏に資料提供を賜った。ここに記して感謝申し上げる。

（9）長野県編『長野県町村誌・第二巻・東信篇』（郷土出版社、一九八五年）。

第二編

徳川家の鷹狩りと真田家の鷹狩り

第一章　鷹の五臓論をめぐる言説の位相

はじめに

第一編において、真田家家臣の祢津家諸家に伝来した系譜伝承や鷹術伝承について取り上げ、その実像から照射される真田家の鷹狩りの一面について論じてきた。中世末期から近世における祢津家所縁の伝承は、各家によって様々に展開し、多様な様相を呈している。それらが伝承された位相や内容上の相違点を中心に比較検討した結果、祢津家の諸家では、それぞれ独自の家伝や鷹術伝承を以て家格のアイデンティティやステータスを構築していることが判明した。さらには、そういった真田家家臣の祢津家の系譜および鷹術に関する伝承が、主家である真田家の鷹狩りの文化的側面を創り上げていった可能性についても言及した。

ところで、第一編で取り上げたこのような真田家家臣の祢津家の鷹術よりも、中世末期以降においては松鶴軒の流れを汲む系統の方が著名であったことはすでに述べた。そのため、松鶴軒やその関係者から伝来した経緯を主張する祢津家の鷹書は、第一編で取り上げた依田家のテキスト群以外にも膨大な量が現存し、当家の鷹術に関する豊富な情報を含んでいる。それらは真田家家臣の祢津家に伝わる鷹書よりも圧倒的に数が多い。

そこで、本編では、このような松鶴軒系の鷹書の言説についても注目し、それらと比較することによって、真田家家臣の祢津家（信忠系・光直系）に伝わる鷹書の相対的な特徴や彼ら一族の鷹術をめぐる文化的諸相を明らかにしてゆきたい。

まず本章では、真田家家臣の祢津家所縁の鷹書と松鶴軒系の鷹書の両方に掲載される「五臓論」の叙述について取り上げ、その内容の比較検討を試みる。「五臓論」とは、伝統中医学でいうところの「五臓（肝・心・脾・肺・腎）」の機能について陰陽五行思想をもとにそれぞれ解釈する医学理論のことである。この理論については、人間に限らず動物に汎用させる言説が国内外の文献において確認できる。たとえば古く中国唐代の李石撰の『司牧安驥集』（明代重刊本）や天正七年（一五七九）に安西播磨守という人物に伝来したとされる『安西流馬医巻物』などの馬医書には、馬の五臓の病について陰陽五行に当てはめて解説する叙述が見える[1]。このように五臓論に関する言説は、鷹書以外の獣医学書類にも広く引用される〝学説の一種〟で、伝来した位相が異なるテキスト間でも、ある程度類似した叙述が見られる。すなわち、比較対象となる材料を多数確保できる言説と言えよう。

それを踏まえて、本章では、このような五臓論の言説について取り上げ、真田家家臣の祢津家に伝来した鷹書と松鶴軒系の鷹書に見える当該の叙述と、祢津家以外の鷹書に見られる叙述との比較検討を試みる。それによって、各テキストの特徴を明らかにし、真田家家臣の祢津家の鷹術について、相対的な視座からその実像にアプローチしてゆきたい。

一　真田家ゆかりの祢津家の鷹書の五臓論

真田家家臣の祢津家に伝来した鷹書において、鷹の五臓論に関する叙述が見えるのは、信忠系祢津家に伝来したテキストのみである（光直系祢津家に伝来した鷹書や文書類には五臓論の言説は確認できない）。すなわち、第一編第二章で紹介した祢津泰夫氏所蔵の鷹書群中に含まれる⑥がそれに相当する。以下に同書の該当部分を掲出する。

△鷹之五臓論之事

秘一　鷹ハ五臓三腑也。肝《カン》之臓に付腑をバ膽《タン》之腑と云。心之臓に付腑をバ小腸《チヤウ》之腑と云。肺《ハイ》之臓に付腑をハ大腸之腑と云。腎《ジン》の臓に付腑をハ膀胱《ホウクワウ》之腑と云。脾《ヒ》之臓に付腑をハ胃《イ》之腑と云也。膀胱と胃の腑と依《ヨツテ》レ不《ザルニ》レ足《タリ》、五臓三腑となづくる也。其故ハ腎之臓之膀胱といふ字をいばり袋とよむ。脾之臓の胃と云字をくそ袋とよむ也。然間たかハ、もゝぎなきゆへ、むねにゑをもちて、けして、五臓へ渡す也。薬をかう時、先下ゑをかうて、上ゑに薬を包てかうべし。餌をけすに随て、五臓の皮肉へ通る也。餌をくらハば、なにかへバ、にくうつけて、いよ〳〵そむずる也。いばり袋なき故に、水をくらふといへどもいばりをせず。依レ之、塩をふかくいむなり。諸病にあたふる時、さしいだして、味のおぼゆるものをかうに秘傳有。或ハ味の平なる物、或ハ黒焼などハ、いかやうにかいたるもくるしからず。かやうなることをわきまへずして、かきまぜに薬をあたへハ、薬にハならずして、かへつてどくとなるへきなり云々。

／同　一　春の水の色ハ青し。味はすし。寅《トラ》の時のの《(ママ)》水にて餌をかうべし。調子ハ平てうなり。
／同　一　夏の水の色ハ赤也。味ハにがし、てうしハさうてふなり。巳《ミ》の刻《コク》の水にてゑをかうへし。
／同　一　秋の水の色ハ白し。味ハからし《あまし》。調子ハばんしきなり。申《サル》の時の水を可用也。
同　一　冬の水のいろハ黒し。味ハしほはゆし《からし》。てうしハわうしき也。何時の水もくるしからす。
同　一　土用の内の水のいろハ黄いろ也。味ハあまし。能〳〵せんじて、さまして餌をかうべし。てうしハいちこつなり。かやうに水などのことまでしるし候事、水のかはりめに、たか水におかされて煩《ワツラフ》事あり。又とりをとらぬ□とあり。それをとらせむとて、或《アルヒ》ハゑをつめ、或ハ又あらひすごしてかひ候へバ、かならず〳〵病つくなり。為レ其、如レ此、くわしくかきおくものなり。

そもそも当該のテキストは、内容ごとにまとめられたいくつかの章段に分けられている。各章段の冒頭にはそれぞれの見出しが付され、右掲の叙述のそれは「鷹之五臓論之事」となっていて、全部で六項目から構成されている。以下に項目ごとの意訳を掲出する。

第一条によると、鷹は五つの内臓（肝臓・心臓・脾臓・肺臓・腎臓）と三つの内臓（膽・大腸・小腸）があるという。具体的には、肝の臓を膽の腑と言い、心の臓を小腸の腑と言い、肺の臓を大腸の腑と言い、腎の臓を膀胱の腑と言い、脾の臓を胃の腑と言う。また、膀胱と胃の腑の数が足りずに五臓三腑と名付けているが、その理由は、腎の臓の膀胱という字を「いばり袋」と訓み、脾の臓の胃という字を「くそ袋」と訓むためと説明している。さらに続けて、鷹の五臓に届くための餌や薬を与える方法についても解説する。また、鷹が「いばり袋」がないために水を飲むけれども尿をしないとすることについては、塩を避けるべきという意味である。最後に、鷹の様々な病気に与える薬の味については秘伝があることについて説明する。たとえば味が平坦なもの、あるいは黒焼きにしたもの等は、どのように与えても問題ないが、こういうことをわきまえずに混乱した薬を与えると薬にならず、却って毒となるという。

第二条によると、春の水の色は青くて味は酸っぱいと記述し、寅の時（現在の午前四時頃）の水で鷹に餌を与えるべきと述べている。そして雅楽の六調子でいうと「平調」であるとする。

第三条によると、夏の水の色は赤くて味は苦いと述べ、六調子は「双調」であるとする。さらに巳の時（現在の午前十時頃）の水で餌を与えるべきと述べる。

第四条によると、秋の水の色は白く、味は辛い（注記で甘いとも記す）とし、六調子は「盤渉調」として、申の時（午後四時頃）の水を用いて餌を与えるべきであるとする。

第五条によると、冬の水の色は黒く、味は塩辛い（注記で辛いとも記す）という。六調子は「壱越調」として、何時の水でも与えてよいとする。

第六条によると、土用の水の色は黄色く、味は甘いとする。よく煮立てて冷ましてから餌を与えるべきであるとする。六調子は「壱越調」という。そして、これらのように鷹に与える水までことごとく説明するのは、水が変わると鷹は水に犯されて病気になることがあるためと説明する。また、鳥を捕獲しない鷹があれば、それを捕獲させようとして、餌を切り詰めたり洗いすぎたりして与えると必ず鷹は病気になるという。そのため、このように詳しく書き記す次第であると述べている。

以上の内容を確認すると、前掲の馬医書に見られる五臓論のように陰陽五行説に触れた文言はまったく見当たらない。春夏秋冬および土用に用いる水について雅楽の六調子を当てはめてはいるものの、鷹の五臓三腑についての言説は、それぞれの名称の簡単な説明にとどまっている。また、文意や文脈が混乱している記載がありがちな信忠系祢津家の鷹書にしては、相対的に整理された言説となっている点も注意されよう。

一方、依田盛敬氏所蔵の松鶚軒系の鷹書群には『五臓論　坤』と題するテキストが含まれている。同書は、その奥書によると、宝暦九年（一七五九）六月吉日に依田盛昌からその嫡子である守真に伝授されたものという。依田盛昌とは、当家で初めて加賀藩に仕官した人物で、松鶚軒の娘婿とされる守廣から五代目の子孫にあたる。この『五臓論　坤』の前半部分に、信忠系祢津家の鷹書に見える鷹の五臓論と一部脈絡を通じる記述が見える。以下に該当部分を引用する（句読点は私意に付した）。

鷹五臓論

凡鷹者、五臓三腑ニ定ルナリ。先、肝之臓ニ付、腑ハ膽ノ腑ヲ云也。東方浄瑠璃世界薬師如来也。其色青味酸頭筋木甲乙、音者、雙調團形ニテ、發心門是春ニ官取也。

心之臓ニ付、腑者、小腸之腑ト云也。南方普陀羅苦世界法正如來也。其色赤味、苦舌火氣丙丁、音者、黄鐘三角形修行門。是夏ニ官トル也。

肺之臓ニ付、腑者、大腸之腑ト云也。西方安樂世界阿弥陀如來也。其色白味辛鼻金血庚辛。音者、平調半月形菩提門ニテ是秋ニ官トルナリ。腎之臓ニ付、腑ハ膀胱之腑ト云也。北方寂光浄土釋迦如來也。其色黒味鹹耳水骨壬癸。音者、盤捗、圓形涅槃門ニテ是冬ニ官取也。

脾之臓ニ付、腑ハ胃之腑ト云也。中央大日如來也。其色黄味甘口土肉戊巳。音者、壱越四角形爲樂門。是土用ニ官取也。去ハ鷹者、膀胱之腑ト胃之腑、此二腑不足故ニ五臓三腑ト云ルナリ。腎之臓ノ膀胱ト云字ヲ尿《イハリ》袋《フクロ》ト讀リ。脾之臓之胃ト云字ヲ屎袋《クソフクロ》ト讀リ。然間、鷹者、モ、キナキカ故ニ胸ニ餌ヲ持テ、ケシテ五臓ヱ渡也。薬ヲ用ル時ハ下餌ニ不飼而先下餌ヲ飼テ上餌ニ包テ薬ヲ可飼也。餌ヲケスニ随テ五臓三腑ニ渡リ、或ハ皮肉ヱ通ル也。餌ヲイマタカワサルニ、薬ヲカヘハ、肉ウツケテ弥損スル也。水ヲスクフトイヘトモ、尿袋ナキカ故ニ別ニ尿ヲセス。依是塩ヲフカク凶也。諸病ニ薬ヲ与ル時、指イタシテ味ノ覚ユル物ヲ飼ニ秘傳在リ。味、平成物。或ハ黒焼ナトハ如何様ニ飼テモ不レ苦。カヤウノ事ヲ不レ辨シテカキマセニ薬ヲアタフレハ薬トハナラスシテ、却而毒トナル也ト云々。愼テ餌ノ作様、依レ病、色々様々在レ之者也。進而水ノ有処、依レ病ニ品々様々可在之者也。

水之事

一　春之水之色者青味酸。

一　夏之水之色者赤味苦。

一　秋之水之色者白味辛。

一　冬之水之色者黒味鹹。

一　土用之水之色者黄味甘。

右如此有間、コトニヨリ、時ニ随テ、能ワカシテサマシ、餌ヲ飼、薬ヲ飼、カマウニ水ノ事〻テ大事ニ用ル。是ヲ不心得ニシテ粮生ナクハ、水ノカハリメニ鷹、水ニヲカサレテ煩、亦ハ鳥ヲトラヌモノ也。ソレヲトラセントテ餌ヲツメ、亦ハアライ、スコシテ飼ユヱニ必病付也。爲其如此記置也。能々分別在ヲ鷹ヲウヤマイ可給也。

右掲の依田盛敬氏所蔵『五臓論　坤』もまた、内容ごとにまとめられたいくつかの章段に分けられた叙述が掲載されている。各章段の冒頭にはそれぞれの見出しが付され、右の叙述は「鷹五臓論」「水之事」と称される章段に相当する。

そのうち「鷹五臓論」によると、まず鷹の五臓と三腑についてそれぞれ論じられている。ただし、この五臓三腑の解説については、祢津泰夫氏所蔵の鷹書に見える該当叙述と相応に異同がある。以下に依田盛敬氏所蔵『五臓論　坤』「鷹五臓論」の叙述内容を箇条書きに整理してみる。

・肝之臓…腑は膽の腑という。東方浄瑠璃世界の薬師如来に相当し、その色は青く味は酸っぱい。頭筋、五行では木、干支では甲乙に相当し、音は双調である。さらに、團形にして発心門、春に官をとるものである。

・心之臓…腑は小腸の腑という。南方補陀落世界の法正如来に相当し、その色は赤く味は苦い。六根では舌、五行では火に該当する。気にも相当し、干支では丙丁、音は黄鐘調である。さらに三角形にして修行門、夏に官をとるものである。

・肺之臓…腑は大腸の腑という。西方安楽世界の阿弥陀如来に相当し、その色は白く辛い。六根では鼻、五行では金に該当する。血にも相当し、干支では庚辛、音は平調である。さらに半月形にして菩提門、秋に官をとるものである。

・腎之臓…腑は膀胱の腑という。北方寂光浄土の釈迦如来に相当し、その色は黒く味は鹹（からい、しおからい）。六根では耳、五行では水に該当する。骨にも相当し、干支では壬癸、音は盤渉調である。さらに円形で涅槃門、冬に官をとるものである。

・脾之臓…腑は胃の腑という。中央大日如来に相当し、その色は黄色、味は甘く、六根では口、五行では土に該当する。肉にも相当し、干支では犬巳、音は壱越調である。さらに四角形で為楽門、土用に官をとるものである。

このように、依田盛敬氏所蔵『五臓論　坤』に見える鷹の五臓三腑の説明には、それぞれを如来、色、五味、六根、肉体の一部、干支、六調、図形、仏語、季節・節分に相当させる文言が見える。

さらにこのような文言に付加して、依田盛敬氏所蔵『五臓論　坤』は、鷹は膀胱腑と胃腑の二腑が不足しているので五臓三腑と言うと述べ、腎臓の膀胱という字は尿袋（いばりぶくろ）と訓み、脾臓の胃という字は屎袋（くそぶくろ）と訓むために不足すると説明する。続けて鷹の五臓に効く薬の用い方や餌の与え方を述べ、餌を変えずに薬を変えるとさらにダメージが増えると指摘している。また、水を与えても尿袋がないので尿をしないことにより、塩を避けるべきであるとする。最後に、鷹の諸病に与える薬についても味を覚える秘伝があり、平らかな味や黒焼きなどはどのように鷹に与えても問題ないが、こういったことをわきまえずに混乱した薬を与えると薬とはならずに却って毒になると説明する。結局、鷹の餌の作り方については、病によって種々あること、水の種類も病によって様々であるべきという。

以上のような章段につづいて依田盛敬氏所蔵『五臓論　坤』では、「水之事」の章が掲載され、春の水は色が青くて酸っぱいこと、夏の水は色が赤くて苦いこと、秋の水は色が白くて辛いこと、冬の水は色が黒くて鹹いこと、土用の水は黄色で甘いと叙述する。そして、場合によっては、水をよく沸かして冷まし、鷹に餌を与えたり薬を与えたりする際に水を大事に用いるべきであると述べる。この点について不心得な飲食を鷹に与えると、水の変化に鷹が犯されて患うか、または鳥を捕獲しなくなってしまう。それを無理に捕獲させようとして餌を切り詰めたり、洗いすぎの餌を与えると必ず鷹は病気になる。そのためにこのように書き置いておくので、よくよく理解して鷹を敬うようにと述べている。

このような依田盛敬氏所蔵『五臓論　坤』に見える鷹の五臓三腑の叙述と前掲の信忠系祢津家の鷹書に見えるそれを比べてみると、「鷹の五臓論」というテーマ性において一部脈絡が通じてはいる。しかしながら、本文の表現やモチーフの内容は大きく異なっている。特に、依田盛敬氏所蔵『五臓論　坤』に見える鷹の五臓三腑を「如来、色、五味、六根、肉体の一部、干支、六調、図形、仏語、季節・節分」に対応させるモチーフは、信忠系祢津家の鷹書に見える鷹の五臓論の叙述には一切言及されていない。ただし、それ以外の膀胱を尿袋（いばりぶくろ）と訓んだり、脾臓を屎袋（くそぶくろ）と訓んだりするという説明や鷹の餌・薬の与え方に関する注意点については、両書においてほぼ一致する類似性で叙述されている。

しかしながら、さらにそれに続く春・夏・秋・冬・土用の水に関する叙述部分については、祢津泰夫氏所蔵の鷹書に見える鷹の五臓論の方がわずかに説明量が多い。すなわち、依田盛敬氏所蔵『五臓論　坤』の該当部分では各項目の水の色と味の説明しか記されていないのに対して、祢津泰夫氏所蔵の鷹書では、その叙述に加えて、それぞれの水で鷹に餌を与える時間と各項目の水を六調子に当てはめるモチーフが記載されているのである。一方、その後に続く水に関する不注意に気を付けるよう促す叙述は、両書ともほぼ同文である。

総括すると、依田盛敬氏所蔵『五臓論　坤』の叙述は、信忠系祢津家の鷹書に見える鷹の五臓論をより詳しく論じるために情報量を増やしたような内容と言えよう。

ところで、宮内庁書陵部所蔵『屋代越中守鷹書』（函号一六三―一〇三五）の第三章には「多賀五臓論之事」という見出しが付されたひとつ書き形式の叙述が掲載されている。それは合計四十条の項目から構成され、そのうち第一条～第六条の本文は信忠系祢津家の鷹書に見える鷹の五臓論の第一条～第六条の全文とほぼ一致している。ちなみに、この第三章「多賀五臓論之事」の末尾には、以下のような奥書が見える。

慶長九年九月吉日
従祢津松鷗（鷂カ）軒傳之
屋代越中守
九月吉日　秀政（花押）
諏方因幡守殿

右の奥書によると、宮内庁書陵部所蔵『屋代越中守鷹書』は慶長九年（一六〇四）の九月吉日に祢津松鷂軒から屋代越中守秀政に伝わった本書を諏訪因幡守に相伝したものという。屋代越中守秀政は、本書の序論で紹介した『柳葊雑筆』第二の記事において、松鷂軒の高弟の一人として名前が見える「屋代越中守」に該当する人物であろう。なお、諏訪因幡守は、諏訪藩の初代藩主である諏訪頼水のことである。

また、島根県立図書館所蔵『祢津家鷹書』（787／21／1～13）は、書名通り祢津家の鷹書である。全部で十三冊あるうちの第七冊には、前半部分に二条道平の著と伝えられる『白鷹記』の有注本文が掲載され、後半部分には一つ書き形式の鷹にまつわる知識を記した叙述が六十五項目並んでいる。その後半部分の第一条～第五条は、信忠系祢津家の鷹書に見える鷹の五臓論の第二条～第六条の本文とほぼ重なる記述となっている。また、同書の末尾には、以下のような奥書が見える。

右信濃国祢津之家鷹経一部書物之内也

元和二年　依田十郎左衛門

五月七日　守廣在判

越前宰相様

右の奥書によると、この島根県立図書館所蔵『祢津家鷹書』第七冊は信濃国の祢津家の鷹書の内のもので、元和二年（一六一六）五月七日に依田守廣から越前宰相様に相伝したものという。ここに見える越前宰相とは、北ノ荘藩（福井藩）第二代藩主の松平忠直とされる。[2]それならば、序論で紹介した真田信之から祢津幸直に宛てた五月二十七日付の「真田信之書状」（長野市岡村博文氏所蔵文書）において、信之に対して巣鷹を所望した「越前中納言様」（松平忠昌か？）の近親者ということになる。

祢津家の鷹術は徳川家康が愛顧したことから、家康の子である結城秀康の血縁者とおぼしき[3]「越前中納言」が所望する巣鷹の調達について、祢津家の鷹術宗家である祢津幸直が抜擢されたことはすでに述べた。右掲の奥書に見える「越前宰相様」も家康の縁者であることが想定され、その関係から祢津家の鷹書に関心を寄せた可能性がある。あるいは、そういった経緯から当該書が「越前宰相様」に相伝された、とも言えよう。

同じく島根県立図書館所蔵『祢津家鷹書』の第十冊は、一つ書き形式の鷹に関する知識の叙述が百項目以上掲載されているテキストで、巻首題によると「多賀五臓論之事」と見える。その第一条に記載されている本文もまた、信忠系祢津家の鷹書に見える鷹の五臓論の第一条のそれとほぼ一致する。さらに、同書の奥書には以下のような記述がある。

右信濃国祢津之家鷹経一部抄物之内也
元和二年　　依田十郎左衛門
五月七日　　守廣在判
越前宰相様

右掲の島根県立図書館所蔵『祢津家鷹書』第十冊の奥書の文言と前掲の島根県立図書館所蔵『祢津家鷹書』第七冊の奥書に見える文言とを比較すると、前者が「抄物」と記載している部分が後者では「書物」となっている。それ以外はすべて一致することから、両書はまったく同じ伝来をたどったテキストであると判断されよう。ちなみに、宮内庁書陵部所蔵『屋代越中守鷹書』も島根県立図書館所蔵『祢津家鷹書』の全冊も前編で取り上げた化鳥退治譚は掲載されていない。

以上のように、いくつか紹介した祢津家所縁の鷹書群のなかで、依田盛敬氏所蔵『五臓論　坤』に見える鷹の五臓三腑の叙述のみ、異質な様相を呈することが確認できた。すなわち、鷹の五臓三腑を「如来、色、五味、六根、肉体の一部、干支、六調、図形、仏語、季節・節分」に対応させるモチーフは、他の祢津家の鷹書には叙述されていない。実は、当該のモチーフは、祢津家とはまったく関係のない他流派の鷹書において記載されているものであった。次節ではその他流派のテキストに見える鷹の五臓論に関する言説を取り上げる。

二　徳川家ゆかりの鷹書の五臓論

前節で触れたように、鷹の五臓論に関する叙述について、依田盛敬氏所蔵『五臓論　坤』と重なるモチーフが確認できる鷹書は、祢津家所縁のテキスト類においては存在しない。それが見えるのは、実は大宮流という祢津家とは無縁の鷹術流派のテキスト群である。それらは『啓蒙集』と称し、近世中期以降に武家の間で流行した。その内容や巻数はテキストによって異同があり、さまざまな種類の写本が大量に現存している。このような状況を踏まえると、複雑に展開しながら流布した経緯が予想されるテキストである。そのように大量に出回った多様な『啓蒙集』の写本の多くに鷹の五臓論が言及されていることは、『啓蒙集』という書物の中では一貫してこの言説が重要視されていた証左と言えよう(4)。

さて、そのような『啓蒙集』の写本群の中から、本節では宮内庁書陵部所蔵『啓蒙集秘傳』巻第七（函号一六三―一三九〇）を取り上げる。この写本の奥書には以下のような記述が見える。

大宮新蔵人鷹学のおしへあまねくふるきをたつね、あたらしきをきわめて理をつくし、法をそなへ侍れ、我か智のつたなきを以、あらためた、すへきにはあらねと蚤歳より諸流を閲して力を此道にゆたねぬるあまりにて、しばらくしけきをかりたらさるをおきなひ、みつから心に得、手になれし事をかきあつめて、けいもうしうとなつけ侍る。すこぶる童子のこの理にくらきものをひらき、みちひく便にもあらんかし。

山本藤右衛門近重朱印墨印

寛文巳酉歳夏

寶暦二申歳秋

原田幸太夫　督利（花押）

右掲の記事によると、まず、この『啓蒙集』が成立した経緯について説明されている。すなわち、「大宮新蔵人」という人物の鷹学の教えは、古いものをたずねて新しいものを究めたもので、理をつくして法を備えているという。そのため（『啓蒙集』の編者である）自分が改めるべきものでもないが、自分は諸流派を学んだ見識を持っているので、不足を補って書き集めたものを「けいもうしう」と名づけた、とする。さらに同書は、童子に鷹術を教えるのに役立つものである、と述べている。この説明に従うならば、『啓蒙集』は「大宮新蔵人」という人物の極意をもとに補足・編集して著述されたものということになる。そのため、『啓蒙集』所縁の鷹術は大宮流と称されたのである。

この「大宮新蔵人」とは、本書の序論で引用した『柳庵雑筆』第二の記事にその名前が見え、それによると、祢津家の一族に連なる宗光と言う人物の別名とされる。さらに同じく『柳庵雑筆』よると、宗光の時に祢津家は御所の「御鷹飼」になり、酒君および米光由光流の鷹術をまとめて当家に相承されるようになったという。この酒君というのは、『日本書紀』に登場する古代朝鮮の王族で仁徳天皇に鷹狩りを紹介した人物とされる。また、米光由光のうちの米光とは、本書の第一編第二章で取り上げた千秋文庫蔵『米光之図』に見られるように朝鮮半島から渡ってきた鷹匠の名前として知られ、由光はその別名とされる[5]。

このような『柳庵雑筆』が伝える「大宮新蔵人」の系譜がどれくらい史実を反映しているかは不明であるが、同書とほぼ同時代に成立した『系図纂要・第十三冊』「滋野朝臣姓真田」[6]に見える祢津宗光の注記には「神平　大宮新蔵人　傳鷹飼秘術仕酒君流与米光由光流含祢津流相承云」とあり、『柳庵雑筆』と符合する情報が掲載されている。このことから、近世末期には「大宮新蔵人」を祢津家の人物に結びつける認識が相応に拡散していたことは推測できよう。しかしながら、祢津宗光と同時代の公式な記録類においてそういった事実を確認することはできない。

そもそも大宮流は近世中期以降の公儀鷹匠の間で流行したものである。というのも、右掲の本奥書に見える「山本藤右衛門近重」とは、江戸幕府二代将軍の徳川秀忠に仕えた「山本盛近」の嫡男の「尚盛」の別名という(7)。この盛近・近重親子の一族は、盛近の祖父に当たる清近が戦国期に家康に仕えて以来、代々公儀鷹匠を務めている(8)。盛近は特に熱心に『啓蒙集』の写本を蒐集した大宮流の鷹匠であったらしく、現存する『啓蒙集』中で最も古い書写年紀を持つ宮内庁書陵部所蔵『啓蒙集』（函号一六三-九〇二）の奥書には「山本藤右衛門／承応三年／甲午正月日　盛近（花押）」と見え、彼が早くから『啓蒙集』に関心を寄せていたことが理解できよう。

ただし、大宮流や『啓蒙集』が流行するきっかけとなったのは、盛近よりも後の時代の公儀鷹匠である原田督利の影響が大きい。前掲の宮内庁書陵部所蔵『啓蒙集秘傳』巻第七の書写奥書においても「寶暦二／申歳秋／原田幸太夫／督利（花押）」と見え、同本を宝暦二年（一七五二）に「原田太夫督利」が書写していることが確認できる。この原田督利とは、もともとは紀州藩に仕えていた吉田流の鷹匠であった。徳川吉宗が江戸幕府の八代将軍に就任した際に紀州藩から公儀の鷹匠に抜擢され、それを機に膨大な量の鷹書を書写・蒐集したことで知られている(9)。この原田督利が『啓蒙集』の諸テキストを多数書写・蒐集したことによって、公儀鷹匠やその影響を受けた大藩の鷹匠たちの(10)間で大宮流のテキストが隆盛することになったのである。それはちょうど依田盛敬氏所蔵『五臓論　坤』の奥書に見える年紀と重なる時期である。

ちなみに、吉宗は将軍就任時にこの原田督利を含む紀州藩の鷹匠たちを多数公儀に採用した。それは、家康回帰の政策を目指した吉宗が、その事業の一環として鷹狩りを復活させるために行った人事という(11)。そして、原田督利はたまたま大宮流にも積極的な関心を寄せて同流派のテキストを蒐集していたが、彼を含む紀州藩出身の公儀鷹匠の大半は、実は吉田流の鷹術に従事するものであった。そのため、吉宗以降の武家たちの間では、大宮流と併せて吉田流の鷹術が全国で爆発的に流行することになった(12)。

以上のことを踏まえて、数ある『啓蒙集』の諸本の中から、奥書に「山本藤右衛門近重」と「原田幸太夫督利」の名前が見える前掲の写本と同じシリーズの宮内庁書陵部所蔵『啓蒙集秘傳』巻第六（函号　六二一―一三九〇）所載の五臓論に関する言説を以下に掲出する。

五十二　鷹五臓論

鷹ハ五臓三腑也。心の蔵につく。腑を小腸の腑と云。肝の蔵につく腑、膽の腑と云。腎の蔵につく腑を膀胱の腑といふ。肺の蔵につく腑を大腸の腑と云。脾の蔵につく腑を胃の腑なきなれハ五臓三腑といふ。膀胱の二字をゆばり袋とよむ。この腑なきにより塩酒を嫌ふ。水をのむ共尿せす。歯の躰なし。胃といふ文字くそ袋とよむ。この腑なきにより、味ある物を不用。胸に餌を持て五臓皮肉に渡す。これにより、におひふかき薬なとさしてこのます。唇躰なし。乳汁出ル所なしと云。

鷹ハ性ハ金に生れて、躰ハ火也。陽の陰也。常に餌汁策水にて躰をうるをす也。

鷹わつらハしき時に水をこのむ事あり。腹胃に熱ありて、かわく也。火石に水かくることとし。脾肺の間にふとわたあり。腹胃といふなり。

鷹の鴘に四時の味あり。節にそむく時ハ病あり。五蔵にとゝこほりあれハ鴘をふかす。あるひハ鴘に前に食したる餌をませて、そゝろ吹也。或ハ歐水にあくる。あるひハ黒うち大なり。

又鵯なと膝を腹胃にとる也。
鷹ハ脾肺の間のふとわた腹胃にとる膝ハなし。
そこつと云文字、和字にハ吹毛共又鳩同とかきならハす也。
　五十三　五臓之割
心火　小腸　舌　血　毛　苦シ
　火躰　赤色　南三角
肝木　膽腑　眼筋　爪　酢シ
　木躰　青色　東團形
腎水膀胱歯ナシ　耳　骨　鹹シ
　水躰　黒色　北圓形
肺金　大腸　鼻　皮　息　辛シ
　金躰　白色　西半月
脾土　胃ノ腑アリナシ玉躰ニ子持乳ナシ　唇　肉　甘シ
　土躰　黄色　中四角
右此赤青黒白黄　万事に渡ル

この宮内庁書陵部所蔵『啓蒙集秘傳』巻第六には、鷹の病気の症状とそれに対する治療法について説明した小見出し付きの項目が全部で五十四条掲載されている。右掲の叙述はそのうちの第五十二条「鷹五臟論」と第五十三条「五臟之割」である。このうち第五十二条は、鷹の五臓と三腑について五行説を当てはめながら論じている他、鷹の生理現象や熱病や砂袋や鷹詞の宛て字などについて言及している。なお、この第五十二条ではいくつか改行されて段落が分けられていて、その段落ごとにテーマが異なっている。そこで、この第五十二条について、冒頭に段落番号を付しながら以下にそれぞれの意訳を紹介する。

【第一段落】

鷹は五臓三腑である。心の臓につく腑を小腸の腑といい、肝の蔵につく腑を膽の腑という。また、腎の蔵につく腑を膀胱の腑といい、肺の蔵につく腑を大腸の腑という。脾の臓につく腑は胃の腑がないので、五臓三腑という。膀胱の二字をゆばり袋と訓み、この腑がないことによって塩酒を嫌い、水を飲んでも尿をしない。歯もない。胃という文字をくそ袋と訓む。それはこの腑がないからである。味のあるものを食べさせず、胸に餌を持って（？）五臓の皮目に渡す。これによってにおいの強い薬などは（鷹は）好まない。唇躰はなく、乳が出る所もない。

【第二段落】

鷹の精神は金に生まれて体は火である。陽の陰である。常に餌の汁や策（＝鷹の口の回りの汚れを洗い落とすための道具。ブラシ状のもの）の水で体を潤す。鷹が患う時に水を好むのは、腹や骨に熱があって乾くためである。火や石に水を掛けるようなものである。脾臓と肺臓の間に隙間があり、腹骨という。鷹の熇（＝そそろ。鷹が餌である鳥を食べたあとに吐く毛や骨の塊）は一日四回のタイミングで吐くべきで、タイミングが外れる時は病気である。五臓に損傷があれば鴅を吐かない。あるいは、鴅に前に食べた餌を混ぜて吐かせるべきである。あるいは欧水（?）を与えると糞が黒く大きくなる。

【第三段落】

また、鶟（＝ダチョウの一種の鳥）の膆（＝砂袋。鳥類の食道の後端にある袋状部）を腹・胃とするが、鷹の躰は肺の間の太腸（?）にして腹・胃とする膆はない。

【第四段落】

そそろという文字を和字にすると「吹毛」または「鴅」と書き習わすものである。

以上のうち、【第一段落】に見える五臓三腑に関する言説は、前掲の信忠系祢津家の鷹書や宮内庁書陵部所蔵『屋代越中守鷹書』・島根県立図書館所蔵『祢津家鷹書』に掲載されている当該叙述と類似する本文となっている。ただし、語句レベルでの表現の相違があることから、右掲の【第一段落】の叙述と信忠系祢津家の鷹書・宮内庁書陵部所蔵『屋代越中守鷹書』・島根県立図書館所蔵『祢津家鷹書』といった三書のテキスト間で直接的な典拠関係はないことが推測されよう。続く【第二段落】～【第四段落】については、鷹書をはじめとする他文献において類似する叙述は確認できない。

しかしながら、右掲の【第一段落】～【第六段落】に続いて記載される第五十三条において、心・肝・腎・肺・脾について五行・臓腑の種類・六根・色彩・図形などに対応させるモチーフが見えるが、これは前掲の依田盛敬氏所蔵『五臓論　坤』に見える叙述と相当部分において対応する。以下に一覧表にして示す。

五臓論モチーフ対比表

	宮内庁書陵部蔵『啓蒙集秘傳』巻第六　第五十三条「五臓之割」	依田盛敬氏所蔵『五臓論坤』
心	火	○
	小腸	○
	舌	○
	血	×
	毛	×
	苦	○
	火体	×
	赤色	○
	南	○
	三角	○
	×	普陀羅苦世界法正如来・丙丁・黄鐘・修行門・夏
肝	木	○
	膽腑	○
	眼筋	○（頭筋）
	爪	×
	酸シ	○
	木体	×
	青色	○
	東	○
	団形	○
	×	浄瑠璃世界薬師如来・甲乙・双調・発心門・春
腎	水	○
	膀胱　歯ナシ	膀胱之腑
	耳	○
	骨	○
	鹹シ	○
	水体	×
	黒色	○
	北	○
	円形	○
	×	寂光浄土釈迦如来・壬癸・盤渉・涅槃門・冬
肺	金	○
	大腸	○

	鼻	○
	皮	×（血）
	息	×
	辛シ	○
	金体	○
	白色	○
	西	○
	半月	○
	×	安楽世界阿弥陀如来・庚辛・平調・菩提門・秋
脾	土	○
	唇	○（口）
	肉	○
	甘シ	○
	土体	×
	黄色	○
	中	○
	四角	○
	×	大日如来・戊巳・壱越・為楽門・土用

※○…同じモチーフに対応する記述有。
×…同じモチーフに対応する記述無。
（ ）…類似モチーフと判断されるが細かい表現が相違するもの。

右掲の表において明らかなように、宮内庁書陵部所蔵『啓蒙集秘傳』巻第六の第五十三条「五臓之割」に見えるモチーフと依田盛敬氏所蔵『五臓論　坤』に見えるモチーフとは半分以上一致している。ただし、モチーフの順番や表現などにおいてはかなり異同が見られることから、やはり両書の間に直接的な影響関係はなかったことが推測されよう。

以上のことから、宮内庁書陵部所蔵『啓蒙集秘傳』巻第六の第五十二条および第五十三条に見える五臓論に関する言説は、依田盛敬氏所蔵『五臟論　坤』のそれと同じく、信忠系祢津家の鷹書・宮内庁書陵部所蔵『屋代越中守鷹書』・島根県立図書館所蔵『祢津家鷹書』に見える言説に雑多な知識を増補して変容させた内容であることが想定されるものである。

このように相応に類似性を持つ宮内庁書陵部所蔵『啓蒙集秘傳』巻第六と依田盛敬氏所蔵『五臟論　坤』は、どちらも奥書に吉宗時代の年紀を持つテキストである。先述したように、吉宗は鷹狩りを復活させるために放鷹関係の制度改革や政策の実施に積極的に取り組んだことから、両書の類似性には、こういった時代の世相という共通点が影響しているのかもしれない。

さらには、宮内庁書陵部所蔵『啓蒙集秘傳』巻第六と依田盛敬氏所蔵『五臟論　坤』に見える鷹の五臟論は、信忠系祢津家の鷹書に見える言説の上にさらなる雑多な知識が付加されたような内容であることから、後世における増補的なテキストであることが予想される。そのような予想を支える事例として、仙台藩に仕えた吉田流の鷹匠所縁の宮城県図書館所蔵『吉田流聞書鷹之記』第二十九冊（M787／ヨ２／30.29）というテキストに見える以下のような叙述が挙げられる。

鷹五臟論

一　鷹ハ五臟三腑也。肝臟ニ付キタルヲ膽腑ト云。心ノ臟ニ付キタルヲ小腸ノ腑ト云。肺ノ臟ニ付キタルヲ大腸ノ腑ト云。腎ノ臟ニ付キタルヲ膀胱ト云イ、脾ノ臟ニ付キタルヲ胃ノ腑ト云。鷹ハ膀胱胃ノ腑依レ不ニレ足ラ、五臟三腑ト定命門ヲ傷メレ心ヲ迫レ情ヲ加テ、五臟四腑トシ、餌持ヲ胃トシテ五臟五腑トス臟ハ天腑ハ地。

天地清濁赤白合而始成《テル》

一　大位定法　人間五五　鳥三六　毛物四六　虫一六　木二七　草一七

人間ハ三七ノ数ニテ背ノ骨弐十一節

鷹ハ二九ノ数ニテ背ノ骨十八節

一　木火土金水　土土ヨリ金石金合火　金ヨリ水土金水合木　水金合石木ヨリ火　東木　西金　南火　北水

夫鷹は極々乃陽喰ところの生肉是極と乃温なり。肉食〆屎の白くなる事ハ、万物火を以てやけハ黒くなる。是水也。焼々て白くせうとなる。是金也。又土にかへる尿頭黒キハ。水白屎ハ金

又瑶光星散シテ爲レ鷹　陽精ヲ爲スレ日ト日分テ爲スレ星ト故ニ其文字日生シテ爲ルレ星

一　右記すことく鷹ハ五そう云ふ也。腎臓ニ付く腑を膀胱と云ィ、脾臓ニ付く腑を胃ノ腑と云。しかれは鷹はもヽけおきゆへにむねニ餌を持。五ぞうへいたす也。薬を飼にさきに下餌を飼て上餌に薬を包て可レ飼。けすにしたかふて、五そう、ひにくへつうする也。いはり《膀胱》ふくろなきゆへに水をくらふといへ共、いはりせす。これにより、塩をふかくいむ也。味平成物、黒焼なとハ、いかやうに飼てもくるしからす。かやうなる事をわきまへ、まして薬をあたへは薬とハならすして、かへって毒となるへし。

將《テ》二本草《ヲ》一因《ミ》二薬性《ヲ》一遂《ニ》著《ハメ》爲レ方《ト》　諸薬其味鹹ヲ忌平ハ良甘辛酸苦ハ品有リ大寒大温ニ口傳有リ

この宮城県図書館所蔵『吉田流聞書鷹之記』は、三十冊で一揃いとなっているテキストで、その中の第十一冊の奥書に仙台藩第六代藩主の伊達宗村（生歿・享保三年（一七一八）〜宝暦六年（一七五六））と彼に仕えた仙台藩の

鷹匠である田代彦太夫（信雄）の名前がそれぞれ見える他、第十六冊の冒頭には享保二十年（一七三五）六月の年紀と高橋快続の名前が確認できる。この高橋快続という人物は公儀鷹匠組頭を務めた吉田流の鷹匠で、田代彦太夫は彼から吉田流の鷹術を学んだという[13]。仙台藩は徳川吉宗によって改革された放鷹制度の影響を強く受けたこともあり、近世中期以降の同藩では、大宮流と吉田流の鷹術が盛んに流行した[14]。前掲の宮城県図書館所蔵『吉田流聞書鷹之記』も書名の通り〝吉田流の鷹書〟で、原田督利が紀州藩時代から従事していた鷹術と同じ流派のテキストである[15]。

このような宮城県図書館所蔵『吉田流聞書鷹之記』第二十九冊に見える記事は「鷹五臓論」と称する章段とされ、全部で四つの項目から構成されている。そのうち第一条と第四条は、本節でこれまで紹介してきた依田盛敬氏所蔵『五臓論　坤』を除くすべての鷹書に見える五臓論の本文に類似している（他の鷹書では第一条と第四条の内容を連続して（＝一括して）記載している）。このことから、依田盛敬氏所蔵『五臓論　坤』はかなり特異な言説が採り込まれていることが指摘できよう。

また、宮城県図書館所蔵『吉田流聞書鷹之記』第二十九冊の第二条には人間や鷹の背骨の数などが記載され、第三条には独自の五行思想や鷹の餌となる肉や屎・尿について説明されている。これらもまた、いかにもあとから付加したような雑多な知識と見なされることから、宮内庁書陵部所蔵『啓蒙集秘傳』巻第六や依田盛敬氏所蔵『五臓論　坤』と同じように、他テキストの五臓論を〝増補〟した叙述であることが類推されよう。

ところで、徳川吉宗が将軍に就任する前から代々紀州藩に仕えた鷹匠の一族である高城家は、吉宗以前の年紀を持つ吉田流の鷹書が複数冊伝来している。それらは和歌山県立博物館に「紀伊藩士高城家資料」として所蔵される当家の鷹匠文書に含まれるものである。そのうち、以下の三冊において鷹の五臓論に関する言説が見える。三冊とも、語句レベルの細かいところまでほぼ一致する本文となっている。[16]

【1】『鷹之書物一　鷹の病』（外題）

資料番号295-1。本文共紙表紙。紙縒綴。縦十九・九センチ×横二〇・五センチ。表紙中央より左にウチツケ書きで「鷹之書物一／鷹の病」。一丁表冒頭に「鷹療治病所之事」（巻首題）。半葉十二行。漢字ひらがな交じり文。全十六丁。裏表紙左下に「高城氏」の記載有。十六丁表裏に鷹の解剖図。

【2】『養性巻　上』（外題）

資料番号313。縹色雷文繋ぎ地に蓮華唐草文様の表紙。列帖装。縦十八・一センチ×横十六・二センチ。表紙左肩に「養性巻上」の題簽（縦七・三センチ×横二・一センチ）。半葉五行〜八行。漢字ひらがな交じり文。全二十二丁。二十丁裏および二十一丁表白紙。目録有（七丁表〜八丁表一行目）。一丁表「鷹療治病取之事」、三丁裏「當流鷹秘傳」の記載有。二十二丁裏に「吉田太右衛門宗達（花押・丸印）／寛永拾一年戌四月吉日／川合権太郎殿参」。九丁と十丁の間に紙片（「うちみぐすりの…」（縦一〇・九センチ×横六・八センチ））が挟まっている。

【3】『吉田流　鷹療治覚薬方』（外題）

資料番号309。本文共紙表紙。紙縒綴。縦二十四・〇センチ×横十七・二センチ。表紙中央にウチツケ書きで「吉田流／鷹療治覚薬方」。半葉三行〜九行。漢字ひらがな交じり文。全四十二丁。二十六丁裏白紙。一丁表「療治覚」、十二丁裏「上巻終」、十三丁表「療治覚」、二十五丁裏「中之巻終」、二十七丁表「鷹薬方」の記載有。裏表紙見返し〜

裏表紙に「吉田甚太夫／重矩（花押）／元文四卯月　写之／川井儀右衛門殿」の奥書有。二丁表に二か所、裏表紙に一か所、三・五《チセン》×三・五《チセン》の正方印有。

右掲の【1】は奥書に年紀が見えず、【3】は元文四年（一七三九）の年紀となっているので、吉宗が将軍になった後の写本ということになる。それならば、奥書に寛永十一年（一六三四）の年紀が見える【2】が、上記三冊の中で最も古く、かつ吉宗以前のテキストとして重要であろう。そこで、同書に記載されている鷹の五臓論の本文を以下に引用する。

一　鷹ハ五臓三腑也。肝《ノ》臓《ニ》付腑膽《ノ》腑《ト》云。心《ノ》臓《ニ》付腑小腸《ノ》腑《ト》云。肺《ノ》臓《ニ》付腑大腸《ノ》腑《ト》云。腎《ノ》臓《ニ》付腑膀胱《ノ》腑《ト》云。脾臓《ニ》付腑胃《ノ》腑《ト》云也。膀胱《ノ》腑胃《ノ》腑依不足、五臓三腑《ト》云。腎《ノ》臓膀胱《ト》云字ヲ尿袋讀。脾臓胃《ト》云字ヲ糞袋讀。然間、鷹ハ胸《ニ》餌持自胸消、五臓渡ス也。薬飼《ニ》、先下餌《ヲ》飼、上餌《ニ》薬可飼餌消依、五臓皮肉通也。餌末喰サルニ、薬飼ハ内弥損ル也。

右の本文が、本節で紹介してきた鷹書群（依田盛敬氏所蔵『五臓論　坤』を除く）に掲載されている五臓論の本文と類似することは一目瞭然である。信忠系祢津家の鷹書で言えば、「鷹之五臓論之事」の第一条に該当する部分である。

また、依田盛敬氏所蔵『五臓論　坤』と宮城県図書館所蔵『吉田流聞書鷹之記』は、成立・流布した時期を踏まえると、吉宗政権時代における放鷹復興政策と連動して成立したとおぼしきテキストである。宮内庁書陵部所蔵『啓蒙集秘傳』の成立はそれより以前ではあるが、広く受け入れられるようになったきっかけは、やはり吉宗の放鷹政策による影響が大きい。吉宗の時代に好まれた鷹の五臓論を表象したものと言えよう。そして、これらの三書に共通する特徴として、鷹の五臓論に関する付加的で雑多な知識が多く掲載されていることが挙げられる。それに対して吉宗以前の鷹書である和歌山県立博物館所蔵『養性巻　上』は、極めて簡略な叙述となっている。〝吉宗以前〟という範囲での古態を示す鷹の五臓論の言説はこちらのテキストの叙述のようにシンプルな内容だったのではないだろうか。それならば、増補したような記事が比較的少ない信忠系祢津家の鷹書・宮内庁書陵部所蔵『屋代越中守鷹書』・島根県立図書館所蔵『祢津家鷹書』もまた、相対的により古態に近いテキストであることが推測されよう。

おわりに

以上において、信忠系祢津家の鷹書と松鶴軒系の鷹書である依田盛敬氏所蔵『五臓論　坤』に見える鷹の五臓論を取り上げ、他の流派所縁の鷹書に記載されている叙述を含めてそれぞれ比較検討を進めてきた。

まず、信忠系祢津家の鷹書に見える五臓論の言説と依田盛敬氏所蔵『五臓論　坤』に見えるそれとを比較すると、両書の間には異同が多く存在し、相互に影響関係が伺えないことを確認した。ただし、同じ松鶴軒系のテキストでありながら、宮内庁書陵部所蔵『屋代越中守鷹書』（屋代秀政から諏訪因幡守に相伝）と島根県立図書館所蔵

『祢津家鷹書』（依田守廣から松平忠直に相伝）に見える鷹の五臓論は、信忠系祢津家の鷹書に記載されている言説とほぼ一致する。

一方の依田盛敬氏所蔵『五臓論　坤』は、近世中期の徳川吉宗時代に成立したとされるテキストで、同じ時代に伝本が多数流布した大宮流の鷹術所縁の『啓蒙集』諸本に記載されている鷹の五臓論と一致度が高い。これらは信忠系祢津家の鷹書に比べると、追加で付したような雑多な文言を多く掲載するものである。

また、同じく吉宗時代に成立したとされる宮城県図書館所蔵『吉田流聞書鷹之記』は、吉宗の放鷹政策の影響を受けた仙台藩の鷹匠所縁の吉田流の鷹書である。同書に見える鷹の五臓論もまた、依田盛敬氏所蔵『五臓論　坤』や『啓蒙集』と同じく、増補的な記事が多い。この吉田流の鷹術とは、吉宗が重用した公儀鷹匠所縁の流派で、吉宗の時代以降に武家の間で爆発的に流行したものである。ただし、紀州藩に仕えた鷹匠の家には、吉宗以前に成立した吉田流の鷹書が伝来し、古態を有するとおぼしき鷹の五臓論の言説が見える。その言説は、信忠系祢津家の鷹書に見える鷹の五臓論に近い。

以上のことから、真田家家臣の信忠系祢津家の鷹書には相対的に古態性のあることが推察されよう。そういったテキストを伝来する真田家家臣の祢津家の鷹術は、松鶴軒系のそれのように格式にこだわって複雑に発展した礼法ではなく、もう少し原初的で素朴な家芸としての要素が強いことが想定されるものである。

注

（1）松尾信一・白水完児・村井秀夫校注・執筆『日本農書全集60畜産・獣医　鶉書・犬狗養畜伝・廐作附飼方之次第・牛書・

安西流馬医巻物・万病馬療鍼灸撮要・解馬新書』「安西流馬医巻物　安西播磨守」（農山漁村文化協会、一九九六年）、中吉隆之「『馬師皇五臓論』訳注」（『人文学論集（大阪府立大学）』三十八号、二〇二〇年）。

（2）三保忠夫『鷹書の研究―宮内庁書陵部蔵本を中心に（上冊）』第二部第二章第十一節「禰津神平貞直、禰津松鷂軒常安、禰津尭重」（和泉書院、二〇一六年）。

（3）結城秀康本人に比定する説もある（序章の『信濃史料　補遺巻下』の注など参照）。

（4）管見において、本文で取り上げたテキスト以外にも、下記の『啓蒙集』の写本群に鷹の五臓論の言説が見えることが確認できる。

・宮内庁書陵部所蔵『摂州高槻蔵書写　啓蒙集』（函号一六三―九〇一）
・宮内庁書陵部所蔵『大宮流　啓蒙集七』（函号一六三―一二九三）
・宮内庁書陵部所蔵『啓蒙集六』（函号一六三―一三二二）
・宮内庁書陵部所蔵『鷹之書　啓蒙集　外篇　極秘傳之書』（函号一六三―一三二六）
・国立公文書館所蔵『鷹啓蒙集六』（函号一五四―三一〇）

（5）二本松泰子『中世鷹書の文化伝承』第二編第四章「宇都宮流の鷹書―『宇都宮社頭納鷹文抜書秘伝』をめぐって―」（三弥井書店、二〇一一年）。

（6）宝月圭吾・岩沢愿彦監修『系図纂要　第十三冊』（平凡社、一九七四年）。

（7）注（2）の三保著書第二部第二章第八節「大宮新蔵人宗光」参照。

（8）二本松泰子『鷹書と鷹術流派の系譜』第四編第一章「鷹匠と乖離した流派・無流派の鷹匠」（三弥井書店、二〇一八年）など参照。

（9）注（2）の三保著書第二部第三章第一三節「原田三野右衛門（豊八・幸太夫・督利）」など参照。

（10）二本松泰子「吉田流の鷹術伝承―仙台藩の事例を手掛かりにして―」（『立命館文学』第六十六号、二〇二〇年）など参照。

（11）宮内省式部職編『放鷹』第一篇「放鷹」「三十、将軍家鷹匠と鷹部屋」（吉川弘文館、一九三一年初版、二〇一〇年復刊）、

注（9）の三保著書などによる。

（12）注（10）の二本松論文、二本松泰子「吉田流の鷹書と鷹術流派―紀州藩の事例を手掛かりにして―」（『グローバルマネジメント』第3号、二〇二〇年）、二本松泰子「日本における朝鮮放鷹文化の享受と展開―『新増鷹鶻方』の伝播をめぐって―」（『伝承文学研究』第七十号、二〇二一年）など参照。

（13）注（2）の三保著書第二部第三章第三節「吉田多右衛門尉家元、吉田次郎三郎」による。

（14）堀田幸義「仙台藩の鷹匠に関する基礎的研究」（『鷹・鷹場・環境研究』vol.2、二〇一八年）などによる。

（15）注（10）の二本松論文、注（12）の二本松論文「日本における朝鮮放鷹文化の享受と展開―『新増鷹鶻方』の伝播をめぐって―」参照。

（16）高城家伝来の鷹書の書誌一覧は注（12）の二本松論文「吉田流の鷹書と鷹術流派―紀州藩の事例を手掛かりにして―」参照。

第二章　徳川家康愛顧の祢津松鶴軒系の鷹術とそのブランド化

はじめに

くり返し述べてきたように、祢津家の鷹術および所縁の鷹書は、中世・近世の武士たちの間で隆盛した。それは、かつて家康に愛顧された経緯を踏まえ、武家の権威を表象する鷹術と見なされたからである。そういった祢津流の鷹書のほとんどは、松鶴軒からの伝授を主張するものであった。ただし、前章で確認したように、このような松鶴軒所縁の鷹書は内容が一定せず、時代が進むにつれて一部のテキストが変容してゆく。その一因として、当該テキストが、時代が下るに従って祢津家とまったく関係の無い鷹匠たちにも積極的に受容されていったという経緯が挙げられる。

たとえば、紀州藩に仕えた吉田流の鷹匠である高城家には、多数の吉田流の鷹書に混じって、少数ではあるが祢津流を称するテキストが伝来し、松本藩に仕えた鷹匠の外山家もまた、多数の吉良流・大宮流の鷹書を伝来する中に一部祢津流を称するテキストを含む蔵書形成をしている。(1) すなわち、祢津家の鷹術は、鷹の家所縁の伝統技芸から流派の一種と見なされるようになり、様々な位相の鷹匠たちに受け入れられるようになった。このように、祢津家をめぐる鷹術の多様な受容の形態が、関連する鷹書の叙述内容を変化させる要因となったものであろう。

しかしながら、祢津家の鷹術については、当家所縁の一部のテキストに変容が見られつつ、その一方で、格式高い武家の鷹術流派としての〝権威〟を保持することについては、不変のまま一貫している。それを支えた重要な媒体のひとつが、膨大な量が流布した松鶴軒所縁の鷹書群であった。本章では、このように権威を表象する〝祢津家の鷹術〟のアイデンティティがどのように構築されたのかについて、松鶴軒所縁の鷹書群を手がかりに検証してゆく。

ところで、第一編で確認したように、真田家家臣の祢津家の鷹書や鷹術伝承は、主家の真田家とつながる系譜伝承と連動したり、同族間での家格の優位を説く媒体に利用されるような、いわば〝松代藩所縁〟の文化伝承であったのに対して、松鶴軒系の祢津家の鷹術伝承は、松代藩とは異なる位相において展開したものである。本章では、こういった松鶴軒系の鷹術が伝播した文化位相を明らかにすることで、相対的に真田家家臣の祢津家の鷹術の独自性を探る一助としたい。

そこで、まずは松鶴軒系の鷹術伝承が記されたテキストとして、「前田氏尊經閣圖書記」の蔵書印が押された『鷹繪圖之卷』（架蔵本）と称する祢津家の鷹書について取り上げる。同書の蔵書印は、加賀藩第五代藩主である前田綱紀の蒐書を中心として、代々の前田家当主が蒐集した古書籍類を収蔵した「尊経閣文庫」のものである。この『鷹繪圖之卷』がいつどのような経緯でこの尊経閣文庫に収蔵されるようになったのかは不明であるが、その奥書によると、同書は松鶴軒を経て彼から「三代之孫」に相伝されたと見える（後述）。

この奥書によって、当該テキストが〝松鶴軒系の祢津家の鷹書〟というブランドを有することは確認できるものである。あるいは、そのブランドによって前田家所縁の古典籍と見なされ、尊経閣文庫に収蔵されるに至った可能性もある。まずは、次節においてこの『鷹繪圖之巻』の全容を紹介し、それをもとに同書の叙述内容の特徴について分析を進めてゆくことにする。

一　『鷹繪圖之巻』（架蔵本）について

『鷹繪圖之巻』（架蔵本）の書誌は以下の通り。

『鷹繪圖之巻』（外題）。一冊。縦十七・一センチ×横二十・六センチ。横本。表紙左肩に「鷹繪圖之巻」の貼題簽（縦九・一センチ×横十・五センチ）。袋綴じ。四つ目綴。全二十五丁（うち遊紙前後各一丁）。一丁表に「前田氏尊經閣圖書記」の正方印（縦四・五センチ×横四・五センチ）。全丁に鷹道具や獲物及び鷹羽、犬や鷹の経穴に関するフルカラーの図解を掲載する（この図解部分については、巻末の「付録」において図版及び解説を掲出したので、参照されたい）。説明文は漢字カタカナ交じり文。

同書の各丁に見える記述は以下の通り。

【二丁表】

一　架ノ大サ色々圖ノ巻ニ在リ　足三尺　足三尺　高サ三寸六部

【二丁裏】

一　冬如此　コニヨリテ下ニ火ヲタク事アリ

一　春夏如此

一　留野也

【三丁表】

一　此架常ヨリヒキシ　北ヨリ三尺八寸タルヘシ　王頭也　惣別皇替ハフマヘ所ナクシテハ不可維也
　是ヲエトツナキト云也　五性十毛ニ依テ維様色々多シ

一　生替也

一　白ハ惣ムラサキシホ　赤タカハカタムラサキ　鳥ハクレナイ　カタトヤハカタレナイ　若鷹色ナシ

【三丁裏】

一　庚辛ニツカサトル　是ヲエト維ト云也

一　申乙ニツカサトル　何モエトツナキハ皇替　只鷹ニテモ君子ノ鷹也

【四丁表】

一　軍陣ニテ如此　アケマキニツナクヘシ

一　丙丁ノ鷹也

一　两房下ヘ成ヘシ

【四丁裏】

一　戊巳之鷹也

一　庚辛之鷹也

【五丁表】

一　白ハ鷹ノ王ナルニ依テ足緒シヤウソク大緒惣紫也

一　渡場ニ如此

【五丁裏】

一　皇替ニ如此

一　天子ノ御鷹ニ如此

【六丁表】

一　トヲリ鷹

一　トマルトマラサルニ念ヲ入　鷹師ニ聞ヘシ　大事ムスヒヤウ也

【六丁裏】

一　是ハ數不定ハシコクサリト云也　ナマリ

ノ鷹ナトツナクヘシ
一　三筋鷹緒鳥屋作迄カワル也　トヤ作法迄
皆アワルヘシ　コトニヨリテ下ニ火ヲ焼
事アリ
【七丁表】
一　佛前ニ如此
一　ハヤフサニ如此
【七丁裏】
一　七難即滅福即生
一　神前ニ如此
一　神納ニ如此
【八丁表】
一　佛神之御前ニ我鷹ヲ休ル時如此
一　大鷹　末木
一　兄鷹　本木　小鷹モ此心得ニテ知ヘシ
【八丁裏】

一　四季ノ維様
一　架渡如此
一　小猿維ト云也
【九丁表】
一　雲雀如此ダイニツミ上ニ小柴ニ五七付ケ置ヘシ
盆ニツム事モアリ　小柴付ハ足ヲ水引ニテユウヘシ
小柴ハ四季共ニカワルヘシ　ツケヌ木モアリ
【九丁裏】
鶉ハ竹如此　十一九
雲雀　荻　荻七五
一　松ニ鳥ヲ付ル事　カクコナシテハ努々不
可有之
【十丁表】
一　二重ニ廻シ男結ニスル也
一　ナワニテカクルハシヲ一寸出シソキ切ニスヘシ
一　上下之結間壱尺
一　ヲシソロヘムスフ也

一　首ヲ龜ク、シニスヘシ　但鶴青鷺計也　鴈鴨ハ二重斗也

【十丁裏】

一　上下ノ結間四寸也　藤ニテカクル　藤ワルヘカラス

一　ハシ一寸出　ワキ切ニスル

一　羽ト首トヲシソロへ　二重三ウシムネニテ男鳥ハ男結女鳥ハ女結ニスル也

一　ハイ頭ニムスフ也

【十一丁表】

一　ヲシソロへ結也　足ヲヨリニテモ股ニ付ヘシ　ソシヨリ下ヲ

一　ナワニテ掛ル上下ノ結間一尺也

一　二重マワシテ男結ニスル也

一　上ノハシ一寸出シソキ切ニスル也

一　クヒヲ龜ク、シニスヘシ

【十一丁裏】

一　ヲシソロへ結也

一　二重ニ廻男結ニスル也

一　ナワニテ掛ル也

一　上下ノ間八寸ニスヘシ

足ヲヨリニテケモ、へ付ル事モアリ

一　首ヲ龜ク、シニスル也

一　上ノハシ一寸ソキ切ニスル也

【十二丁表】

一　丸藤ニテ掛ル也

一　上下ノ間六也

一　上ノハシヲ二寸六部出シヲシソロヘ切也

一　二重ニ廻上モ下モハイカシラニ結也

【十二丁裏】

一　アトヲカケツメへシ　惣別雲雀ハ只一輪ノ物也

【十三丁表】

一　麦鶉頭ヨリすへシ

一　両方ウネノ方ヲ近クカケヘシ
【十三丁裏】
後　峯　頭　山輪
【十四丁表】
一　立鶉地ヨリ三尺上ヲ目ニ付ヘシ
一　同鶉ノ頭ヨリ三尺サキヲ目ニ付ヘシ
【十四丁裏】
一　枯墅々鶉也　アト先同シ様ニ輪ヲ懸ヘシ
　　次第ニカケツメヘシ

【十五丁表】
一　カイ所如此也　秘事也
　　鳴　一　二　三　四　五　六　七
一　八ツメハ亦一番メニスヘシ
【十五丁裏】
一　カイ所也　秘事也
千鳥　一番め

一　二番メハ左ノムネ三番メハ左モヽ也
一　四ツメハ又一番ニスヘシ
【十六丁表】
キヤウキスルニ吉三十一　コシヲイタムニ吉廿一　ヤセルニ吉十一　ハラヲクタスニ吉十一　ハリ二分　足イタムニ吉五七　ナミタコホスニ吉七　諸痛ニ吉十一　ハラヲヤムニ吉十一　シヤクリニ吉十一　足イタムニ吉七　スクミタルニ吉十一　モノクワンニ吉七ノトナルニ吉五　ハナフサカルニ吉
【十六丁裏】
柳ヌルテ也
カタ〳〵ツヽ
長一尺二寸也
カハラケ
カハラケ
春柳　冬竹　秋柏　夏真弓　箸也
【十七丁表】

一　大赤鷹
一　大赤白
一　シノフヲ　ウヘトマリノス
一　キリフ
　　富士巣一　セマリヲ
【十七丁裏】
一　マネヲ　モカミス
一　藤マキ尾　小弁慶
一　雉子尾
一　シノ尾
一　ツハメヲ
【十八丁表】
一　連花尾
一　アイ生尾
一　白生尾　セイラウノス
一　鳴戸尾　カラクツワノス其開ノス共云
一　鴫尾

【十八丁裏】
一　大サカフ
一　小サカフ
一　スソカウ
一　カイ尾
一　コトチ尾
【十九丁表】
一　星合尾　世々希也
一　合生尾
一　糸生尾　世々希也
一　虎生尾
一　上リ尾　世々希也
【十九丁裏】
一　下リ尾　世々希也
一　両國尾　世々希也
一　カラマツ
一　鴈尾

一　鷹尾
【二十丁表】
一　マリカタ尾　アキノスト云
一　シト、ヲ
一　生尾
一　カトリヲ　大弁慶
【二十丁裏】
赤鷹　貝生　ヲウワ　杦生　紅梅兄鷹　シギ
フ　松生　藤生　大赤生　ク、イ毛　紅葉生
千鳥生　ヒハリ毛　龍鉢生
【二十一丁表】
愁毛　キツタテ　養命毛　ムカケ　重リン毛　浮世毛
カモン毛　ユエ毛　杦ノウラハ毛　黛ノ毛　シハ毛
カクタイ毛　キミシラス　センメンノ毛　落知毛　心
休毛　カクタイ　花ヒシノ毛　ヲハケ　白糸ノ毛　ト
ウサウ毛　サハラヒノ毛　掛爪　打爪　田ノヲ　ワタ
シヲ　ツケノヲ　イヤマシノヲ　スサマシノヲ　露ハ
ライ　サクラ天毛　シヤウカウ　コツカイ毛　ヒキ
モ、毛　メツケ毛　風車毛　頭上毛　イワマ毛　テウ
タイ毛　ラニヒシキ毛　モウカウ　ヲホロケ　カスミ
ノ毛　フゲノ毛　遠毛　ウケカイ　ツマトメヲ　タノ
シミヲ　アラシヲ　シノヒヲ　ツギノヲ　タキナミ
ヒレンノケ　鳥搦　常躰毛　帰子　ハツキヤウノケ
コツカイノ毛　ホシアイノ毛　コツチ毛　コツセンノ
毛　骨角毛
【二十一丁裏】
メンコンノ毛　松風毛　キリマケ　鼻塞《ヒソク》毛　觜《シ》ヤウノ
毛　山里毛　シユロ毛　毛衣毛　山通ノ毛　嚴仙毛
七翼《ヨク》ノ毛　ウカシ毛　風流毛　カキリノ毛　イツハク
毛山風毛　長膳毛　アヤソ羽　エトコロ毛　ヲトロキ
毛　心毛　白波毛　山入毛　アライソ毛　ヨシコンノ
毛　山忘毛　シヲヤ毛　火ウチ羽　ヲモナヒ羽　チウ
リン毛　チメイノ毛　毛衣ノ毛　コヒチ　ヒキヨク毛

山色ノ羽　役根毛《ヒコン》　風躰ノ羽　風拂　アラシノ羽　タ
ヲイ　雪残毛　尾連　ハ、キ
【二十二丁表】
頂上毛　乳飛　アイノ毛　シユロ毛　フウホツ　病毛
カサシケ　トキワケ　サンモウ　縮仙　ケイセンノケ
薬師毛　メンミヤク　コシマキ　ユタカノ毛　木葉毛
トコロ毛　レイシン　尾助　山道　宮拂　サ、合毛
エラク毛　口入　定毛　ムラサメ毛　クレハトリ　知
命毛　御法毛　サミタレケ　母衣　ホウシヤウ　ラン
ヒ
【二十二丁裏】
青ハシ　ランシトモ云　掉躰《カンタイ》　揺骨《ヨウコツ》　ハイクワウ　エ
カクシ　コケラ毛　七十毛　羽クサヒ　コシマキ　ヒ
スイノ毛　キヤクタイ　鬼ヒラ　クモテ　クレハトリ
ノ毛　ハキ　帰子　鳥搦　打爪　シノキ　鬼ヒシ　掛
爪　目門　クワモン　撚風　山門ノ毛　ビレウ　夜ヲ
レ　コケラケ　バン鳥ノ毛　ホロ　鈴カクシ　雨ヲ、
イ　ホウシヤウ
【二十三丁表】
何モ病ニヨリ所ニヨリ時様ニヨリテ三火モ七モ五ツモ
又十一廿一モ炙ス　フクタイノ穴　マクレ　エウトミ
火打ニテ三ツ　羽カキ五七ツカタヌケニモ　センタン
ノツホトウケトウタケニモ吉三火　イキケウチノワル
キニ吉三火　羽ノアシキニキウス　羽カキニ三火五火
ホンコツ万病ニ吉三火ス　タケニモトウケトウタケタ
ウウチニ吉三火ホネノライハツレヲカケテヤク　子細
左ニ在　三火物ヲシク　クチキタルニヨシ　モ、ヒキ
ニ三火　テコシヲヒキノハシタルニ三火吉　トシリケ
ニ吉三火物ヲシク　ウスミヲウチタルニヨシ　トウケ
ニヨシ七五　モ、ヒキタルニ三火　クチキタルニ物ヲ
シキ三火　ウヲノ目ヌキニヨシ物ヲシク　ウラタユア
シケニヨシ物ヲシク　アシケクモテハレタルニ吉物ヲ
シク　ユヒノハレタルニ　吉物ヲシク　ハナタケ　ヲ
ヘ物有ニ三火　アイキニ三火　イキケニモモノクルワ

シキニモ三火　羽カキニ三火五　マクレエヲシニモヨ
シ三火　羽虫血虫血フトニ三火　イキケニヨシ二火
ウテウノ穴万病ニ灸ス七火　コウハクノ穴イキケトウ
ケニ五火　トウケトウタケニ吉一火

【二十三丁裏】

如此惣別フシ〳〵ヲ引タルニハ其ツカイ〳〵ヲヤク也
羽カキニ吉上羽下羽ニ吉　カタヲイタムニ吉三火　肩
打羽カキニ吉三火　ヒホネノワキニヲヘ物アルヲヤク
タケト云也　五火左タケト云也　羽カキニ吉三火　右
ニシルシ至也　ヲツカイヲヒキタルニ吉三火　ソクセ
ツノ穴　ウチノアシキトコロヲシキ三火　トウケニモ
吉　モノクルワシキニテシクワニモマタニモ吉七火夜
トホコニツナクコトを西ニアツルモ吉　ハナケハナタ
ケニモ吉　銅ノ火針　羽カキニ吉三火上羽下羽ニ吉
羽カキニヨシ　ヤウセウノ穴カミヲシク火針ムネヲウ
チイキケマヘトウヲウチヱヲシカヌルニモヨシトコロ
ヲシキヤク也五火　羽カキニ吉三火　左ニシルス　イ
キケトウウチタルニヒホネサキヲカケテ三火　此ツカ
イヲヒキタルニ鉄ノ火針ニテヤク　左ニシルス

【二十四丁表】

目カワヲサイ〳〵掛ルニ吉マクレニモ吉五火　ハナタ
ケマクレニモ吉三火　マクレ目ワクニ吉三火　ヱモチ
コスニ吉物ヲシキ三火　ヒカウノ穴キウノマキニアリ
羽カキニ吉五火　ワキタウヲイタムニ吉五火　イキケ
ニ吉三火　ヨコシニ吉三火　マエトウハラヲウチタル
ニ吉三火　此ツカイヲヒキタルニ三火　右ニシルシヲ
ク也　羽カキニ吉三火五火　ミワケマクレニ吉　ミワ
ケマクレニ吉三火　アイキマクレニ吉三火　頭ウチハ
ナタケニモヨシ三火　ウヲノメノ子ヌキ楠ヲシキ三火
ウチノワロキニ吉タウタケアハラヲシツハツシワタト
コロヲカケテヒルヲシキ火針ニテモモクサテモヤク
トウケタウタケトシリツキタルニ三火キウス　コシナ
ヘイタムニ吉三火両ニ六火　ウチノアシキニ二火　ウ

シロタウケニ吉五七火　　　　　　　　　　　　　鷹家之給　源同常安ヨリ三代之孫今是相傳ス　於天下
【二十四丁裏】　　　　　　　　　　　　　　　　前後不審不可在之也　無二無三千金莫傳可秘者也　寛
右此畫當家秘蜜之處也　故号官上之巻ゟ可為唯受一人　　　永拾壱年　七月吉辰
祢津従物家入道松鶴軒迄正廿七代也　一條院御宇ニ始

以上、『鷹繪圖之巻』の全文について、各丁の本文を掲出した。なお、十六丁表に見える犬の経穴についての文言と二十一丁表～二十四丁表に記載されている鷹の毛・羽・部位及び経穴についての文言は、各丁に見える絵図を基準にしているため、順不同で挙げている。

この『鷹繪圖之巻』の内容は、鷹狩り道具や鷹の獲物及び鷹の体に関する知識について、すべてに絵図を伴って説明したものである。大きく分けると、①架の図解、②大緒の結び方の種類についての図解、③鷹の獲物を献上する作法についての図解、④鷹の獲物となる小鳥の図解、⑤鷹犬の経穴についての図解、⑥鷹犬の膳部の図解、⑦鷹の尾羽の文様の種類についての図解、⑧鷹の羽の生（＝斑点）の種類についての図解、⑨鷹の毛・羽についての図解、⑩鷹の部位についての図解、⑪鷹の経穴についての図解、の十一項目がある。

また、二十四丁裏に記載されている奥書によると、この書物は当家（祢津家）の秘伝書で、祢津家は松鶴軒まで数えると「廿七代」になるという。さらに、「一條院御宇」に始めて鷹の家になったとされ、先述したように常安（松鶴軒）から三代の孫が今、この秘伝書を相伝していると伝えている。

このような松鶴軒まで「廿七代」とする伝えは、祢津家が鷹の家になったという「一條院」の時代以降の系譜であろう。しかしながら、「一條院」の時代に祢津家が鷹の家になったという史実は確認できない。また、松鶴軒から三代の孫というのも誰を指すのか不明である。このように、当該書の奥書には、史実上の人物である松鶴軒を当該流派のエポック的存在としながら、祢津家の由緒などについては、虚構に基づく伝承が記載されている。なお、同奥書の末尾には、寛永十一年（一六三四）の年紀が見える。

ところで、加賀藩の鷹匠を世襲した依田家には松鶴軒系の鷹書類及び鷹匠文書を多数伝来していることは何度も触れてきた。これらの中には『鷹繪圖之巻』の年紀とほぼ同時代に書写されたテキストが複数含まれているだけでなく、いくつかのテキストにおいて、右掲の『鷹繪圖之巻』と一部類似する内容が確認できる。そこで、次節において依田氏伝来の該当テキスト類を取り上げ、『鷹繪圖之巻』の内容と類似する部分について紹介しながら、それぞれの文言について比較検討してゆく。

二　徳川家ゆかりの祢津家の鷹術と加賀藩のステータス

依田盛敬氏が所蔵している当家伝来の祢津家の鷹書のうち、『鷹繪圖之巻』と一部類似する内容を持つテキストは合計五本存在する。いずれも『鷹繪圖之巻』と同様、各項目に対応する絵図も掲載されている。それぞれの書誌については以下の通り[2]。

【1】『観定巻 全』（外題）。一冊。原装朽葉色無地表紙。縦十五・三センチ×横十五・八センチ。桝形本。袋綴。本文料紙楮紙。四つ目綴。全百一丁（うち遊紙前後各一丁）。百丁裏白紙。表紙左肩にウチツケ書きで「観定巻 全」（外題）。半

葉十一〜十二行。漢字片仮名交じり文。朱筆で合点及び濁点・読点等を施す。百丁表に「祢津松鷂軒（縦三・一チセン×横二・三チセンの朱長方印）／天正十六年戊子／二月朔日　常安（花押）／依田十郎左衛門殿」。

【2】無題（巻子本）。縦十六・六チセン×横八十六・七チセン。奥書に以下のような伝授の系譜を掲載する。

。祢津美濃守
常安
依田十郎左衛門尉
守廣
依田次郎左衛門尉
貞清
依田源五
延寶二甲子年
二月吉日
貞廣（花押）（朱長方印）
中野五郎兵衛殿

【3】無題（巻子本）。縦十七・八チセン×横一〇四チセン。奥書に以下のような伝授の系譜を掲載する。

。祢津美濃守
常安

依田十郎左衛門尉
守廣
依田次郎左衛門尉
貞清
依田源五
元禄二己巳年
二月吉日　　貞廣（花押）（朱長方印）
与田内殿

【4】題名不明。一冊。縦十六・二センチ×横十六・六センチ。縹色無地表紙。表紙左肩に貼題簽の剥離痕。袋綴。本文料紙楮紙。四つ目綴。全四十三丁（うち遊紙前後各一丁）。三十九丁裏・四十丁表・四十二丁裏白紙。四十丁裏に「祢津松鷂軒（縦三・一センチ×横二・三センチの朱長方印）／天正十六年戊子／二月朔日　常安（花押）／依田十郎左衛門殿」、四十一丁表に「依田権六（つり鐘形の朱印）／元禄十五年巳／五月十六日　仍守（花押）／依田弥十郎殿」。

【5】外題・内題無し。一冊。縦二十四・四センチ×横十八・七センチ。縹色無地表紙。袋綴。本文料紙楮紙。四つ目綴。全二十七丁（うち遊紙後一丁）。一丁表白紙。二十六丁裏に「寶暦九己卯依田十郎左衛門／六月吉日　盛昌（花押）（縦二・三センチ×横二・三センチの朱正方印）／依田次右衛門殿」。

【1】～【5】の鷹書において『鷹繪圖之巻』と類似する文言が多く見えるのは、前節で紹介した十一項目のうち、③鷹の獲物を献上する作法についての図解、⑤犬の経穴についての図解、⑥膳部の図解の部分である。

このことから、本節では、これら③⑤⑥について取り上げる。具体的には、各テキストの該当項目に見える文言を挙げ、『鷹繪圖之巻』と類似する部分については傍線を付す。なお、【1】と【4】の該当記事は、ほぼ同じ絵図・文言が記されているため、虫損の少ない【4】の本文を引用する。同じく、【2】と【3】は奥書の伝授の系譜以外はほぼ同じ絵図・文言が記されているため、奥書に見える年紀が古い【2】の本文を引用する。【5】については依田盛敬氏所蔵の他の鷹書に同系統の写本が存在しない孤本であることから、【5】の本文を引用する。

《表①》

	『鷹繪圖ノ巻』	【2】	【4】	【5】
（1）	台の上の雲雀の図	無し	有り	無し
（2）	竹に付した鶉の図	無し	有り	無し
（3）	紐で結んだ鳫の図	無し	無し	無し
（4）	紐で結んだ雄雉の図	無し	有り	無し
（5）	紐で結んだ鶴の図	無し	有り	有り
（6）	紐で結んだ鷺の図	無し	有り	有り
（7）	紐で結んだ兎の図	無し	有り	有り

③鷹の獲物を献上する作法についての図解

『鷹繪圖ノ巻』に見えるこの項目では、七種類の鷹の獲物を扱う作法が図解されている。それらと右に掲げた依田盛敬氏所蔵の鷹書における該当記事の有無については、《表①》の通り。

これらのうち、本節では、『鷹繪圖ノ巻』と依田家伝来の鷹書との間で類似する記事が存在する（1）（2）（4）（5）（6）（7）について取り上げる。ただし、【2】は全ての叙述について類似記事がないので、とりあえず比較対象から外し、それ以外の【4】【5】における該当の文言を以下に掲出する。なお、いずれの文言もすべて絵図を基準にして付されたものであるため、以下においては順不同で挙げてゆく。

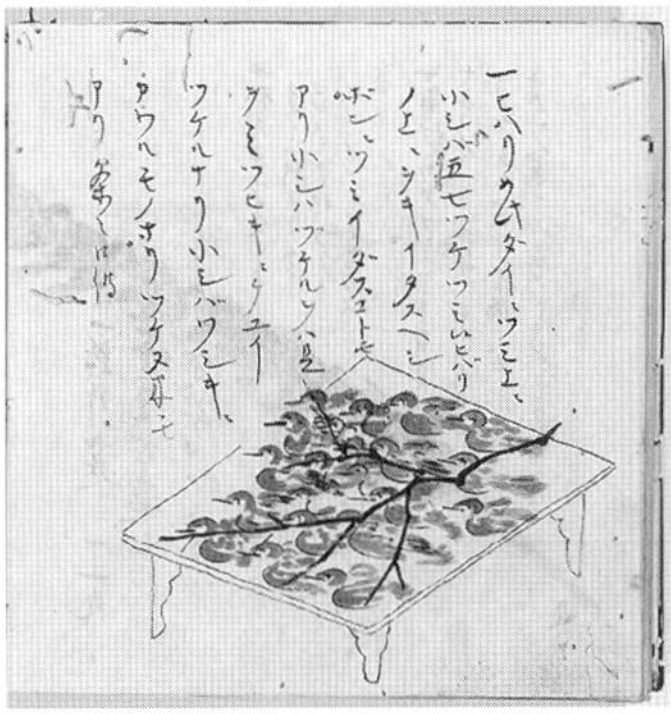
(1) 台の上の雲雀の図【4】

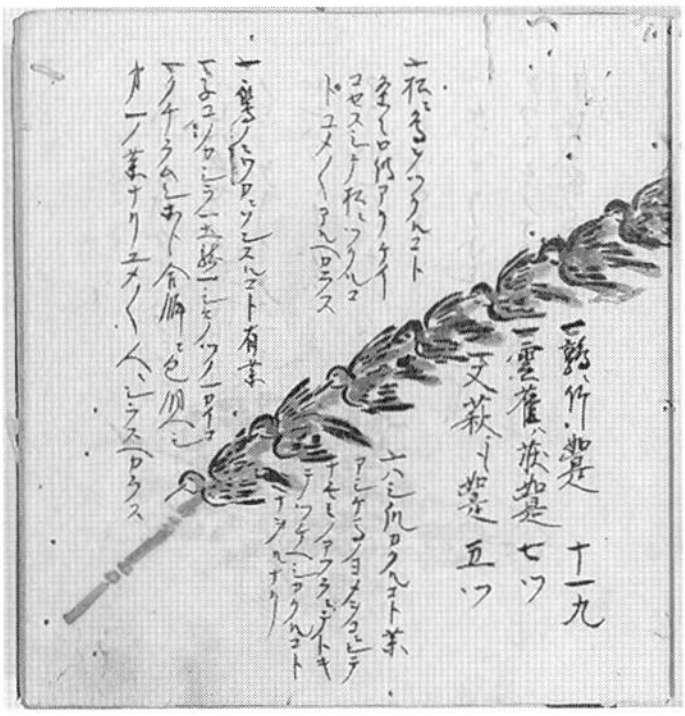
(2) 竹に付した鶉の図【4】

(1) 台の上の雲雀の図

一　ヒハリ如此　ダイニツミ　上ニ小シバ五七ツケツミ候　ヒバリノ上ニヲキ　イタスヘシ　ボンニツミイダスコトモアリ　小シハヅケルヲハ　足ヲミツヒキニテ　ユイツケルナリ　小シバワシキニカワルモノナリ　ツケヌ木モアリ　条々口傳　【4】

これは、鷹が捕らえた雲雀を小柴に付ける作法について説明した叙述部分である。雲雀を小柴に付ける数を「五七」とするところや、足を水引で結び、それらを台の上に置くと説明している文言が『鷹繪圖之巻』と類似している。

(2) 竹に付した鶉の図

一　鶉ニ竹　如レ是　十一九　一　雲雀ハ萩如レ是　七ツ　一　又萩ニモ

如レ是　五ツ　一　ハシ爪カクルコト　薬　アシケ鳥ノヨメヲコニシテ　チモミノアフラニテトキテ　ツケヘシ
カクルコト　ナヲルナリ　一　松ニ鳥ヲツクルコト　条々口傳アリ　ケイコセスシテ松ニツクルコトユメ〳〵
アルヘカラス　一　鷹ノニワカニソンスルコト有薬　一　ネコノカシラ　一　土龍　一　シ、ノツノ　一　カイ
コ　一　クチラムシ　等分合餌ニ包飼ヘシ　第一ノ薬ナリ　ユメ〳〵人ニシラスヘカラス　【4】

これは、鷹が捕らえた鶉を竹葉に付ける作法について説明した叙述部分である。鶉を竹に付けるときは「十一九」とする数字や、雲雀は萩（『鷹繪圖之巻』では「荻」）に付けること及び松に鳥を付けることに言及している文言などが『鷹繪圖之巻』と類似している。

（4）紐で結んだ雄雉の図

(3) 紐で結んだ雄雉の図【4】

一　ヲシソロヱムスフナリ　一　上下ノムスヒ間　四寸ニナルナリ　一
藤ニテカクルナリ　マルフチナリ　一　ハシ壱寸　トリノハシノゴトクソ
キ、リニキル　一　羽トクビヲ、シソロヱ　二重ニマワシ　ムネニテ　ヲ
トコムスビニスルナリ　メンドリハヲンナムスヒ　ヲンドリハヲトコムス
ヒナリ　【4】

これは、鷹が捕らえた雉を紐で結ぶ作法について説明した叙述部分であ

(5) 紐で結んだ鶴の図【4】

(5) 紐で結んだ鶴の図【5】

る。上下の結ぶ間を「四寸」とする数字や「藤」を以て縛ること、縄の端を「一寸」切ること、羽と首をそろえて縄を二重に回し、雄鳥は「男結」、雌鳥は「女結」で結ぶことなどを説明する文言が『鷹繪圖之巻』と類似している。

(5) 紐で結んだ鶴の図

一　ヲシソロヱムスフヘシ　一　二重ニマワシ　ヲトコムスヒニムスフヘシ　一　足ヲヨリニテ　ケモ、エ付ヘシ　口傳ニアリ　一　上下ノアイ　壱尺ニスルナリ　一　ハシ壱寸ニトリノ上下ノハシノコトクニキル也　一　クビヲカメグ、シニスヘシ

【4】

ヲシソロヱ　ムスビトメル也　ヲトコムスビ　ムスフ也　縄ニテ可掛ムスビノハシ　一寸ニ切也　トリノ此用ノコトシ　上下ノムスビ間　一尺ニスル也　首ヲカメク、シニユイ　両ノ羽ブシヲアミ　ヲトコムスビニムスビ延ルモ有　又首両ノ羽ブシヲ押ソロヱ　フタ廻ニ廻　男ムスビニ留ル

モアリ　条々口傳アリ　【5】

これは、鷹が捕らえた鶴を紐で結ぶ作法について説明した叙述部分である。【4】の文言のうち、押し揃えて結ぶこと、縄を二重に回して「男結」にすること、足をよって股（腿）に付けること、上下の間を「一尺」にすること、縄の端を「一寸」切ること、首を亀括りに結ぶことなどの説明部分が『鷹繪圖之巻』と類似している。一方の【5】の文言については、押し揃えて結ぶこと、上下の結ぶ間を「一尺」とすること、縄の端を「一寸」切ること、首を亀括りに結ぶこと、縄を二重に回して「男結」にすることなどの説明部分が『鷹繪圖之巻』と類似している。

（6）紐で結んだ鷺の図

一　ヲシソロヱムスフナリ　一　二重ニマワシ　ヲトコムスビニムスフナリ　一　足ヲケモ、エヨリニテ付ルコトモアリ　一　クビヲカメク、シニスルナリ　一　上下ノ間　八寸ニスヘシ　一　ハシ壱寸　トリノ上下ノハシノコトクニキルナリ　【4】

縄ニテ可懸　ハシ　一寸鳥ノ觜ノコトク切ナリ　アイタ八寸ニスルナリ　男ムスビニ可留　押ソロヱムスフヘシ　片ムスヒ也　首

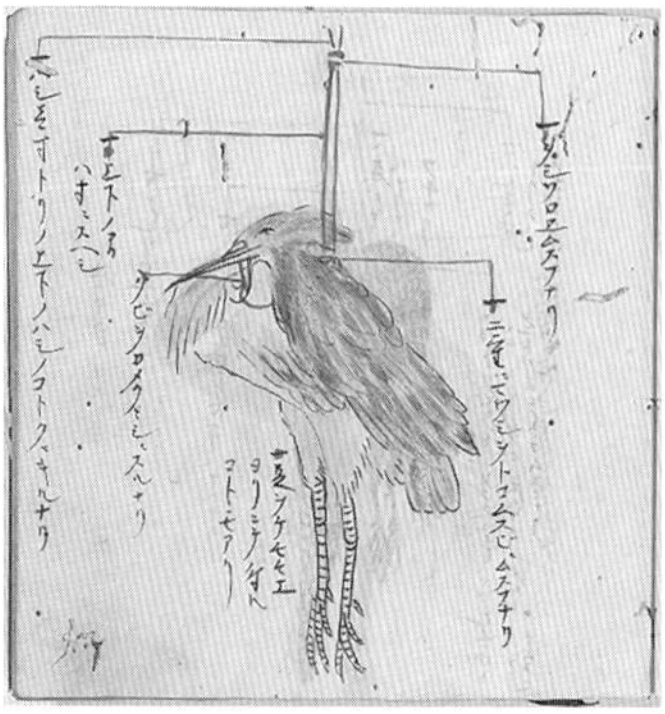
（6）紐で結んだ鷺の図【4】

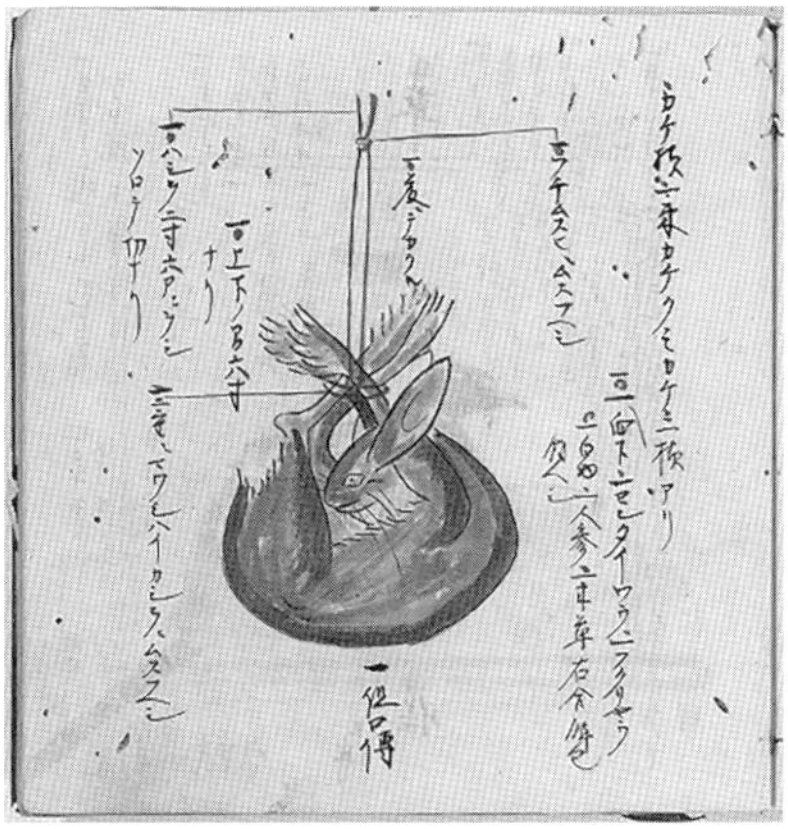

(7) 紐で結んだ兎の図【4】

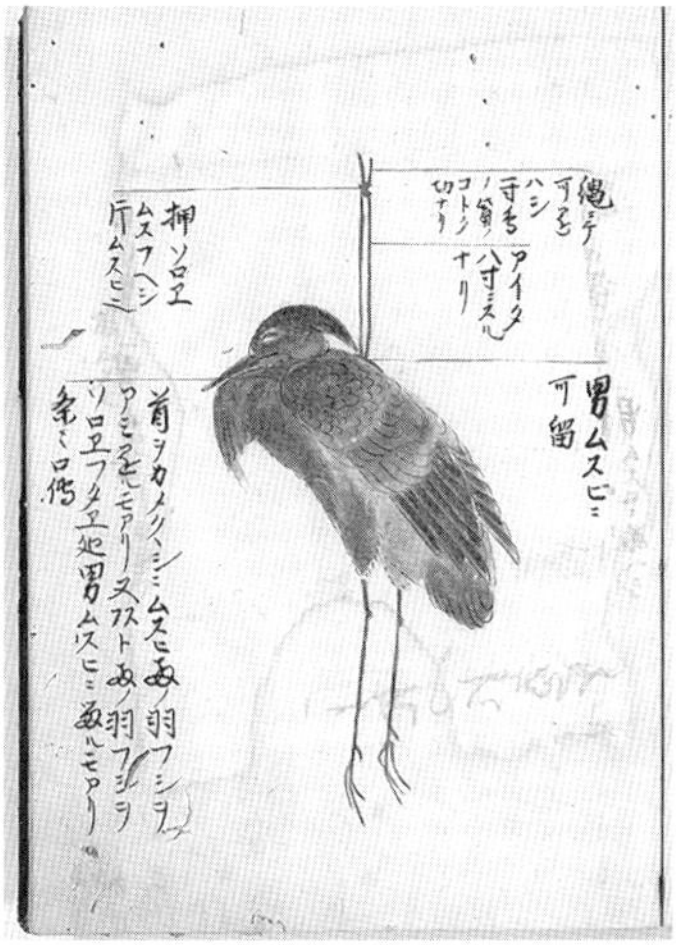

(6) 紐で結んだ鷺の図【5】

ヲカメク、シニムスヒ　両ノ羽フシヲアミ延ルモアリ　又頭ト両ノ羽フシヲソロヱ　フタヱ廻男ムスヒニ留ルモアリ　条々口傳

【5】

これは、鷹が捕らえた鷺を紐で結ぶ作法について説明した叙述部分である。【4】の文言のうち、押し揃えて結ぶこと、縄を二重に回して「男結」にすること、足をよって腿につけること、首を亀括りに結ぶこと、上下の間を「八寸」にすること、縄の端を「一寸」切ることなどの説明部分が『鷹繪圖之巻』と類似している。【5】の文言については、縄の端を「一寸」切ること、間を「八寸」にすること、押し揃えて結ぶこと、首を亀括りにして結ぶこと、縄を二重に回して「男結」にすることなどの説明部分が『鷹繪圖之巻』と類似している。

(7) 紐で結んだ兎の図

カケ様　一木カケ　クミカケ　二様アリ　一　一　血下　一　センタイワウ　一　フクリヤウ　一　白物　一　人参　一　甘草

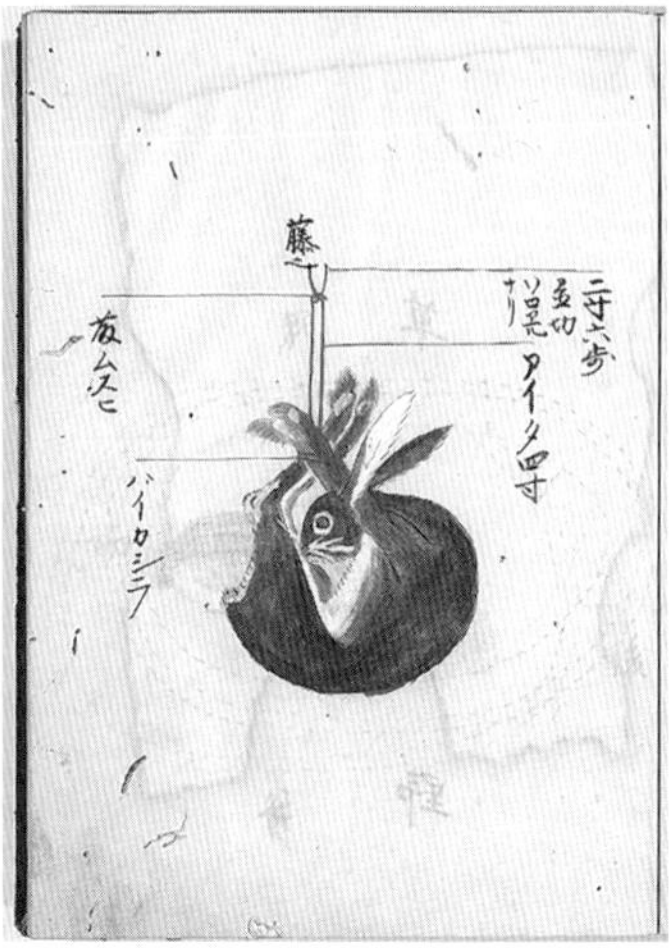

(7) 紐で結んだ兎の図【5】

右合餌包飼ヘシ　一　フチムスヒニムスフヘン　一　藤ニテカ
クル　一　但口傳　一　上下ノ間六寸ナリ　一　ハシヲ二寸
六部ニヲシソロテ切ナリ　一　二重ニマワシ　ハイカシラニム
スフヘシ　【4】

二寸六歩　置切　ソロヱルナリ　アイタ四寸　藤也　藤ムスヒ
ハイカシラ　【5】

これは、鷹が捕らえた兎を紐で結ぶ作法について説明した叙述部分である。【4】の文言のうち、「藤」を以て縛ること、上下の間が「六寸」であること、縄の端を「二寸六部」に押し揃えて切ること、縄を二重に回して頭を両足の中に入れて結ぶことなどの説明部分が『鷹繪圖之巻』と一致している。一方の【5】の文言については、縄を「二寸六歩」に押し切ること、「藤」を以て縛ることの説明部分が『鷹繪圖之巻』と類似している。

「⑤鷹犬の経穴についての図解」

はらくたすニ吉廿一　きやうきするニ吉二十一　はらをわつらふによし十一　しよひやうに吉　なみたこほる、

に吉七　はなふさかるニ吉七　のとなるニ吉五　こしをいたむニよし廿一　やせるニよし十一　しやくりニ吉十一
あしおいたむニ吉五七　あしをいたむによしはり壱分　あしをいたむニ吉七　あしをいたむニよし七　すくみ
たるニ吉七　すくみたるニ吉七　ものくわぬに吉二十一　【2】

一　初十日　二日　中十日　八日　末十日　四日　九日　刃　末日　毎日　犬　キウ　ハリ　犬凶也　一　マチ
ン　犬ニワルシ　ヨミカエルニワ　水ヲノマスヘシ　一　犬立所死薬　マチニンヲ料メ　餌ニ入飼ヘシ　獫　犾
一　ヨミカエルニハ　水ヲクチ入ル　水ノトエ入ル　是ハヨミカエル也　テンクワ吉　一　ヤセルニ吉十一
一　ハラクタスニヨシ廿一　一　コシヲイタムニヨシ廿一　一　キヤウキスルニ吉三十一　一　腹ヲ病ニ吉十一
一　シヨ病ニ吉　一　ナミタコホルヽニヨシ七　一　ハナフサカルニ吉七　一　足シヲイタムニヨシ五七　一
足イタムニヨシ　ハリ二分　一　シヤクリヨシ十一　一　足痛ニ吉七　一　モノクワヌニ吉十一二十一　スク
ミタルニヨシ七　一　ノトナルニヨシ五　【4】

狂気スルニ吉三拾一　腹ヲ□（病カ）ニ吉拾一　諸病ニ吉　涙コボルヽ吉七　鼻フサカルニ吉七　腰ヲ痛ニ吉廿一　痩ニ
吉拾一　腹下ニ吉廿一　足ヲ痛ニ吉五七　足ヲ痛ニ吉針壱分　シヤクリ吉拾一　足ヲ痛ニ吉七　足ヲ痛ニ吉七
スクミタルニ吉七　スクミタルニ吉七　物喰ンニ吉廿一　咽ナルニ吉五　【5】

これは、鷹狩りにおいて鷹の補助をする鷹犬についての図解である。具体的には、鷹犬の経穴とその効用を説

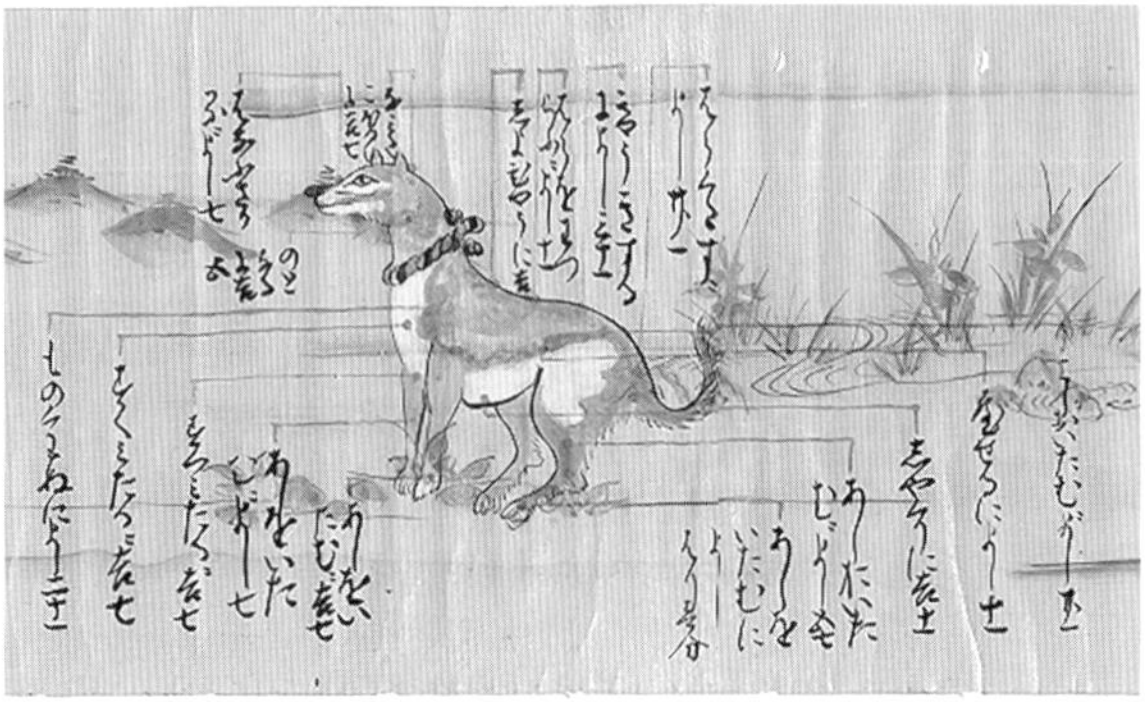

⑤鷹犬の経穴についての図解【2】

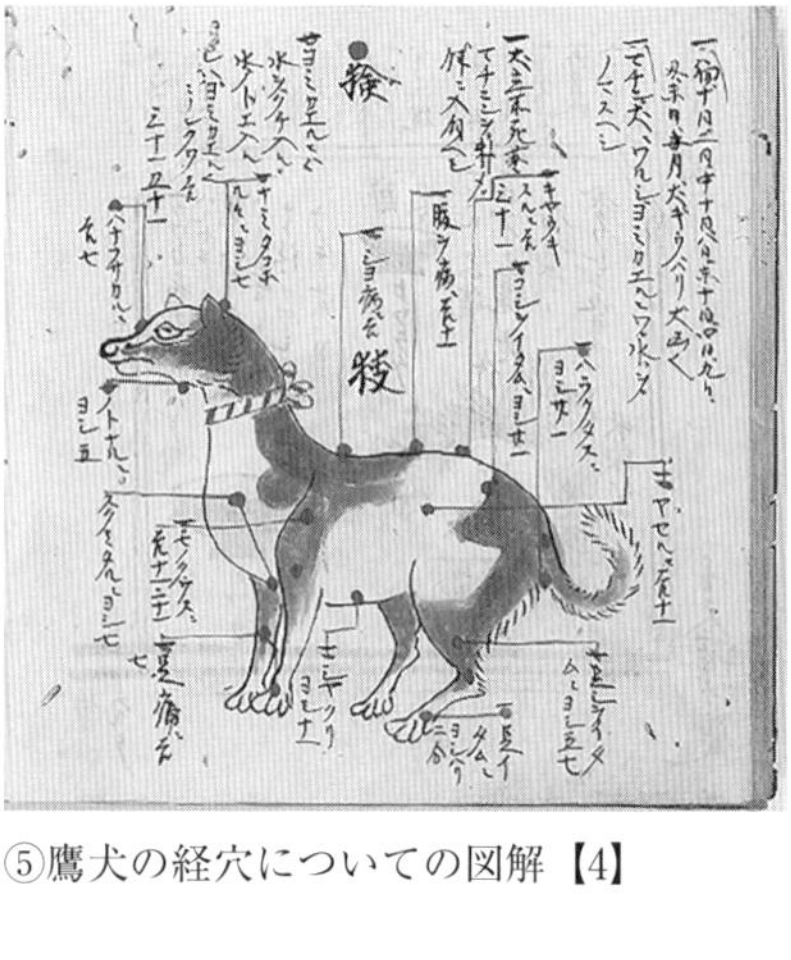

⑤鷹犬の経穴についての図解【4】

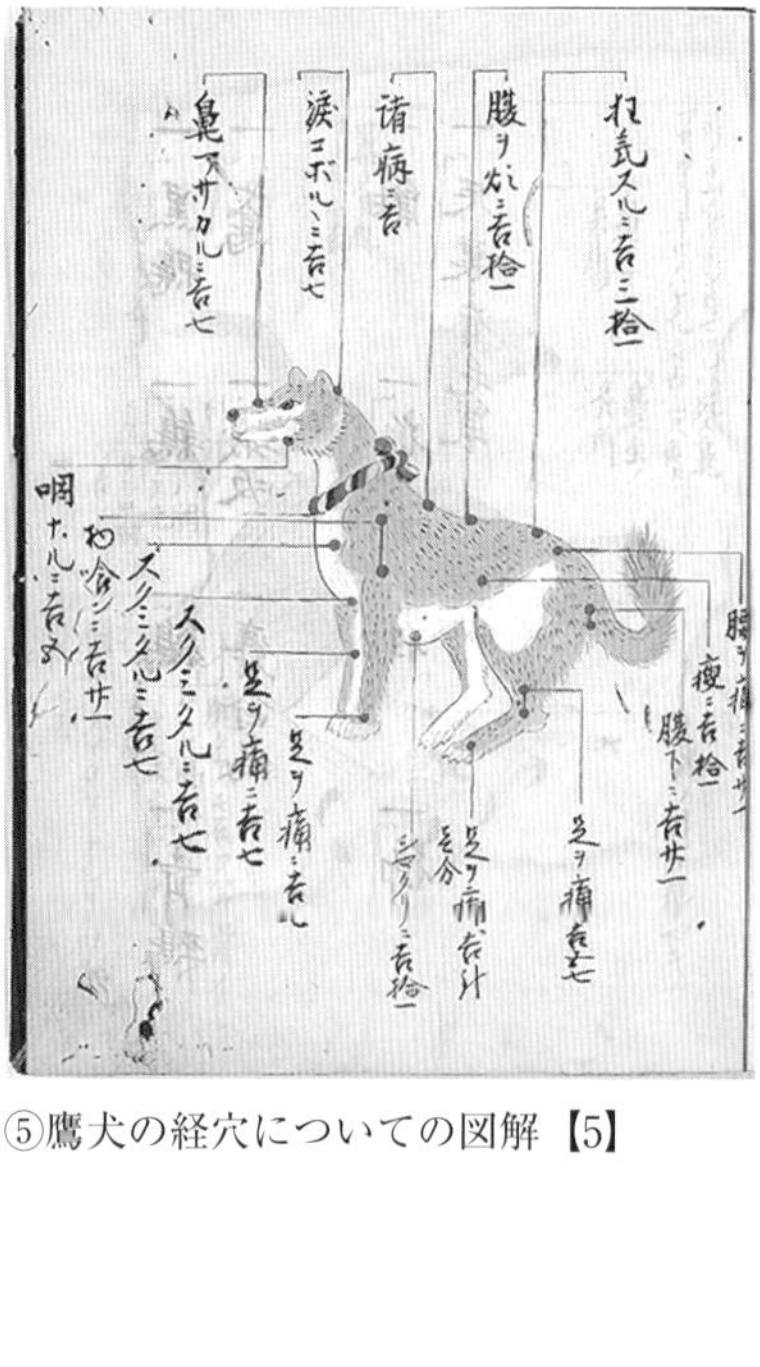

⑤鷹犬の経穴についての図解【5】

明した項目である。【2】【4】【5】のいずれにも『鷹繪圖之巻』の当該項目と対応する記事が見える。各書におけるそれぞれの経穴に関する記事の有無は《表②》の通り。

《表②》

『鷹繪圖之巻』	【2】	【4】	【5】
キヤウキスルニ吉三十一	有	有	有
コシヲイタムニ吉廿一	有	有	有
ヤセルニ吉十一	有	有	有
ハラヲクタスニ吉十一	有	有	有
ハリ二分　足イタムニ吉　五七	有	有	有
ナミタコホスニ吉七	有	有	有
諸痛ニ吉十一	「しよひやうに吉」	「シヨ病ニ吉」	「諸病ニ吉」
ハラヲヤムニ吉十一	有	有	有
シヤクリニ吉十一	有	有	有
足イタムニ吉七	有	有	有
スクミタルニ吉十一	有	有	有
モノクワンニ吉七	有	有	有
ノトナルニ吉五	有	有	有
ハナフサカルニ吉	有	有	有

この《表②》によると、『鷹繪圖之巻』では「諸痛」と記される文言が【2】【4】【5】では「しよひやう」「シヨ病」「諸病」と記載されている以外は、細かな語句レベルにおいてすべて重複している。このように、「⑤犬の経穴についての図解」では、全テキストにおいてほぼ同じ文言が記載されていることが確認できる。

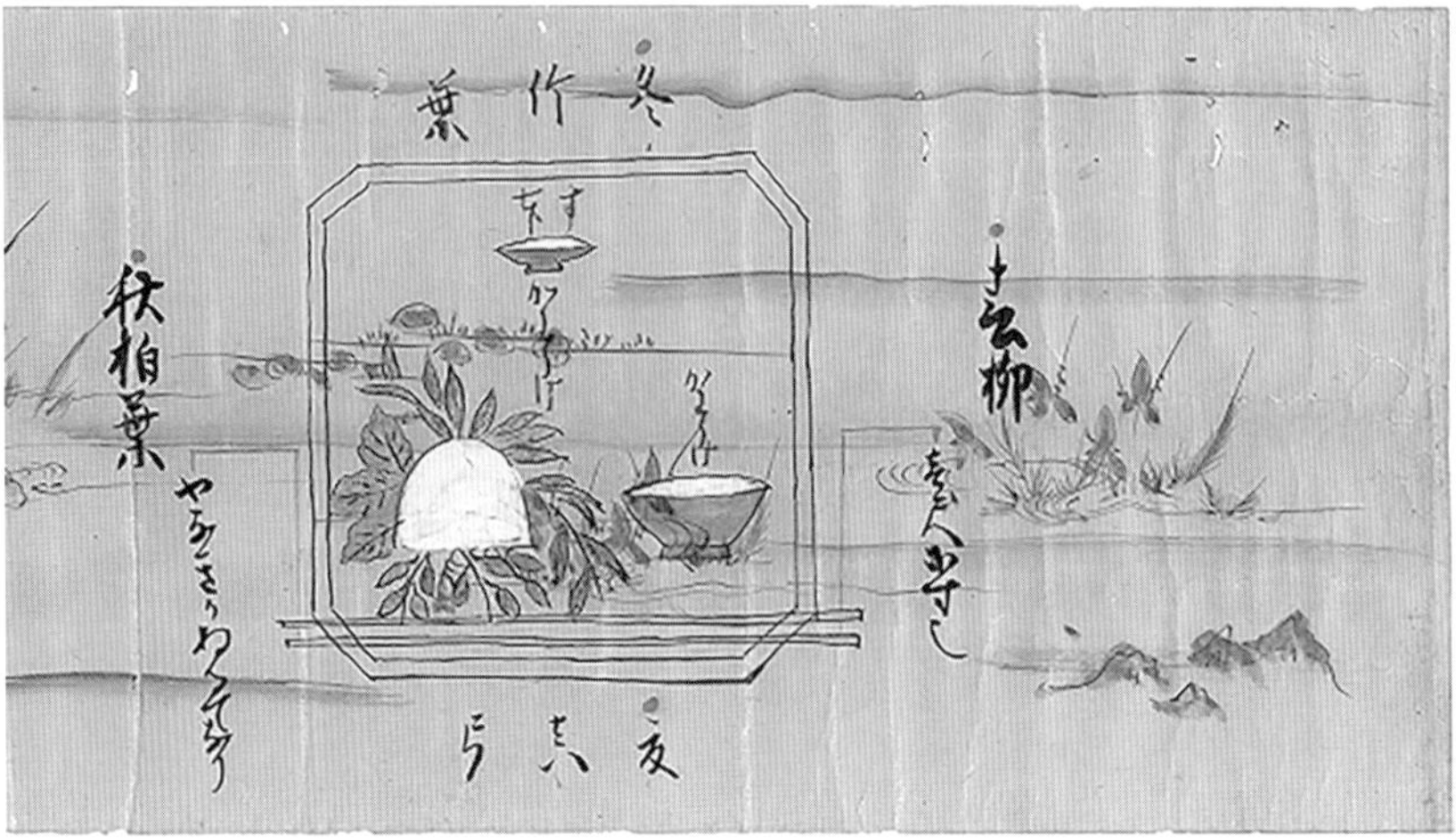

⑥鷹犬の膳部の図解【2】

「⑥鷹犬の膳部の図解」

。春柳　。夏真弓　。秋柏葉　冬竹葉
壱尺弐寸也　すを　かわらけ　かわらけ　やなさかぬるてなり　【2】

一　ヨシカヱリ秋ノアサカリテ　ハタケノアメリニ　タネタルアサカラヲ　ヒヌトキカワハヲハキ　黒焼ニシテ鷹ノクチヱ升カキ一ツ入テ水ヲ入ヘシ　一　カウカ病　クイノ内ハレテ出るナリ　外ヱハル丶ヲハコフト云　是ハナリニテサシワリ　血ヲトリ　其後ハクワシンヲウチ薬ニハ　カワラケ　酢　七分カワラケ　一　ミルノ黒焼　一　コブノ黒焼　タウス等分合クワシンノ□付ヘシ　春柳　冬竹葉　秋柏葉　夏真弓　柳ヌルテ　壱尺二寸ヌルデ也　柳也　【4】

酢七分　かわらけにても　カワラケニテモ　春柳　冬竹葉　秋柏葉　夏真弓　壱尺貳寸也　柳カぬるて也　【5】

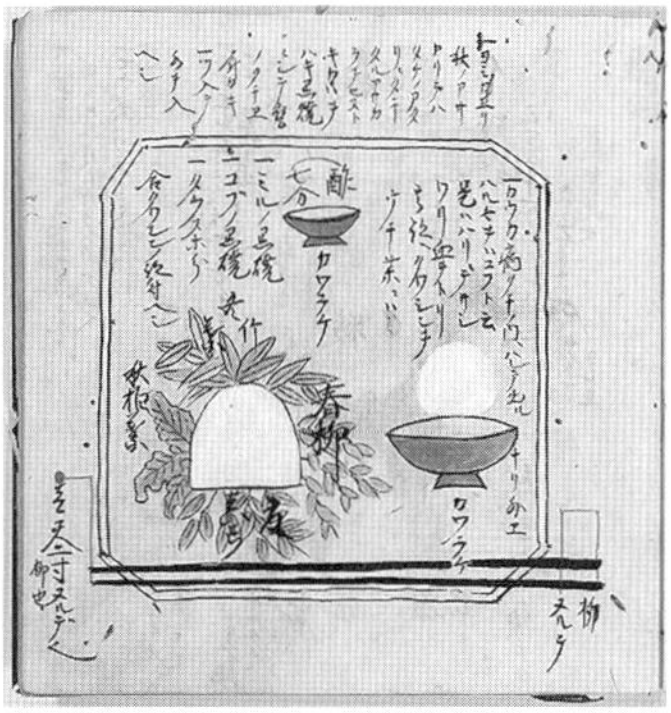

⑥鷹犬の膳部の図解【4】

⑥鷹犬の膳部の図解【5】

これは、鷹犬の膳について説明した項目である。

【2】によると、膳において飾る四季ごとの葉について、それぞれ「春柳」「夏真弓」「秋柏葉」「冬竹葉」とし、飯を盛る器を「かわらけ」、箸の長さは「壱尺弐寸」で材質が「柳」であると説明され、その文言は『鷹繪圖之巻』とほぼ一致している。

【4】においては、まず鷹の薬についての説明文が記載され、そのあとに飯を盛る器を「カワラケ」、膳に飾る四季ごとの葉についてそれぞれ「春柳」「冬竹葉」「秋柏葉」「夏真弓」、さらには箸の長さを「壱尺二寸」、材質を「柳」と説明している。このように「カワラケ」という器や、膳に飾る四季ごとの葉の種類、箸の長さおよび材質が『鷹繪圖之巻』と一致している。

【5】においても、飯を盛る器を「かわらけ」「カワラケ」（重複して表記されている）、膳において飾る四季ごとの葉をそれぞれ「春柳」「冬竹葉」「秋柏葉」「夏真弓」とし、箸の長さは「壱尺弐寸」で材質が「柳」であると説明され、それらの文言はすべて『鷹繪圖之巻』とほぼ一致する。

以上のように、『鷹繪圖之巻』における「③鷹の獲物を献上する作法についての図解」「⑤鷹犬の経穴についての図解」「⑥鷹犬の膳部の図解」と【1】〜【5】のテキストにおける該当本文は、表現レベルにおいて若干の異同がみられる部分はあるものの、おおむねその内容は一致している。なかでも、「⑤鷹犬の経穴についての図解」の項目は、全てのテキストにおいて細かな語句レベルで一致する記述が確認できる。

ちなみに、【2】【3】は、「鷹犬の膳部の図解」「鷹犬の経穴についての図解」及び「伝授の系譜」の三つの内容から構成されている巻子本である。このうち、「膳部」は、鷹犬の食べる膳についての図解である（後述）ことから、【2】【3】は、鷹術の伝書というより犬牽の伝書としての様相を呈しているといえよう。実は、その他にも、依田氏の鷹書群の中には、「祢津家」を冠する犬牽の伝書や印可状がいくつか含まれている（7）。しかしながら、依田家も祢津家も鷹匠の家であり、犬牽に従事した事実はない。つまり、このような犬牽の伝書や文書類は、その実態を伴わない、いわば伝承に基づくテキストというべきものであろう。

三　加賀藩における祢津家の鷹匠たちのブランディング

先述したように、『鷹繪圖之巻』の奥書では、祢津家が鷹の家になった時代を「一條院御宇」と伝えているが、それは史実ではない。しかし、依田家伝来の鷹書類や鷹匠文書には、一条院の時代に祢津家が鷹の家になったとする由来伝承がしばしば登場する。たとえば、すでに第一編第三章において取り上げた依田盛敬氏蔵『三家意趣巻　三』第一条がその事例に相当する。以下に該当部分を再掲出する（句読点は私に付した）。

一　祢津ヱ鷹御ユルサレノコト、一条院ノキヤウ御門ヱ奥州冨士深山ノ大鷹コトニスクレタルヲ、サメ奉ル。イカントシテカ、イチヱン鳥ヲトルト云コトサラニナシ。其比信濃ノ国祢津ノ神平貞直トテ鷹ノチヤウスアツテ、メシノホセラレ、カノ鷹ヲ取飼ヘキヨシ、センシナリ。貞直ソウシケルハ、キヨワラノヲモムキヲミ奉るニ、ミサコノトツキタル鷹ニヨリ、鳥ヲトラヌモコトワリナリ。ウヲナラテ取カタシト申ケル。サラハウヲニ取飼ヘキヨシ、重而センシナリ。神平承、ウヲニ取飼申ヘキコト、ヤスキシサイニ候共、河川ヲメクル犬、アラシト申ケル。其時、神平ケライノ者ニソウツイト申者申ケルハ、上流ノオリフシ、河ニヲイテ、カワウソノ犬ノコアリト申。シカラハ、コノ犬ヲ以河川ヲカマセントテ、ヤカテヒキノホセ、鷹犬トモニコシラヱ、ヨキ日ノ時ヲヱラヒ、難波ノウラニウチイテ、申ノ刻、夕日《ユウ》シツカナル時分、犬ヲ河ノヲモテヱハナシケル。貞直モ、鷹ヒキスヱテナキサニヒカヱタリ。シカルニ、波ノ上ヱス、キト云ウヲ一丈斗トヒアカル、則アワセケル中ニ取リテ、手帰、御門ナノメニヱイランアツテ、貞直ニ七度ノ官ヲサツケ、八拾壱巻ノヤウキヤウノ内、拾八帖ノ鷹フミトテ、拾八巻壱部ニテ、ヒテンヲヱラヒ出シ、天下ニヲイテ末世末代マテ、武家ノ鷹ノミナモトタルヘキヨシ、インセンニアツカリ、クタサレケル。是ヨリ鷹ノ家トカウス。御トリツキハ、二条殿ニテ御座候。其後ノ代々ノ子孫、学ノトコロ、イマニコレヲ傳るナリ。

右の叙述の内容については、すでに第一編第三章で紹介したが、念のためここでも確認しておく。

一条院の卿が帝に「奥州冨士深山」の優れた大鷹を献上したが、どうしたことか鳥を捕らないため、「信濃ノ国祢津ノ神平貞直」という鷹の上手が召し出されて上洛し、この鷹を飼うべき宣旨が下った。貞直が申し上げるには、この鷹はミサゴが嫁いだオオタカなので、魚でなければ捕るのは難しいという。そこで、魚を捕るように、貞直に重ねて宣旨が下った。それを承った貞直は、魚を捕ることは易いが、河川で遣える犬が無いという。

その時、貞直の家来の「ソウツイ」と言う者が、上流の河において「カワウソノ犬ノコ」がいることを進言する。貞直はこの犬を遣って河川において狩りをしようと、すぐに引き連れて鷹犬とともに用意して良き日時を選び、「難波ノウラ」で申の刻の夕日が静かな時分に犬を河面に放した。貞直も鷹を据えて渚に控えていると、波の上にスズキという魚が一丈ばかり飛び上がるので、それを鷹に合わせて狩り、持って帰った。

帝はそれを叡覧し、貞直に七度の官位を授けて、八十一巻の鷹経のうち十八帖の鷹書を「拾八巻壱部」にして秘伝を選び出し、天下において末世末代まで武家の鷹術の源とするべき由の院宣を下した。

これより（祢津家は）鷹の家と称するようになった。御取次は一条殿である。その後の代々の子孫が学ぶところのものが今にこれを伝えている。


すでに説明したように、この話は、祢津貞直をモチーフにした祢津家の鷹術由来譚である。右掲の依田盛敬氏所蔵『三　家意趣巻　三』の叙述の冒頭に見える「一条院ノキヤウ」とは誰を指すのか未詳であるが、『鷹繪圖之巻』の奥書において、「一條院御宇」に祢津家が鷹の家になったとするモチーフと類似することから、両書の言説には伝承上の脈絡が通じていることが推測されよう。

このような祢津家の鷹の家由来譚は、依田家が発行した印可状においても確認できる。第一編第一章でも触れたように、依田家が発行した印可状は、管見において合計六本現存しており、そのうち二本は犬牽の印可状である。いずれも前半にほぼ同じ文言で祢津家の鷹の家由来譚（犬牽の印可状の場合は「獈家」の由来譚）の叙述が見え、後半に松鷂軒から依田守廣へと続く鷹術（犬牽）の伝授の系譜が掲載されている。第一編第一章では、それらの中から、慶長四年（一五九九）五月十八日に松鷂軒から依田十郎左衛門尉（守廣）に伝授されたという鷹術の印可状を引用した。これは依田家に伝来した印可状の中で最も古いものである。

本章では、前半部分にほぼ同文の鷹術由来譚を記載する別の印可状を取り上げる。具体的には、依田盛敬氏所蔵『鷹術印可状（仮）』（縦十八・〇チセン×横九十二・五チセン）を以下に掲出する。

清和天皇月宮一條院以来、於天下号鷹之家者、信濃國小縣住人祢津是也。貞直云代、鷹名誉依及度々蒙勅命、誉於和朝揚、其名代々子孫傳也。然所、形好以誓血承候間、家之鷹文一部、十八之秘事、三十六之口傳、無残所、同國佐久郡芦田住人依田十郎左衛門尉傳也。志深仁頻就所望者、抜書之通者起請文上可有相傳一部之所者、縦雖為子孫志之感心肝可為唯受一人千金莫傳。

。祢津美濃守信直
　法名常安
　依田十郎左衛門　守廣
　　依田次郎左衛門尉　貞清

享保十九年甲寅稔

依田源五　貞廣
宇野七佑
重慶（花押）

五月吉日

依田十郎左衛門殿

右掲の依田盛敬氏所蔵『鷹術印可状（仮）』の記述によると、先述したように前半に祢津家の鷹術由来に関する説明が見える。一方の後半には松鷂軒から依田守廣、貞清、貞廣（貞清の次男）、宇野七佑重慶へと続く鷹術の伝授の系譜が記載されている。この伝授の系譜の末尾に見える宇野七佑重慶は、明治三年（一八七〇）に金沢藩庁に提出された旧加賀藩士の先祖由緒帳である金沢市立玉川図書館近世史料館所蔵『先祖由緒并一類附帳』（特／16.31／65／1240）によると、寛文八年（一六六八）に加賀藩の御鷹方となった人物という。

この宇野家は依田家と同じく代々加賀藩の鷹匠を務めた家である。中でも重慶は、加賀藩第五代藩主である前田綱紀の時代の享保五年（一七二〇）六月に徳川将軍家の鷹方を仰せつけられ、同年十月に将軍家からその働きによって褒賞を与えられた（『先祖由緒并一類附帳』）。ちなみに、当時の将軍は徳川吉宗である。

金沢市立玉川図書館近世史料館には、依田貞廣からこの宇野重慶に伝授された鷹書が多数所蔵されている(3)。徳川家康愛顧とされる松鶴軒系の祢津家の鷹術を伝授された宇野重慶は、家康回帰を目指した吉宗（将軍家）に臨時に仕える鷹匠として適切な人材と見なされたのであろう。同時に、このような依田家と宇野家の関係は、加賀藩の鷹匠たちの間で〝松鶴軒系の祢津家の鷹術〟を介したネットワークが構築されていたことを窺わせる。

また、右掲の依田盛敬氏所蔵『鷹術印可状（仮）』の印可状に見える前半部の鷹術由来譚の言説は、第一編第一章で引用した慶長四年五月十八日の年紀が見える印可状のそれとほぼ一致することは何度も述べた。

この印可状の冒頭部分によると、「清和天皇月宮一條院以来」、祢津家は天下に「鷹之家」を号するようになったとされる。ここに見える「清和天皇月宮」というのは第一編で紹介したように、真田家家臣である信忠系祢津家の系譜にも見られる架空の人物である。そして、祢津家の鷹の家のはじまりを「一條院」の時代と明記しているのは、『鷹繪圖之巻』の奥書や依田盛敬氏所蔵『三　家意趣巻　三』第一条に叙述されている説話と脈絡を通じるモチーフである。

さらにこの依田盛敬氏所蔵『鷹術印可状（仮）』印可状は続けて、祢津貞直の時代には鷹の名誉によってたびたび勅命を蒙り、本朝において賞讃され、その名が代々子孫に伝わったと記述している。そして、そのような祢津家の「鷹文一部、十八之秘事、三十六之口傳」を残すところなく「依田十郎左衛門」に伝えたという。この「依田十郎左衛門」とは、松鶴軒の娘婿とされる守廣に該当する。依田家の発行した印可状なので、守廣のような同一族の人物を挙げるのは依田家独自の主張であると理解されよう。

一方で、貞直を祢津家の鷹匠のエポック的存在として扱うのは、前掲の『三　家意趣巻　三』第一条において、貞直が、ミサゴの嫁いだオオタカを遣って狩りをした名誉をきっかけに、祢津家が鷹の家を称するようになったという伝承と符合するものであろう。しかしながら、『鷹繪圖之巻』の奥書には、貞直の名前は挙げられていない。『鷹繪圖之巻』においては、松鶴軒のみが祢津家の鷹匠の中で「節目」となる存在とされているのである。

その他にも、依田家伝来の鷹書群の中には、『鷹繪圖之巻』と同様に奥書の中で松鶴軒を当家の鷹術の祖のように記載するテキストが二本含まれている。これらはいずれも、『祢津家獪之秘書』と称する犬牽の伝書で、その本文には『鷹繪圖之巻』の内容と通じる叙述が確認できる。これらのうちひとつは冊子状の写本で、延宝二年（一六七四）三月吉日に依田貞廣から「孫三郎」に宛てられたものである。残りのもうひとつは巻子本で、同じく延宝二年三月吉日に依田貞廣から「中野五郎兵衛」に宛てられたものとされる。このうち、冊子状の写本については、すでに拙著において全文を紹介した(4)。

そこで、本書では巻子本の方のテキストである依田盛敬氏所蔵『祢津家獪之秘書』の本文を取り上げ、『鷹繪圖之巻』に見える叙述内容との比較を試みる。同書の書誌は以下の通り(5)。

『祢津家獪之秘書』（うち題）。巻子本。縦十七・四センチ×横八十九・一センチ。奥書に「延寶甲午年／依田源五／三月吉田貞廣（花押）（朱印）／中野五郎兵衛殿」。

このテキストは犬牽の伝書らしく、全体を通して鷹犬に関するさまざまな知識がひとつ書き形式で合計四十三項目叙述されている。冒頭の第一条には、鷹犬の伝来を伝える以下のような叙述が見える（句読点は私に付した）。

一　夫たか日本渡時、たかいぬも渡る也。一番ニ渡る、仁徳天皇の御代なり。たかの名をしゆんわうと云。

いぬの名、わうけんと云て、白いぬの耳さき赤き女いぬ也。縄ハ五ひろ五躰を表なり。二番ニ渡る。清和天皇の御代、たかの名、からくつハと云。たかいぬの名、せいけんと云て、赤ふちの男いぬなり。縄ハ二ひろ八尺也。是ハ、天の二十八宿を表也。三番ニ渡る。一條院御代、たかの名、からまくと云。たかいぬの名、てうけんと云。黒ふちの男いぬなり。縄ハ三ひろ六寸なり。是地の三十六禽ヲ表なり。

右の依田盛敬氏所蔵『祢津家獫之秘書』第一条の記述によると、わが国に鷹及び鷹犬が伝来したのは三度にわたるという。まず、一度目は仁徳天皇の時代、二度目は清和天皇の時代、そして三度目が「一條院」の時代というのである。この叙述内容は、前掲の依田盛敬氏所蔵『三 家意趣巻　三』に見える祢津家の鷹の家由来譚とは話柄そのものが異なる逸話である。しかし、その一方で『鷹繪圖之巻』や依田盛敬氏所蔵『三 家意趣巻　三』と同様に、一条院の時代をエポックのひとつとして取り上げている点が注目される。

同じく依田盛敬氏所蔵『祢津家獫之秘書』の最終項目に相当する第四十三条には、犬の膳について以下のような説明が見える。

一　いぬの膳くみやうハ、繪ニくわしくしるす也。春夏秋冬ニかわるへし。しき、せうに膳をすへは、飯をはしニて三ケ一のこし、わきのうつハ物ニ入残る。三ケ二をいぬに飼、三ケ一残したるをうち、かいなり共、又、不入候ハ、、其ま、なりとも、をくへし。又、わけたる飯をいぬひたるくふりみへハ、其場ニてかうへし。かわらけのすハ、ふきてもふかでもくるしからす。口傳をきくへし。条々秘事也。

右掲の記述によると、鷹犬の膳を組む方法は、「繪ニくわしくしるす」と見える。これは、『鷹繪圖之巻』などに見える「鷹犬の膳部の図解」の項目に相当するものであろう。続いて「春夏秋冬ニかわるへし」と記されているのも、『鷹繪圖之巻』などの「鷹犬の膳部の図解」で膳に飾る四季ごとの葉について説明している文言に通じることが想定される。さらに、右掲の依田盛敬氏所蔵『祢津家獊之秘書』の記事は、器に入れた飯を鷹犬に食べさせる方法を述べ、最後に鷹犬の膳に供える「かわらけのす」について叙述している。ここに見える「かわらけのす」、すなわち器の酢については、前節で挙げた【1】から【5】のいずれのテキストにおいても述べられているものである。

さらに、この依田盛敬氏所蔵『祢津家獊之秘書』の奥書には、以下のような文言が見える。

右獊飼之秘書、正祢津松鷗斬常安四代之孫、今是傳者也。於天下前後不審不可有是唯受可為一人也。
延寶二甲子年　三月吉日　依田源五　貞廣金　中野五郎兵衛殿

これによると、この犬牽の伝書は、「祢津松鷗斬常安四代之孫」が現在伝えているという。先述のように、『鷹繪圖之巻』の奥書にも常安（松鴎軒）から三代の孫が当該書を相伝したとされることから、祢津家の秘伝書や鷹術を「松鴎軒から○代の孫」に伝えるという叙述は、当家の鷹書や犬牽の伝書の奥書に見えるパターン化した表現であることが推測される。

ちなみに、松鷂軒の娘婿となった守廣を二代目とすると、三代目は「依田守常」、四代目は「依田貞清」である。いずれにしろ、『鷹繪圖之巻』と依田盛敬氏所蔵『祢津家獫之秘書』の奥書において、松鷂軒を特筆すべき存在として記す文言が一致することは重要であろう。これはすなわち、松鷂軒をアイコンとして〝祢津家〟の鷹術をブランド化する意図に基づくモチーフと見なされるものである。

おわりに

以上において、『鷹繪圖之巻』（架蔵本）について取り上げ、同書が有する特性から窺える祢津家の鷹術の実像にアプローチした。その結果、同書には、加賀藩の鷹匠を世襲した依田家に伝来する鷹書や鷹匠文書と重なる叙述やモチーフが記載されていることが判明した。それは『鷹繪圖之巻』に旧加賀藩主所縁の「前田氏尊經閣圖書記」の蔵書印が押されていることとも符合するし、さらには、松鷂軒系の祢津家の鷹術が加賀藩へと集約していったことを窺わしめるものである。

また、これらの『鷹繪圖之巻』および依田家に伝来した鷹書や鷹匠文書（依田盛敬氏所蔵）の奥書には、祢津松鷂軒からの伝来であることやその松鷂軒を祢津家の鷹術の歴史において節目となる人物として位置付ける文言が記載されている。このことから、こういったテキスト類が松鷂軒系の祢津家の鷹術を流布させる主要な媒体となっていたことが推測されよう。なお、この場合の鷹術流派におけるステータスは、〝祢津家〟というより〝松鷂軒〟を以てブランディングされたものであることが併せて類推されよう。

そして、加賀藩では、このように松鷂軒を仰ぐ祢津家の鷹術を介したネットワークが、依田家を軸に構築されていたことが窺われる。そもそも依田家は、徳川家康所縁の松鷂軒系の鷹術を伝授されたステータスによって加賀藩に抜擢された鷹匠である。抜擢の所以は、加賀藩主の前田家が諸般の礼法を徳川将軍家に倣う慣習であったことによることはすでに述べた。(6) さらには、同じ加賀藩の鷹匠で、その依田家から松鷂軒系の鷹術を伝授された宇野重慶もまた、家康回帰を目差した徳川吉宗に数か月間仕えて褒賞されている。こういった〝松鷂軒系の祢津家の鷹術〟を介したネットワークに連なる加賀藩の鷹匠たちの活躍が、当該の鷹術を格式高いブランドとして認知度を高めていったものであろう。

以上のように、松鷂軒を仰ぐ祢津家の鷹術が、加賀藩の鷹匠たちによって確立され、周知されていったことを踏まえると、真田家家臣の祢津家の鷹術はそのような武家の権威を表象するものとは無縁であったことが理解される。

信忠系にしろ、光直系にしろ、真田家家臣の松代藩の祢津家が加賀藩の鷹匠と交流した形跡は無い。そして、第一編で確認したように、真田家家臣の祢津家の鷹術伝承は、同族間での格付けに利用されていた。それならば、信忠系・光直系の祢津家の鷹術は、松鷂軒所縁のそれのように将軍家や加賀藩といった権門勢家の鷹狩りが有する格式の高いブランド的な価値としてよりも、伝承を伴う家芸としての要素が強いことが窺えよう。

また、同じく第一編で確認したように、信忠系・光直系の祢津家の鷹術に関わる系譜伝承は、真田家が海野家の嫡流であることを主張する姿勢と連動することから、このような祢津家の鷹術に関わる系譜伝承に支えられた真田家の鷹狩りもまた、礼法というより〝家伝〟としての認識が強く影響した技芸である可能性も推測されよう。

ただし、第一編第一章で論じたように、松鶴軒系の祢津家の鷹術伝承と信忠系・光直系の祢津家のそれとは、一部は重なっていてすべてが乖離しているわけではない。しかしながら、〝祢津家の鷹術〟の格式の高さを喧伝する媒体という点では、両者はまったく交錯していないことが指摘できよう。

注

（1）二本松泰子『鷹書と鷹術流派の系譜』第四編第二章「鷹匠の文事―松本藩の鷹匠・外山氏を事例として―」（三弥井書店、二〇一八年）、二本松泰子「吉田流の鷹書と鷹術流派―紀州藩の事例を手掛かりにして―」（『グローバルマネジメント』第3号、二〇二〇年）など参照。
（2）注（1）の二本松著書第三編「付・依田氏所蔵鷹書書誌一覧」においてすでに挙げた情報の再掲である。
（3）三保忠夫『鷹書の研究―宮内庁書陵部蔵本を中心に（下冊）』第二部第五章第四節「依田十郎左衛門守広、依田源五貞広、宇野七之祐、宇野富素」（和泉書院、二〇一六年）。
（4）注（1）の二本松著書第三編第一章「派生した祢津流の鷹術伝承―依田氏伝来の犬牽の伝書をめぐって―」参照。
（5）注（2）に同じ。
（6）深井雅海「徳川将軍家と加賀前田家の「年頭儀礼」について」（『金沢市史会報』vol.12、二〇〇一年三月）、注（1）の二本松著書第二編「鷹術流派の系譜」など参照。

結章

本書では、これまで等閑視されてきた中世・近世の真田家の鷹狩りについて取り上げ、その文化的側面に関する考察を中心に進めてきた。真田家の歴代当主の中で、鷹狩りを政治・外交に積極的に利用していた傾向が顕著に窺われるのは松代藩の初代藩主となった信之であった。信之は、乳兄弟として育った祢津幸直をはじめとする真田家家臣たちに対して、主に外交に関わる鷹狩りの業務を依頼していた。

従来の真田家の鷹狩りに関する研究では、そのような事例について簡単に言及されることはあっても、文化事象の一環として認識されることはなかった。というのも、真田家に限らず、当時の武将たちの多くが同様に鷹狩りを政治・外交に利用していたからである。その中で、真田家の鷹狩り関連事業が特に異質な要素を持っているとは見做されてこなかった。

しかしながら、真田信之に近しく仕えた祢津幸直の一族が、中世・近世における武家流放鷹文化の主流を担った鷹術所縁の家であったこと、近年、その一族に伝来した鷹狩り関係の文書類が新たに発見されたこと等から、真田家の鷹狩りについては新たな視座からその実像を解明する必要が生じるに至った。すなわち、こういった真田家家臣の祢津家に伝来した鷹術文書には、鷹狩りにまつわる多様な物語伝承が多く掲載され、独自の様相を呈しているのである。

このことから、真田家家臣の祢津家の鷹術が鷹狩りの技術にとどまらない文化的営為の一環であることが窺われ、これらの文化伝承の分析が真田家の鷹狩りの実像にアプローチできる有用な手段であることが判断されよう。そこで、本書では、真田家の鷹狩りを文化史上に位置づけることを目指すべく、真田家の鷹狩りを支えた祢津家の鷹術に関する文化伝承について、祢津家伝来の新出の文書を手掛かりに考察を試みた。

以下にそれぞれの章段の概要を掲出する。

第一編「祢津家の血脈が描く真田家の鷹狩り」

祢津幸直の直系の末裔に当たる信忠系の祢津家とその傍系である光直系の祢津家に伝来した新出の鷹術文書を取り上げた。その内容を紹介しつつ、これらの文書群に見える鷹術伝承によって構築された祢津家の放鷹文化の実像と、そこから照射される真田家の鷹狩りの特徴を明らかにした。

第一章「真田家を彩る祢津家嫡流の系譜伝承」

中世において祢津家は東信地域を基盤とする地縁でつながった滋野氏三家として活躍した。戦国時代には、真田家家臣としての明確な事跡が確認されるようになり、それ以降、祢津家では独自の系譜伝承を伝えるようになった。すなわち、祢津信忠（＝祢津幸直の父親）の末裔に伝来した新出の祢津家の系図類には、これまで祢津家の系図として知られてきた続群書類従所収の二本の『滋野氏三家系図』や徳川幕府が編纂した『寛永諸家系図伝』、信忠および祢津松鷂軒の兄とされる祢津光直の子孫に伝来した当家の系図、さらには松鷂軒の娘婿の子孫に伝来した系図と比較すると、まったく異なる情報が多数記載されている。

たとえば、滋野氏の氏祖伝承を伝える冒頭の系譜によると、清和天皇の皇子の名前がそれぞれ異なっていて、しかもその注記の内容はいずれも史実とは乖離したさまざまな伝承が混在したものである。このような滋野氏の氏祖伝承については、かつて福田晃が、（清和天皇皇子である）貞保親王所縁の「目宮王」および「善淵（渕）王」を中世における古い伝承の骨子をなすモチーフと想定したものであるが、信忠系祢津家の系図には必ずしもこういった「目宮王」「善淵（渕）王」は重要視されていない。それどころか「目宮王」ではなく「月宮」と称する皇子が登場し、福田が指摘するような盲人伝承から乖離した鷹術伝承を展開させているのである。

さらに、当家の系図で注目されるのは、海野家・祢津家・望月家の三家の由緒を示す系譜の部分である。というのも、祢津家・望月家が海野家から分家したとする系譜伝承は、海野家の末裔を称する真田家が主張する家伝であった。真田家に仕える祢津家では、主家に追随する意図からそのような海野家を主流とする伝承を系譜に組み込んだものであろう。

一方、真田家と縁の薄い松鶴軒系を称する祢津家の系図では、海野家や望月家との繋がりは一切掲載されていない。このことから、松代藩士の祢津家には、鷹術を介した同族間の普遍的な伝承と真田家と関わることに特化した独自の系譜伝承を創出していたことが確認できるものである。

第二章「祢津家嫡流の鷹書」

真田家家臣の信忠系祢津家に伝来した新出資料に含まれる家伝書と鷹書について取り上げた。

まず、家伝書については、『真田家御事蹟稿』に見える真田信之と祢津幸直の逸話が引用されている他、信忠系祢津家伝来の系図と連動する記述が確認された。これらはいずれも真田家に近しく仕えたことを主張する意図があり、このような文書群を介して当家の由緒やそれに伴う真田家家臣としての家格の特性が形成されたことが確認できる。

次に、鷹書については、物語的叙述が多く見られるテキストを取り上げ、それらに掲載されている鷹の伝来説話についての分析を試みた。その結果、当家の鷹書に見える説話は、鷹狩りの実技に携わる鷹匠たちに伝わった鷹術伝承よりも、主に室町期に都の文化人の間で流布した文芸伝承の方により近い内容であることが判明した。

このようなテキストを伝来した信忠系祢津家の鷹術は、文芸性のある文事を伴った営為と見なされることから、当家が支えた真田家の鷹狩りについても、文芸や文化伝承との関わりが重要な位置を占めていることが予想されよう。

第三章「禰津家本家の格式と家芸としての鷹術」

第一章および第二章で注目した信忠系祢津家とは別家の禰津一族に伝来した新出の鷹術文書について考察した。この禰津一族の家祖とされる禰津光直は祢津信忠の兄である。光直の子孫たちも代々松代藩士であったが、信忠系祢津家が嫡流とされるのに対して、その分家の一族という位置付けにされた。本章ではまず、この光直系禰津家に伝来した『禰津氏系圖』について取り上げ、その全容を紹介しつつ、当家において鷹術の元祖とされる禰津是行関連の言説について分析した。

当家の『禰津氏系圖』の注記によると、是行の化鳥退治譚が引用され、この是行を光直系禰津家の鷹術の元祖と主張している。本章では、このような化鳥退治譚に注目し、系統の異なる二種類の類話と比較することでそれぞれの特徴を明らかにした。

まず、美濃国恵那郡大井にある長国寺所縁の寺院伝承と比較した。それによって、『禰津氏系圖』は、こういった寺院伝承の影響を受けつつ、是行を禰津家独自の鷹術のアイコンとする意図のあることが確認できた。次に、在地性を反映した鷹術伝承との比較によって、『禰津氏系圖』は在地伝承の影響はほとんど受けていないことが判明した。これらのことから、『禰津氏系圖』では、光直系禰津家の鷹術の由来について、美濃国長国寺の伝承と連動した化鳥退治譚を引用し、禰津是行を当家の鷹術の元祖とする人物像を特化して造型したことが理解できよう。

以上の結果を踏まえると、光直系禰津家では、自家の系図を利用して他系統の祢津家とは異なる独自の家芸（鷹術）の由来を主張し、それによって、松代藩における家格のステータスを確立したことが想定される。さらには、こういった真田家家臣の祢津家による化鳥退治譚が、祢津家所縁の地域で真田家の鷹狩りのイメージを形成する役割も果たしていたことも予想した。こういった祢津家の鷹術を介して真田家の鷹狩りに文化伝承的な特質が付与されていったものであろう。

第二編「徳川家の鷹狩りと真田家の鷹狩り」

真田家家臣の信忠系祢津家・光直系禰津家の鷹術伝承を中心に取り上げた第一編に対して、真田家とは無縁の祢津松鶴軒系の鷹術文書に軸足を置いて考察を進めた。まずはそれらに記載されている鷹術伝承の特性を明らかにし、その特性との比較によって、信忠系祢津家・光直系禰津家伝来の鷹書に見える記述や放鷹文化の諸相の相対的な特徴を分析した。

第一章「鷹の五臓論をめぐる言説の位相」

信忠系祢津家に伝来した鷹書と松鶴軒系の氏族に伝来した『五臓論　坤』に見える鷹の五臓論をそれぞれ取り

上げ、祢津家と無関係の鷹書に記載されている叙述と合わせてそれぞれ比較検討した。その結果、信忠系祢津家の鷹書の叙述は相対的に古態性のあることが確認でき、さらにはそういった古態性のあるテキストを伝来する信忠系祢津家の鷹術は格式の高さに拘るのではなく、伝統的な家芸として継承されていたことを推測した。

第二章「徳川家康愛顧の祢津松鶴軒系の鷹術とそのブランド化」

祢津松鶴軒伝来とされる『鷹繪圖之巻』（架蔵本）について取り上げ、同書が有する特性から祢津家の鷹術の伝播の諸相にアプローチした。

この『鷹繪圖之巻』には、旧加賀藩主所縁の「前田氏尊經閣圖書記」の蔵書印が押されている他、加賀藩の鷹匠に伝来した鷹書や鷹匠文書と重なる叙述が見える。このことから、松鶴軒系の祢津家の鷹術は加賀藩へと繋がる特徴を持つことが窺われる。

また、これらのテキストの奥書には祢津松鶴軒からの伝来であることやその松鶴軒を祢津家の鷹術において特化した人物として位置付ける文言が記載されていることから、こういったテキスト類は、松鶴軒系祢津家の鷹術の存在を広く周知させる媒体であったことが推測されよう。さらには、こういったテキストによるブランディングは〝祢津家〟というより〝松鶴軒〟にフォーカスされたものであろう。

このように松鶴軒を仰ぐ祢津家の鷹術を介したネットワークが加賀藩に仕えた鷹匠たちの間で構築されていたことや、彼らが徳川将軍家所縁の鷹術に従事していたことなどを踏まえると、こういった加賀藩の鷹匠たちのネットワークによって、松鶴軒系の鷹術が格式高いブランドとして認識されるに至ったことが予想されよう。

以上のように、加賀藩の鷹匠たちによって喧伝された松鶴軒系の祢津家の鷹術が格式の高さを重視していたのに対して、真田家家臣の祢津家の鷹術は武家の権威とはほぼ無縁であった。むしろ、同族間での格付けに利用されていたのである。すなわち、信忠系・光直系の祢津家の鷹術は、伝承を伴う家芸としての要素が強いものであった。さらに鷹術説話を伴う彼らの系譜伝承は、主君である真田家が海野家の嫡流であることを主張する発想とも重なり、真田家主従の伝承上の親密さを示唆するものでもある。そして、これらは加賀藩の鷹匠たちによる〝松鶴軒系の祢津家の鷹術〟を介したネットワークからは外れた位相において伝播したものであった。

こういった祢津家の鷹術伝承に支えられた真田家の鷹狩りは、やはり普遍的な政治儀礼や外交の範疇にとどまらない文化的営為であることが改めて確認できよう。政治的に利用価値のある〝礼法としての格式の高さ〟を構築する役割は、主に加賀藩の鷹匠たちによる〝松鶴軒系の祢津家の鷹術〟が担っていたことは繰り返し述べた通りである。

一方の真田家家臣の祢津家の鷹術について再度確認すると、まず当家の系譜が鷹術伝承と関わりつつも、必ず滋野三家であることを掲げて海野家との所縁を説くという特徴が挙げられる。このような系譜伝承は、たとえば真田家が海野家の嫡流であることを主張する手段としても利用できる等、祢津家に限らず、主従で共有できる有用な媒体であったことが推測されよう。

さらには、祢津家の本貫地である東信地域において松代藩の真田家と関わる在地の鷹術伝承が存在し、それが祢津家に伝来した鷹書や鷹術文書に見える叙述と連動していることも併考すると、祢津家が描く文化事象としての真田家の鷹狩りの実像は、家芸および在地に基づく伝承が大きく影響していることが指摘できよう。併せて付け加えると、真田家家臣の祢津家に伝来した鷹書は文芸性が高く、古態性を有するものであった。それならばやはり、真田家の放鷹文化もまた、相応の伝統を持つ文事的営為によってその一翼が担われていることが窺われよう。

あとがき

私の勤務先である公立大学法人長野県立大学は、地方の公立大学らしく地域貢献を標榜している。このような本学の基本理念に従って、私も自身の専門分野である鷹書の研究を活かした地域貢献をしてゆきたいと思うようになった。その一環として、二〇一八年度の学内助成のひとつである「第一回公募型理事長裁量経費採択事業」に申請した。申請テーマは「長野県立大学×信州の城下町　鷹狩文化再発見プロジェクト（第1回）―松代城と鷹狩―」である。

松代城をテーマに選んだのは、勤務先に近い場所でなおかつ鷹狩りと関連深い史跡だからである。ありがたいことにこのプロジェクトは採択されたので、「ＮＰＯ法人夢空間松代のまちと心を育てる会」の皆さまにご協力いただき、二〇一九年三月十七日に「松代城、早春の鷹狩り」というイベントを開催した。市民向けに「諏訪流放鷹術保存会」による古式に基づく鷹狩りの実演と、私が講師を務める「松代藩の鷹狩り―真田信之と祢津志摩守―」と題する放鷹文化講演会を実施したのである。

このような地域貢献を目的とした当該イベントであったが、その成果の一部として、画期的な出会いを私個人にもたらしてくれた。まずは、講演会にご参加くださった祢津泰夫氏との出会いが挙げられる。祢津泰夫氏は、講演会後にわざわざお電話をくださり、信忠系祢津家伝来の文書類をご所蔵なさっている由を知らせてくれた。

さらには、それらをすべて閲覧・撮影させてくださるというご高配を賜った。

　ところで、私はそれ以前において、依田盛敬氏からご当家伝来の祢津松鶴軒系の鷹書と鷹匠文書についてご教示いただき、その内容に関する調査・研究に取り組んでいた。それとほぼ同時期に、禰津喜隆氏からご当家に伝わった光直系祢津家伝来の鷹書と鷹狩り文書についてもご教示賜り、さらには根津光儀氏からもそれに関連するご当家伝来の文書群を調査する機会を与えていただいた。本書には、これらの文書群に関する研究成果も多数反映されている。このように貴重な資料を惜しげもなく研究に利用させてくださった依田敬盛氏・禰津喜隆氏・根津光儀氏のご厚情とご学恩に改めて深謝申し上げたい。

　そういった中で、先述のように祢津泰夫氏から教えていただいた情報により、祢津家の鷹狩りの全容を解明する研究が一気に進展した。本書はこのような祢津泰夫氏のご厚情のおかげで完成したと言っても過言ではない。しかし、残念ながら、氏は本書の上梓を待たずしてご逝去された。本書を氏にお届けする機会が永遠に失われたことが心より悔やまれる。ここに祢津泰夫氏のご生前のご厚情について深く感謝申し上げる次第である。

　以上のような祢津泰夫氏との出会い以外にもう一つ、松代城の鷹狩りイベントを通して私の人生観が変わるような貴重なご縁があった。それは、長野県でご活躍なさっているラジオパーソナリティにしてフリーキャスターの武田徹氏との出会いである。当該の鷹狩りイベントに興味を持ってくださった武田さん（いつもの呼び方で統一させていただく）からお声がけいただいて、イベントの翌月からSBC信越放送のラジオ番組である「武田徹のつれづれ散歩道」の「つれづれ喫茶室」のコーナーに毎月第二土曜日のゲストとして出演させていただくことになった。この番組は一九八八年の放送開始から三十三年続く長寿番組で、タイトル通り武田さんがメインパーソナリティを務めている。私がお話するテーマは古典文学に登場する毎月の風物詩を紹介するという内容である。毎月一度、人気パーソナリティの武田さんとトークするだけでも話し方に関する勉強になる。それに加えて、古典文学に対する知的好奇心をエンタメとして発信する手法についても、適宜、武田さんから学ばせてもらっている。このように貴重な経験をさせていただいていることから（畏れ多くて恐縮であるが）、武田さんは私にとって〝師匠〟とお呼びしたい人になっている。

さらに私にとって憧れの女性として、そのような〝師匠〟を支える芳子夫人の存在がある。ゲスト出演が決まった際に武田さんからご自宅にお招きいただき、ご自慢のお庭とともに芳子夫人をご紹介くださった。初めて夫人とお会いしたとき、私は『平家物語』に登場する巴御前を思い出した。木曽義仲公を支えて奮闘する巴御前は、信濃国出身の強く美しく頼りになる女武者で、私が古典文学の中で一番好きなヒロインである。巴御前のような芳子夫人は、私が憧れてやまない信濃国出身の格好良い女性の代表である。

また、同じく「つれづれ散歩道」にご出演なさっている文学ナビゲーターの堀井正子先生やフリーパーソナリティの塩入美雪さん、その他の番組関係者の皆さんたちともいつも楽しく交流させていただき、心から感謝申し上げたい。特に、信越放送株式会社の生田明子さんとＡＣＴＥＣＨ（アクテック）の伊藤俊道さんには出演のたびに大変お世話になり、重ねて感謝申し上げる次第である。このように、ＳＢＣ信越放送の社屋で過ごす毎月第二土曜日は、私にとってかけがえのない充実した時間となっている。

その上ありがたいことに、二〇二二年の五月には、信越放送株式会社の清沢（小森）康夫氏からお声がけいただき、同局のラジオ番組「MiXxxxx+（ミックスプラス）」の「KIE'S RECOMMEND」コーナーにも毎月第一月曜日にゲスト出演させていただくことになった。こちらのトークテーマは「女流古典の世界」ということで、私がこれまであまり触れてこなかった平安朝の女流文学者の作品について勉強する機会を与えてもらっている。この番組のメインパーソナリティをなさっている千曲市出身の海野紀恵アナウンサーと毎月お話できるのが非常に楽しく、ここでも有意義な経験をさせていただいている。

以上のような武田さんとSBC信越放送のラジオ番組のご厚意により、従来は机に向かって論文原稿を書くらいしか自身の考えを世に問う方法を持たなかった私が、長野県内のメディアを通じて古典文学の魅力を広く社会に発信する機会を得た。そのおかげで日本古典文学の研究者として大きく視野を広げることができた。これまで、ずっと研究論文を執筆することにしか興味のなかった私が、鷹書と鷹狩りに関する一般向けの本を出版して放鷹文化を広く社会に周知したいと強く念じるようになったのはその所以である。そして、これが本書を執筆するに至った主な動機である。

その他、今回、本書を出版するに際して最もお世話になり、ご迷惑をおかけした株式会社三弥井書店の吉田智恵氏に心より感謝とお詫びを申し上げたい。本書を一般向けに少しでも読みやすくなるよう、浅学非才な私のためにご助言くださり、どうもありがとうございました。お手数をお掛けして本当に申し訳ございませんでした。

最後に、本書を二〇二二年の一月にご逝去なさった恩師の福田晃先生に捧げることをお許しいただきたい。私はこれまで福田先生から教えてもらった伝承文学について、胸を張って研究に取り組んできた。今後も一層の誇りを持って研究に取り組んでゆく。その嚆矢となるのが本書であることを福田先生の御霊に宣言しつつ、筆を擱くことにする。

付録

カラー版　絵で知る鷹狩り——図解『鷹繪圖之巻』——

表紙

第二編「徳川家の鷹狩りと真田家の鷹狩り」第二章「徳川家康愛顧の祢津松鷂軒系の鷹術とそのブランド化」で言及した『鷹繪圖之巻』（架蔵本）の図説と奥書について取り上げ、紹介する。『鷹繪圖之巻』の図説はいずれも、中世・近世に大量に出回った鷹書によく見られる内容で、中世以降の武家の鷹狩りの作法についてほぼ網羅している。

そこで、以下において『鷹繪圖之巻』の図版に簡単な解説を付し、かつての武士の鷹狩りをビジュアル的に知る手引きとして提示する。それによって、祢津家が支えた真田家の放鷹文化をより具体的に理解する参考資料としたい。

ところで、序章で述べたように、真田信之も含めて中世・近世の武士たちは鷹狩りを政治的な外交手段として盛んに利用していた。その具体的な方法としては、鷹や鷹がとらえた獲物を献上・贈呈するだけでなく、狩り場での交流を一種の接待として政治外交するケースもあった。現代でいうところの「ゴルフ接待」のようなものである。このように古典における鷹狩りからは、現代につながる社会的な精神構造を窺うこともできよう。

そこで、以下に挙げる解説においては、『鷹繪圖之巻』の図説からそういった解釈に繋ぐことも期して、適宜、現代の鷹狩り事情について紹介してゆく。それに関しては、徳川家直参の鷹匠の技術を継承する「諏訪流放鷹術保存会」の大塚紀子鷹師に情報提供をお願いした。

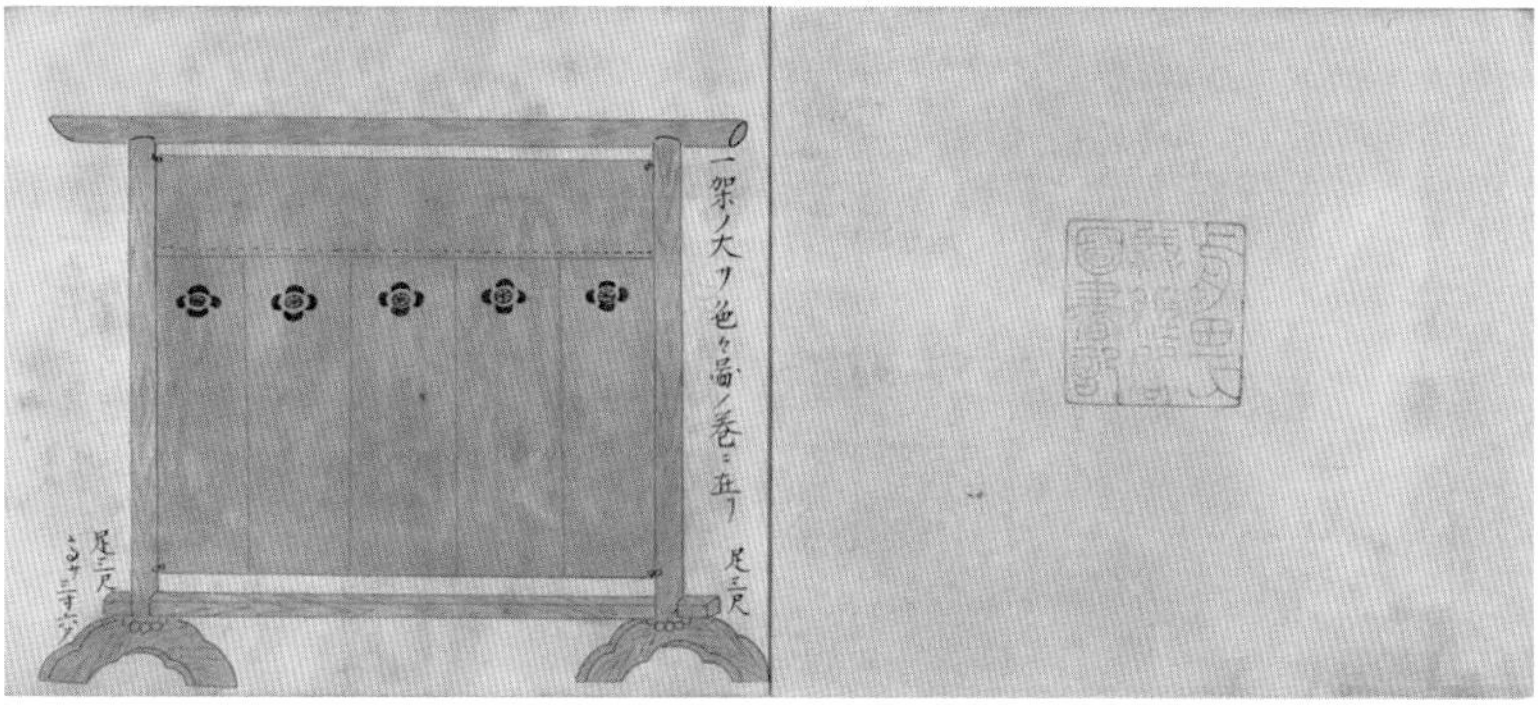

2オ

架《ほこ》のサイズについて

架とは鷹の留まり木のこと。中世・近世の鷹狩りで使用する架については、そのサイズや素材となる木材の種類などに一定のルールがあった。鷹を留まらせる架は、鷹狩りには不可欠な鷹道具として、多くの鷹書において取り上げられ、図解されている。

2オ　架の大きさについての図説。架垂《ほこだ》れ（＝架に繋いだ鷹が下をくぐらないようにかける布。架布《ほこぬの》とも）が掛けられた図となっている。ところで、戦前の宮内省では、古技保存の国策のために鷹匠が公式な職員として召し抱えられ、古式に基づいた鷹狩りの技術を伝承していた。『放鷹』（吉川弘文館、一九三一年初版、二〇一〇年復刻）という鷹狩りの書物は、その国策の一環として宮内省が編纂したものである。その『放鷹』「宮内省に於ける放鷹」第四篇「鷹道具」によると、当時（昭和六年）、宮内省所属であった鷹匠たちは架垂れには「琉球表」を裏打ちにしていたという。

しかし、現代では畳表を使うと毛羽立ちやすく不経済であるため、絨毯を裁断したものを使う鷹匠が多いらしい。また、当該図のように横棒を複数本設置して上段から二本目に架垂れを掛けるのは現代の鷹狩りでは「正式な作法」とされる。その方法は手間がかかるため、現代の鷹匠たちは一本目を覆うようにかぶせる略式を主に行っているという。

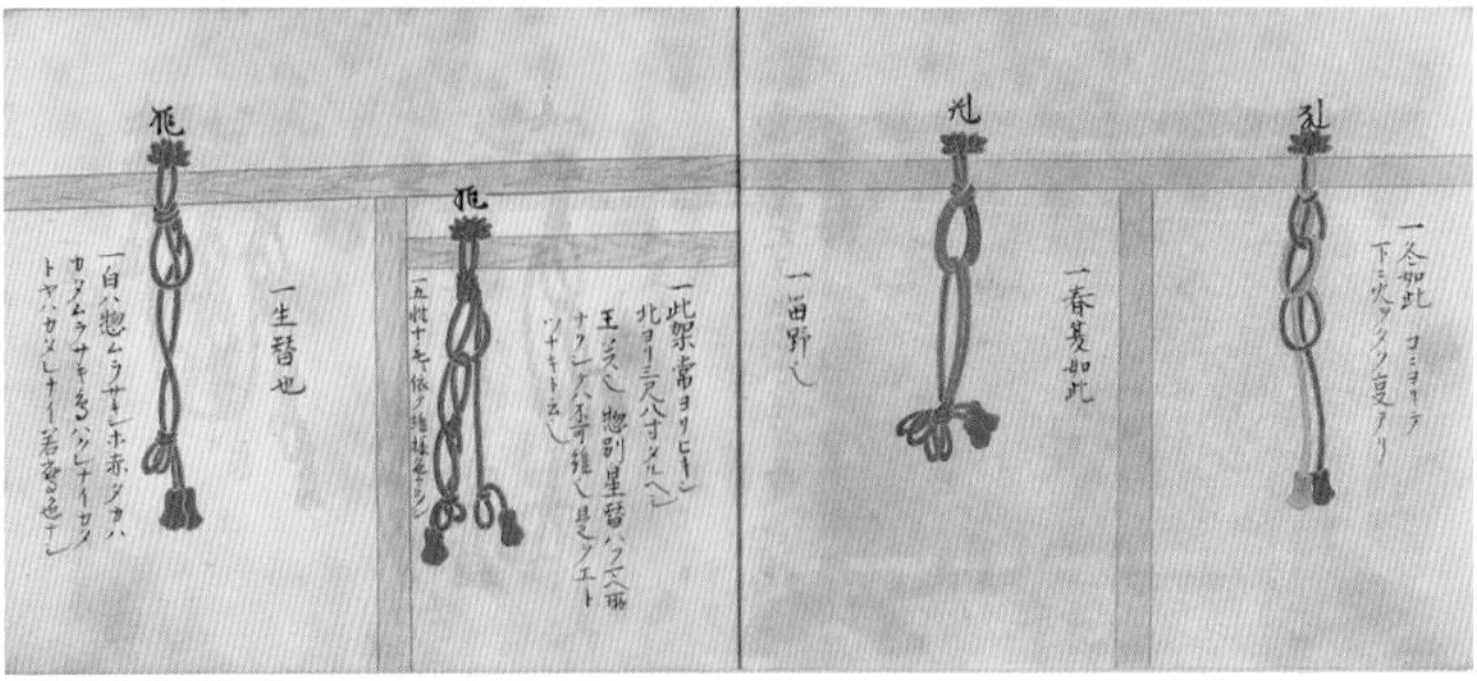

3オ　2ウ

大緒《おおお》の結び方について

「大緒」は架に繋ぐ鷹の足に結ぶ組紐のこと。架と同様に鷹狩りには不可欠な鷹道具のひとつである。『鷹繪圖之巻』にはさまざまな結び方の種類が挙げられ、それぞれに通しで梵字が示されている。このように人緒の結び方に梵字が記されるのは信忠系祢津家に伝来した鷹書にも見られる特徴である（二本松泰子「【資料】続々・松代藩の祢津氏伝来の鷹書」（『グローバルマネジメント』第七号、二〇二二年）。

ただ、鷹書に見えるこういった結び方の図解の中には、実用的でない事例も数多くあることから、中世・近世において実際にこのような結び方が実施されていたかどうかについては未詳。現代の鷹匠たちもほぼ行っていない。むしろ鷹の種類や場面ごとにこういった〝作法〟が異なることを主張することとそれ自体が、鷹術流派のアイデンティティを示す知識として重要視されたものであろう。

そういった知識を共有する同じ流派の鷹匠同士ならば、このような大緒の結び方を見るだけで繋がれている鷹の種類や雌雄の別、季節感などが一目瞭然となる。このような大緒に関する知識を記載する『鷹繪圖之巻』は、同じ流派の鷹匠たちに知識を共有させるための教材でもあったことが推測されよう。

ちなみに、このような大緒や「架のサイズについて」（二五三頁）で図示されている架や架垂れといった、鷹狩りに不可欠な鷹道具の種類にこだわるのは、現代風にいうならば接待用のゴルフ用品において各種ブランドを嗜好する感覚に近いものであろうか。

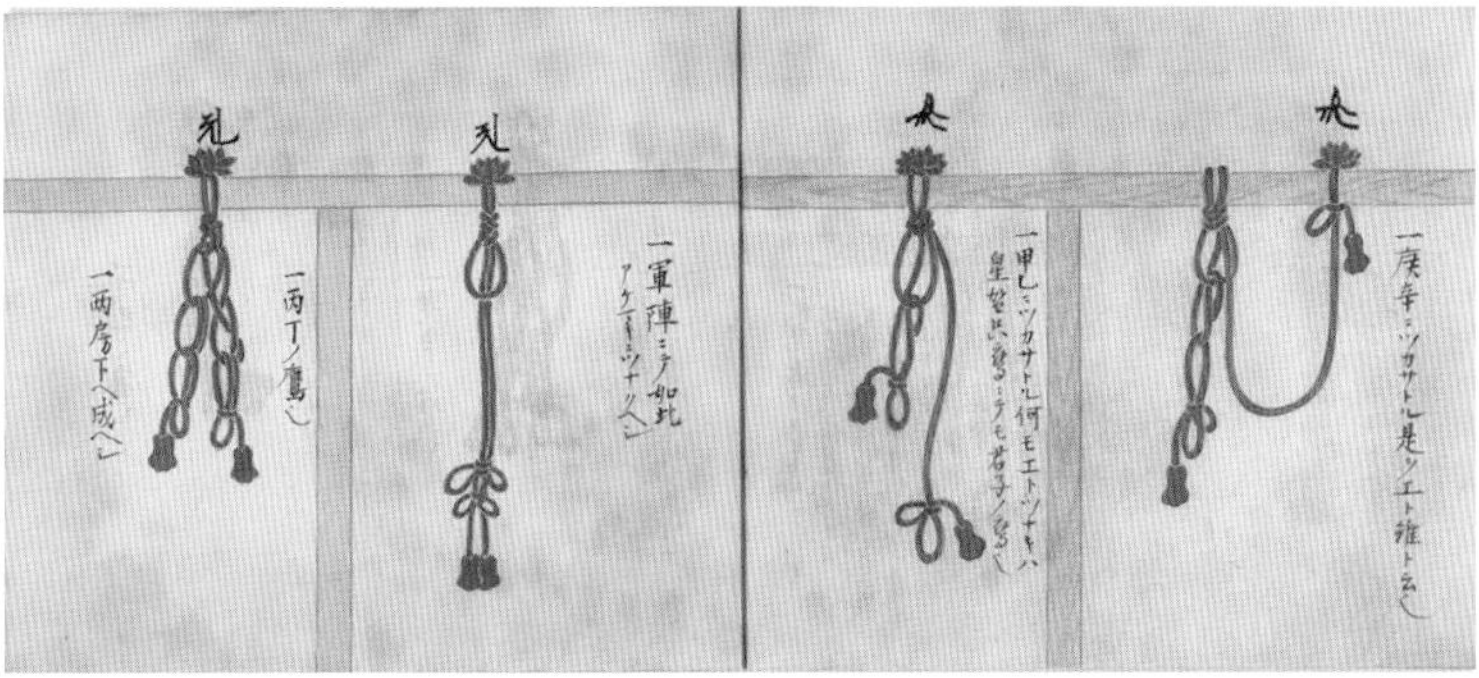

4オ　3ウ

2ウ　冬における大緒の結び方と春夏における大緒の結び方。

3オ　野に留まるときの大緒の結び方（＝「エトツナキ（未詳）」と称する）と鷹の羽毛が生え替わったときの大緒の結び方。ちなみに、「エトツナキ」の「エト」は「干支」を指すか。

　この丁の後に続いて挙げられる大緒の結び方には十干の文言が付されている。なお、本編で言及した信忠系祢津家の鷹書にも大緒の結び方の文言に十干が見える（二本松泰子「【資料】続々・松代藩の祢津氏伝来の鷹書」）。

3ウ　「庚辛ニツカサトル（未詳）」大緒の結び方と「甲乙ニツカサトル（未詳）」大緒の結び方。大緒の結び方の文言に「庚辛」「甲乙」と見えるのは、信忠系祢津家に伝来した鷹書においても同様である（二本松泰子「【資料】続々・松代藩の祢津氏伝来の鷹書」）。

4オ　軍陣における大緒の結び方と「丙丁ノ鷹（未詳）」を繋ぐ大緒の結び方。大緒の結び方の文言に「丙丁ノ鷹」と見えるのは、信忠系祢津家に伝来した鷹書においても同様である（二本松泰子「【資料】続々・松代藩の祢津氏伝来の鷹書」）。

5オ
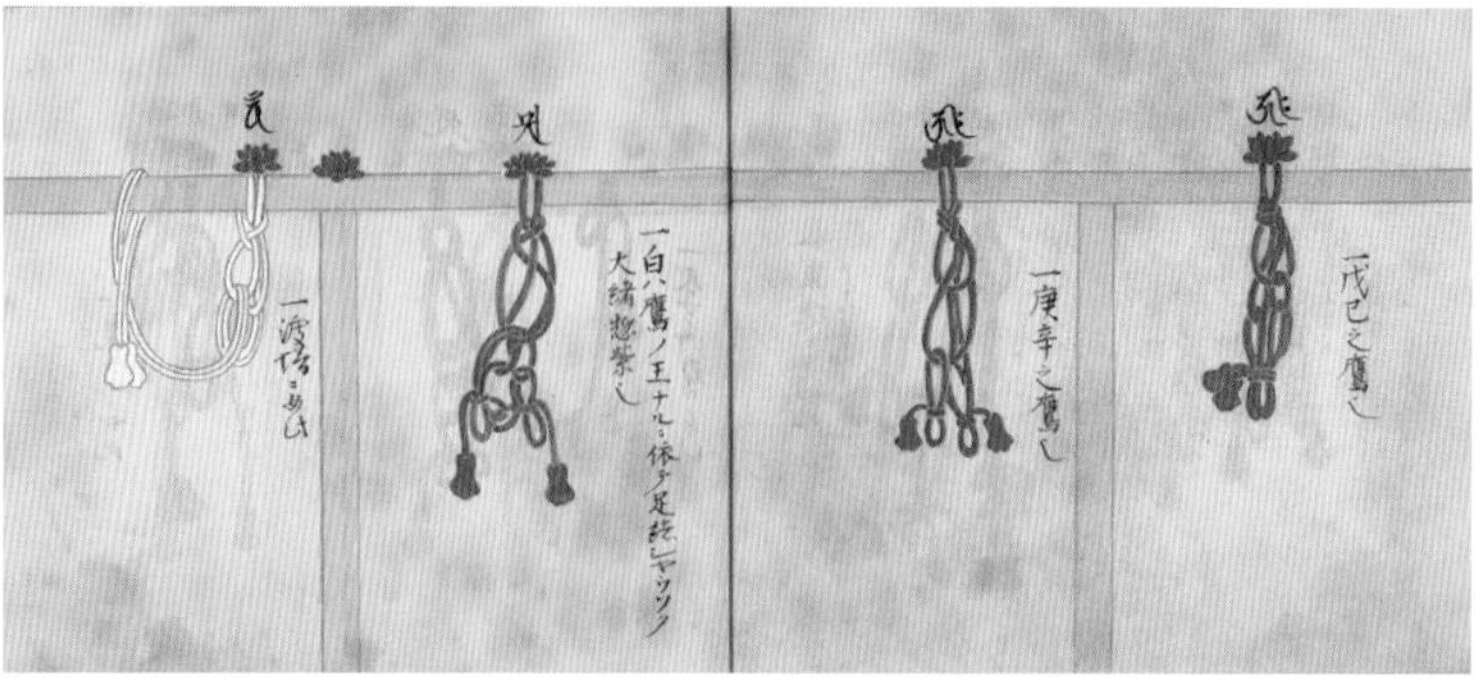
4ウ

6オ
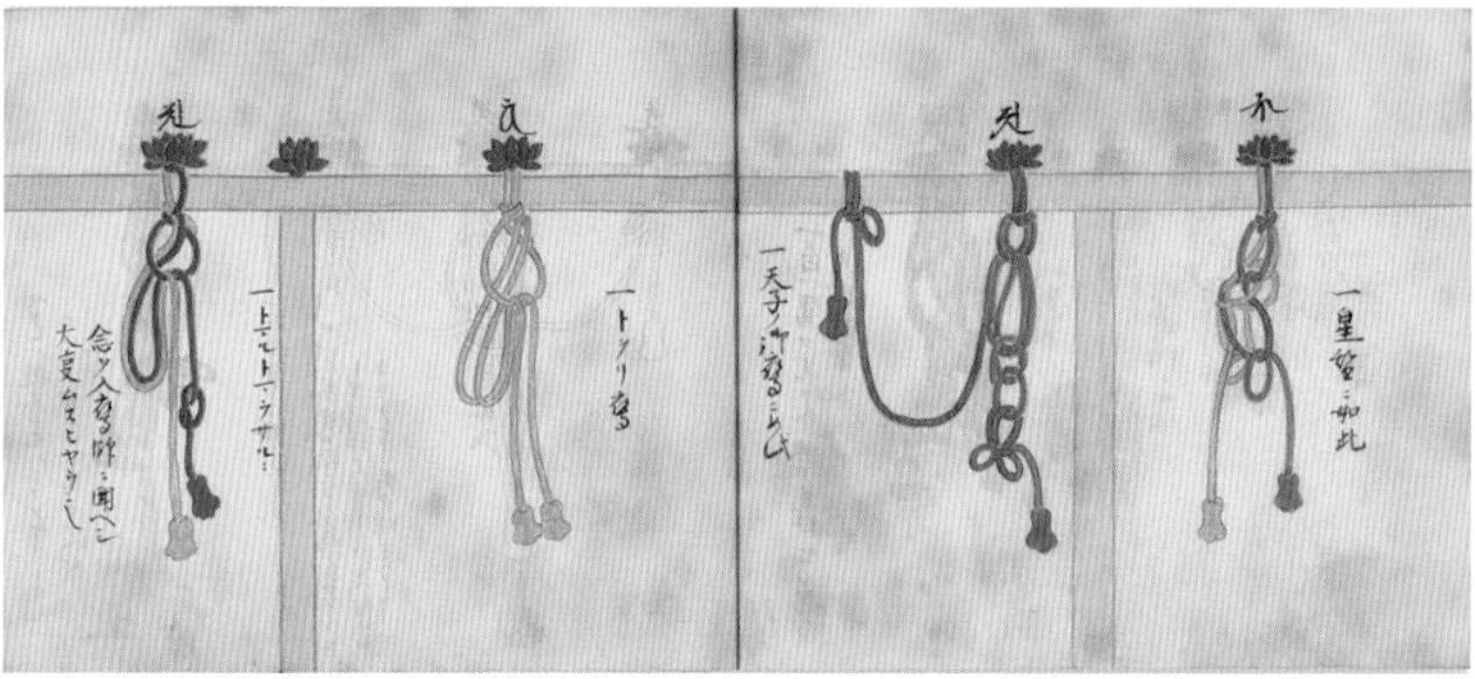
5ウ

4ウ　「戊巳之鷹（未詳）」を繋ぐ大緒の結び方と「庚辛之鷹（未詳）」を繋ぐ大緒の結び方。大緒の結び方の文言に「庚辛之鷹」と見えるのは、信忠系祢津家に伝来した鷹書においても同様である（二本松泰子「【資料】続々・松代藩の祢津氏伝来の鷹書」）。

5オ　白鷹を繋ぐ大緒の結び方と「渡場（＝渡船場のことか）」における大緒の結び方。

5ウ　鷹の羽毛が生え替わったときの大緒の結び方と天子の御鷹の大緒の結び方。

6オ　「トヲリ鷹（＝鷹場や旅先で宿泊しないときに鷹を繋ぐこと）」の大緒の結び方と「トマルトマラサルニ」関わらず、念を入れて鷹師が鷹を繋ぐ大緒の結び方。

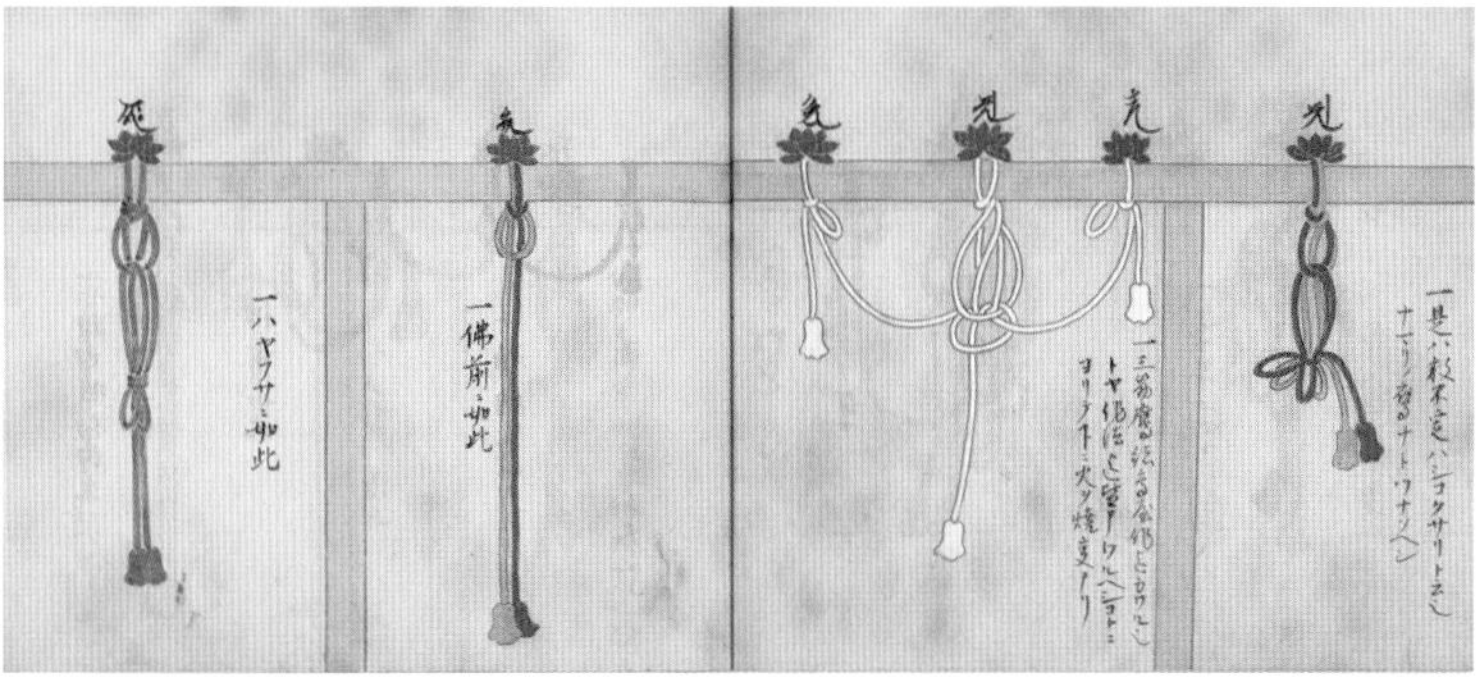

6ウ　7オ

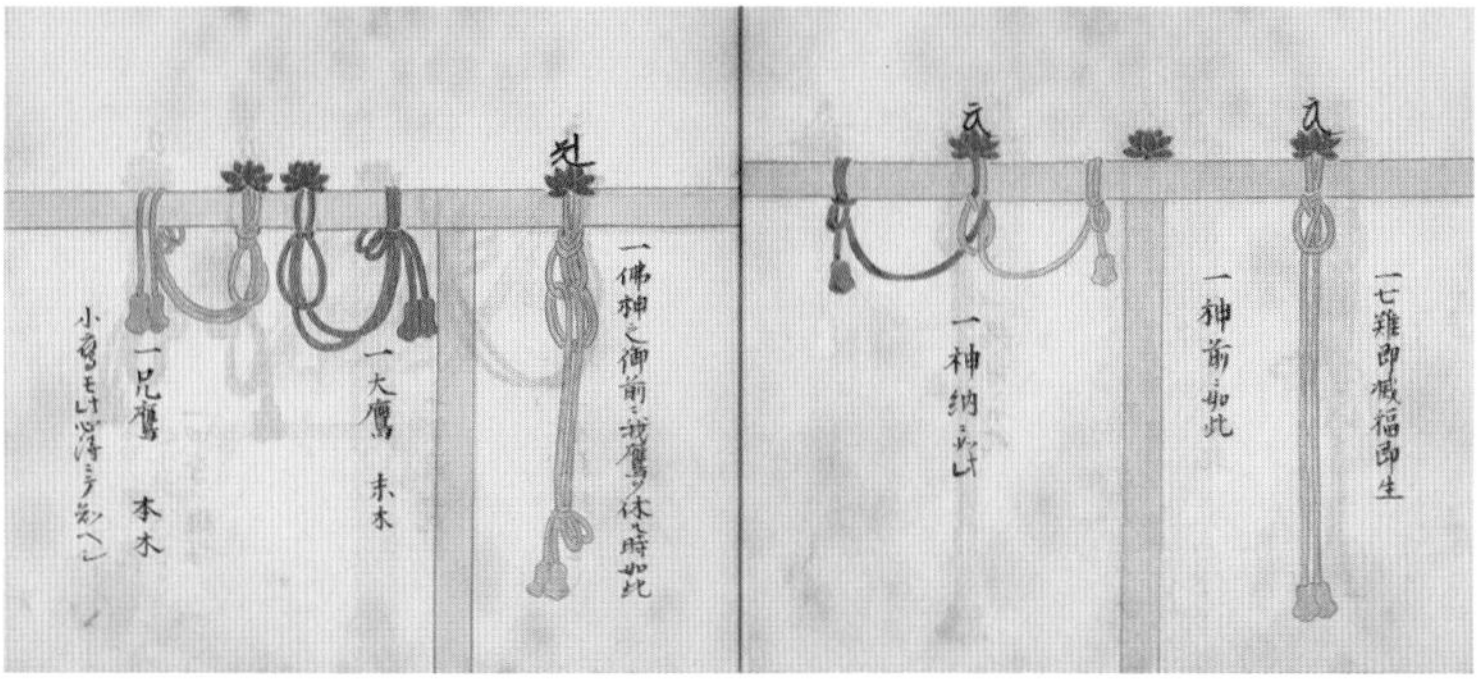

7ウ　8オ

6ウ　「ナマリノ鷹（未詳）」等を繋ぐ大緒の結び方（＝「シコクサリ（未詳）」と称する）と「三筋鷹緒（未詳）」と称する、鳥屋を作り変えるときなどに繋ぐ大緒の結び方。

7オ　仏前における大緒の結び方と「ハヤフサ」を繋ぐ大緒の結び方。

7ウ　神前における大緒の結び方と神納における大緒の結び方。

8オ　仏神の御前に自分の鷹を休ませるときの大緒の結び方と大鷹（＝オオタカの雌）・兄鷹（＝オオタカの雄）をペアで繋ぐときの大緒の結び方（小鷹も同様にするという）。

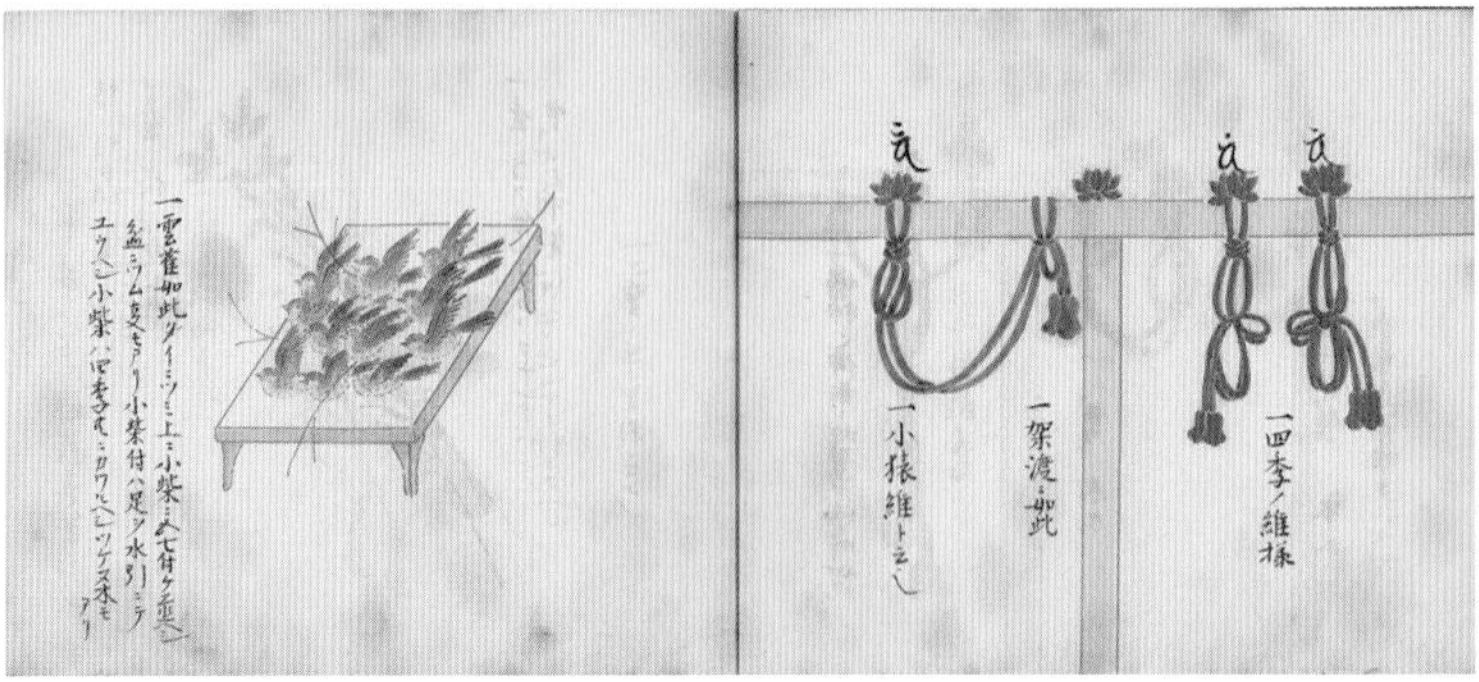

9オ　8ウ

鷹の獲物を献上する作法について

鷹の獲物を人に献上・贈呈するときには、それを鷹が捕らえたことを示す意味も含めて、獲物の種類ごとに異なる装飾を施した。鷹書においては、流派が異なっているにも関わらず、類似した装飾（たとえば鶉は竹に挟む、雉・兎・鶴は紐で縛る等）を示す事例が散見する。

ちなみに、現代の鷹匠たちには、鷹の獲物に装飾を施す習慣はほとんど見られない。

8ウ　「四季ノ維（未詳）」の様と「小猿維（未詳）」と称する「架渡《ほこわたし》（未詳）」における大緒の結び方（「大緒の結び方について」のつづき）。

9オ　雲雀を献上する際の作法…台の上に置かれた小柴（＝ヒサカキという植物）に数羽ずつの雲雀を付ける。雲雀の足を水引で結び、小柴に付けるのが良いとされる。小柴は四季によって別の植物に変わることもあるが、植物に付けないでそのまま雲雀を台に乗せる場合もある。

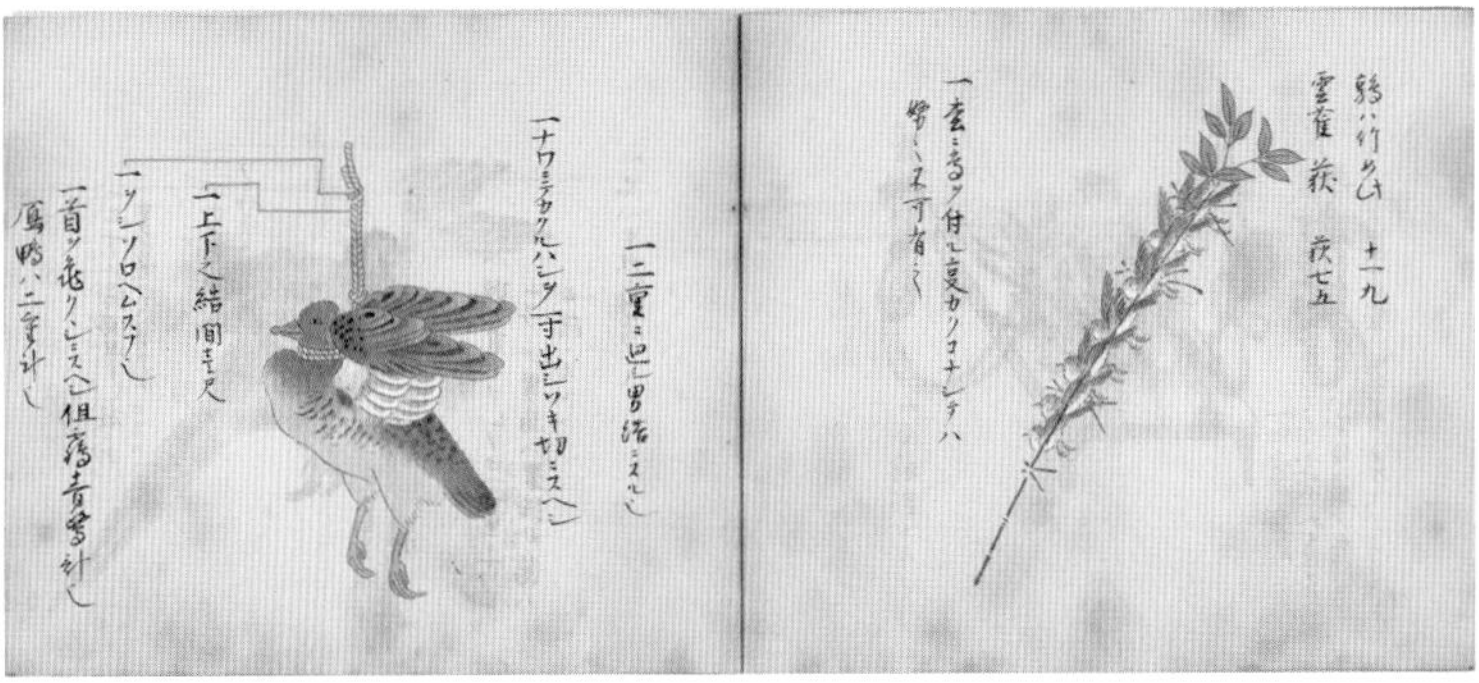

10オ　9ウ

9ウ　鶉・雲雀を献上する際の作法…鶉は竹、雲雀は荻に付ける。松に鳥を付けることはするべきではない。図柄は雲雀。

10オ　鳫・鴨を献上する際の作法…獲物の鳥に縄を二重に回して男結び（＝縄同士を繋ぐ結び方で垣根を作るときなどに使われる。強度が強い）にする。縄で隠れる端の形を一寸ほど出して削ぎ切りにする。

なお、縄の上下の結び目の間は一尺にして、二重にした縄をそろえて結ぶべきである。獲物の鳥の首は亀括り（未詳）にするべきであるが、それは鶴・青鷺のときだけで、鳫・鴨は二重の縄のみで結ぶ。図柄は鳫。

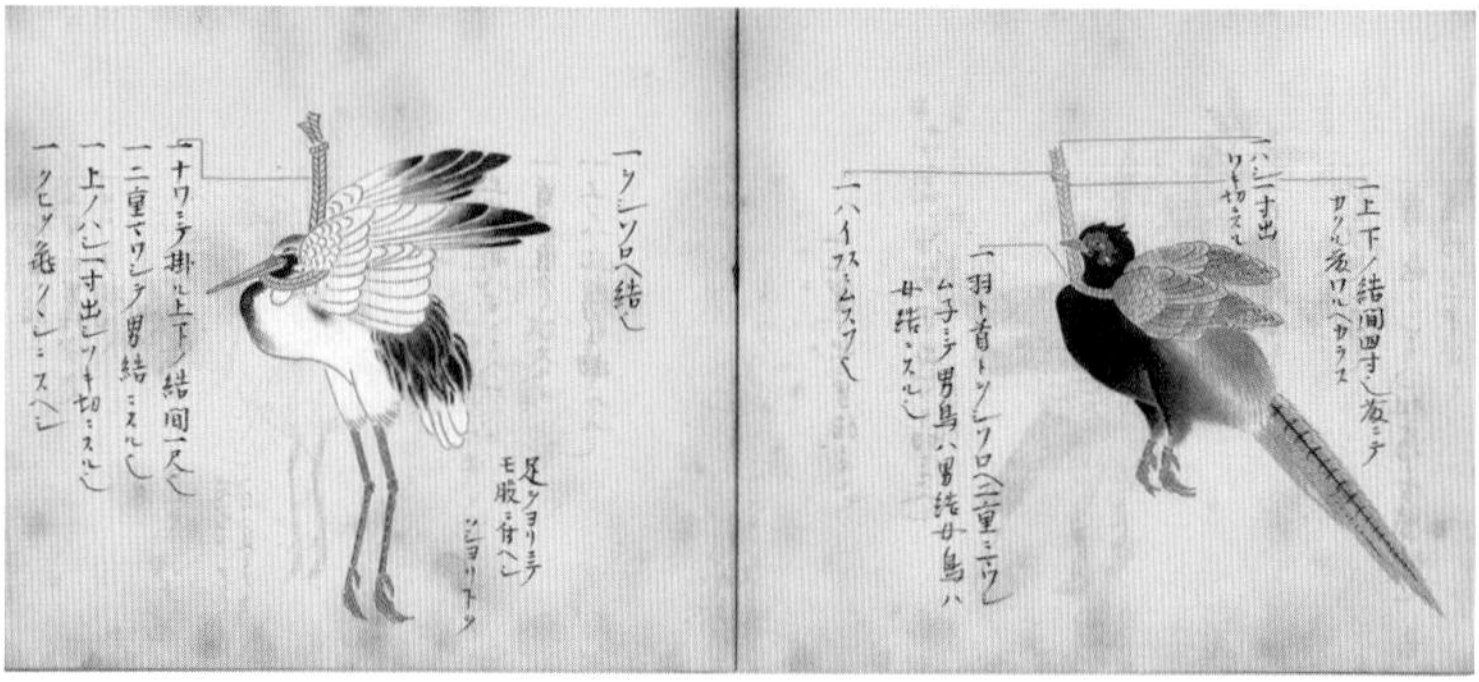

11オ　10ウ

10ウ　雉（雄・雌）を献上する際の作法…獲物の雉に掛ける縄の上下の結び目の間は四寸にして、縄の素材とする藤は割いてはいけない。縄の端を一寸出してワキ切（未詳）にする。雉の羽と首をそろえて縄を二重に回し、雄雉の場合は胸で男結びにし、雌雉の場合は胸で女結び（＝結び目が鏡面対称にならない縄の繋ぎ方で、ほどけやすい）にする。掛けた縄は雉の頭の前で結ぶ。図柄は雄雉。

11オ　鶴を献上する際の作法…獲物の鶴に掛ける縄を二本そろえて結ぶべきである。縄の上下の結び目の間は一尺にして、二重に回して男結びにする。縄の上の端は一寸出して削ぎ切りにするべきである。鶴の首は亀括りにするべきである。図柄は丹頂。

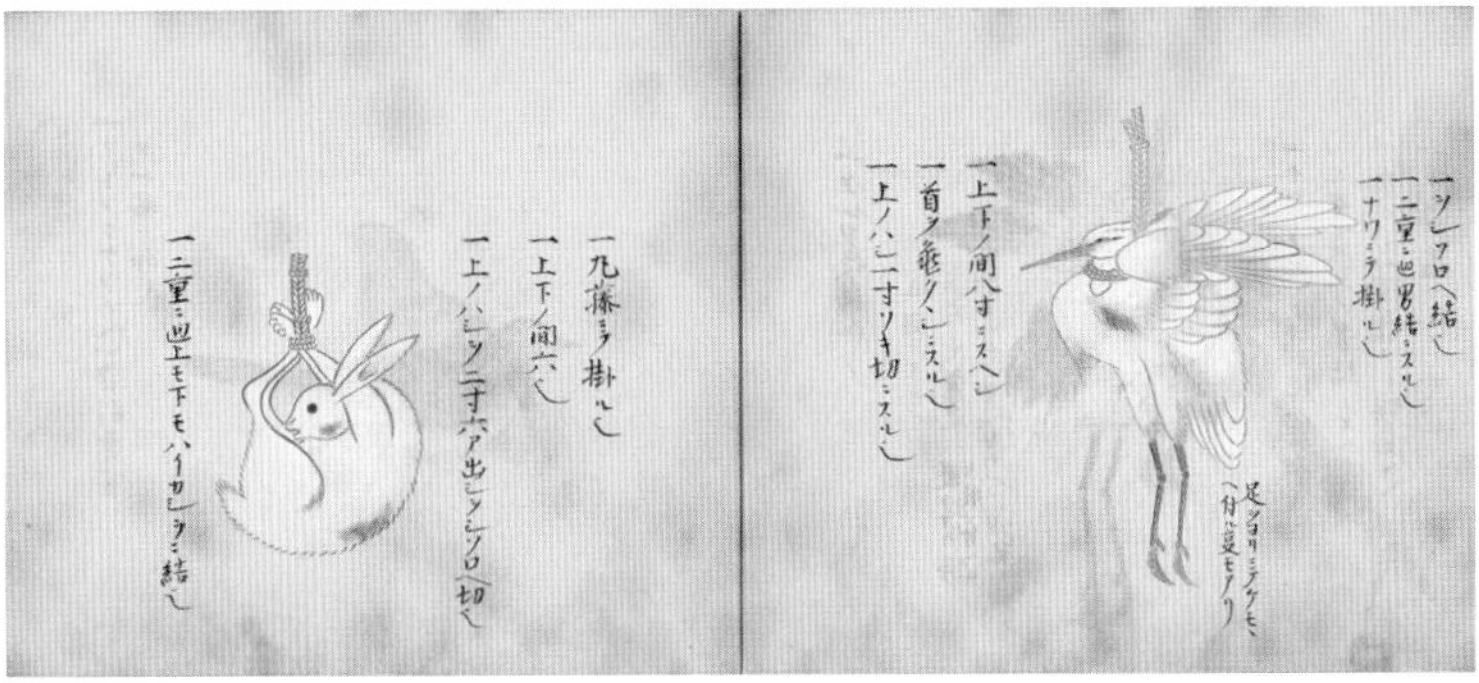

11ウ　12オ

11ウ　鷺を献上する際の作法…獲物の鷺に掛ける縄を二本そろえて結び、二重に回して男結びにする。縄の上下の結び目の間は八寸にして、鷺の首は亀括りにすべきである。縄の上の端は一寸出して削ぎ切りにすべきである。図柄は白鷺。

12オ　兎を献上する際の作法…丸藤を素材とする縄で獲物の兎を掛けるべきである。兎を掛ける縄の上下の結び目の間は六寸にして上の端を二寸六部出して二本そろえて切る。掛けた縄は二重にして、上の結び目も下の結び目も兎の頭の前で作る。

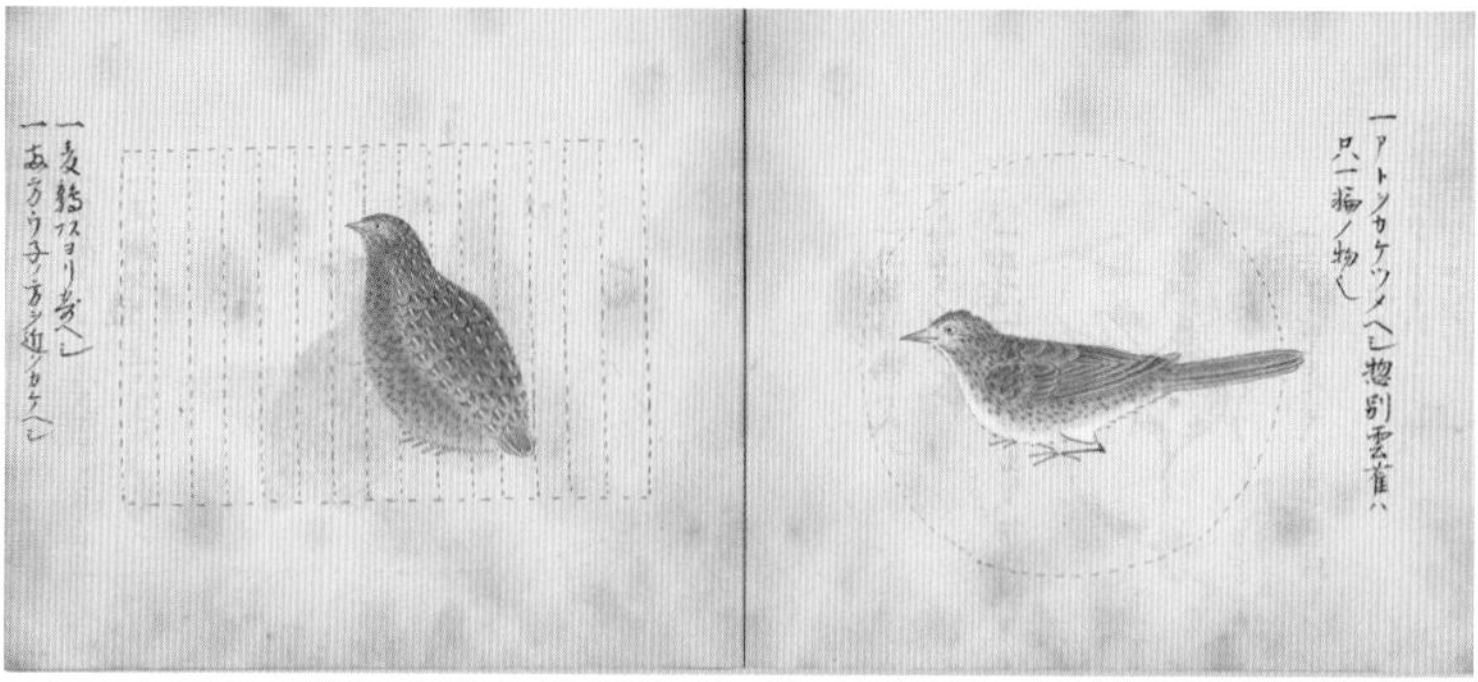

13オ

12ウ

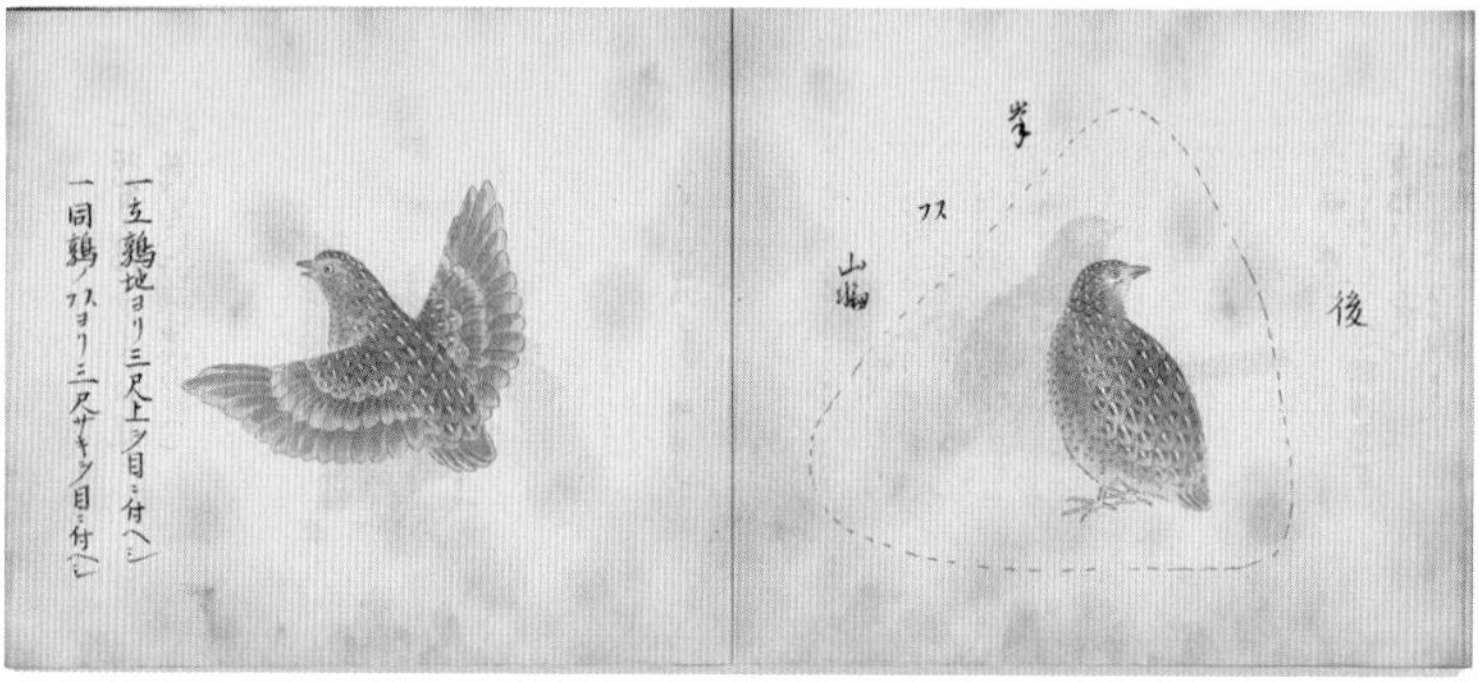

14オ

13ウ

鷹の獲物となる小鳥について

鷹狩りで獲物になることが多い小鳥の種類とその特徴等を紹介する。ここに挙げられている雲雀・鶉・鴫は、いずれも鷹狩りの獲物として実際によく利用されるものである。

こういった生きた小鳥の姿や「鷹の獲物を献上する作法について」に見える鷹の獲物の精緻な描写を鑑みると、『鷹繪圖之巻』の著者は、実物を見ながら描画していた可能性が高い。

12ウ　雲雀についての図説。

13オ　鶉についての図説。

13ウ、14オ　鶉についての図説。

15オ　14ウ

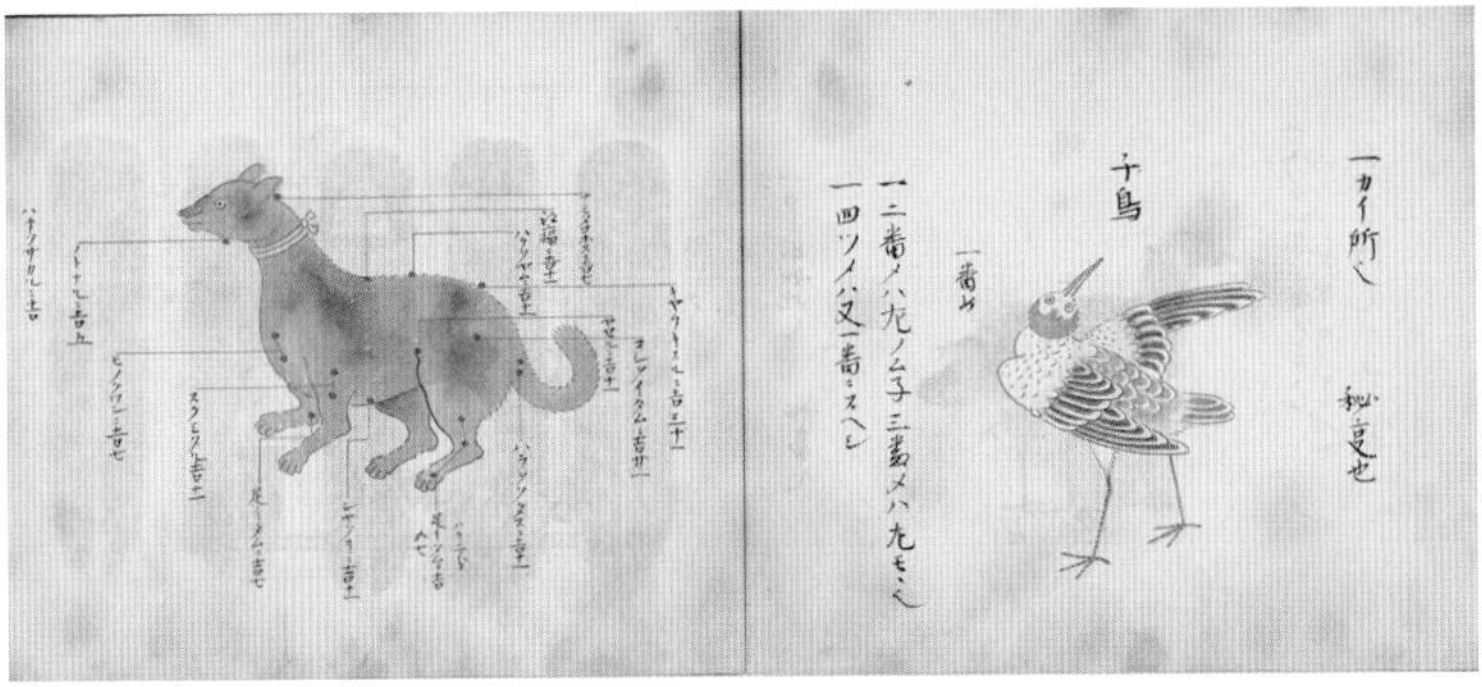

16オ　15ウ

14ウ　鶉についての図説。

15オ　鴫についての図説。

鷹犬の経穴について

鷹犬とは鷹狩りに伴われて使役される犬のことである。草むらに潜む鷹の獲物をおびき出したり、鷹が捕まえた獲物を確保したりする際のサポート役を担う。犬種は特に決まったものはなかったらしく、適性のある犬を適宜使っていたらしい。

鷹書ではこういった鷹犬を飼育するための療治法（灸穴）や餌に関する知識を掲載する記事が散見する。

ちなみに、現代の鷹匠たちは、ポインター犬種を海外から輸入して使役するケースが多い。

15ウ　千鳥についての図説（「鷹の獲物になる小鳥について」の続き）。

16オ　鷹犬の経穴についての図説。

17オ
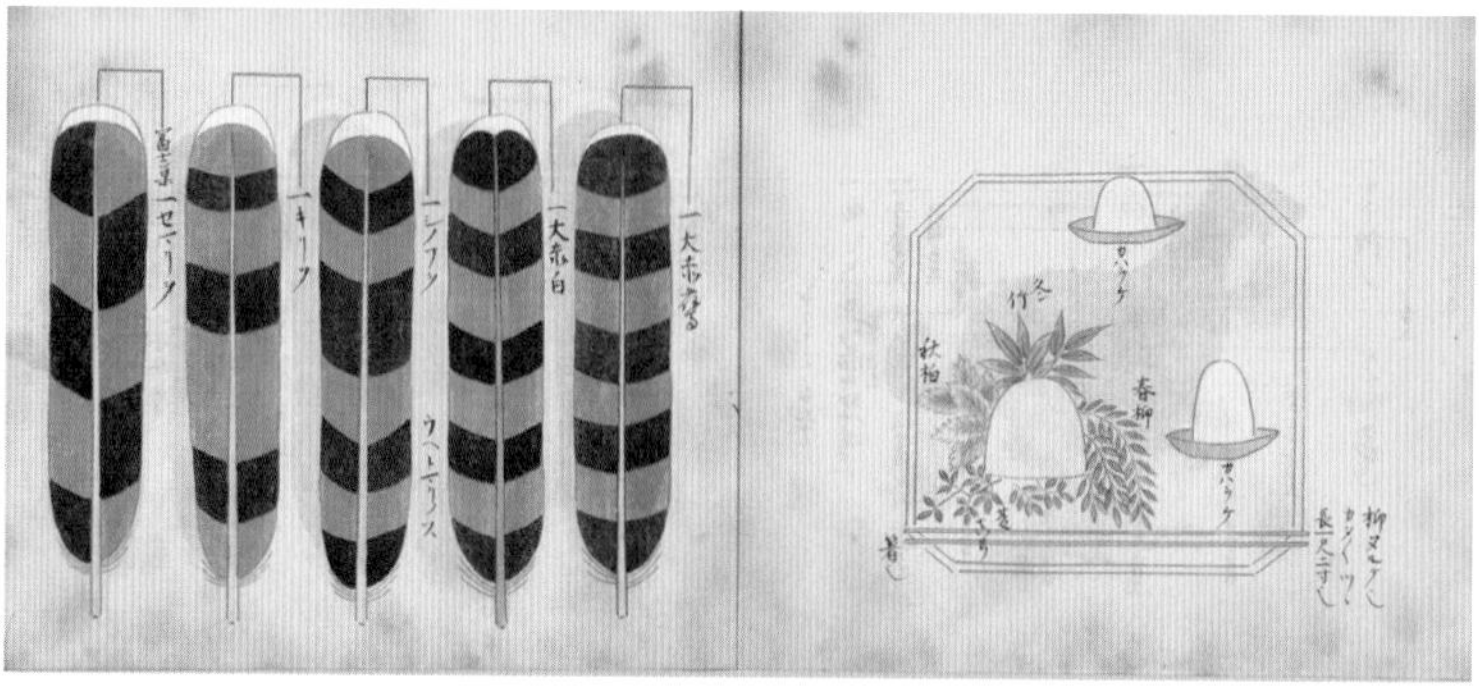
16ウ

18オ
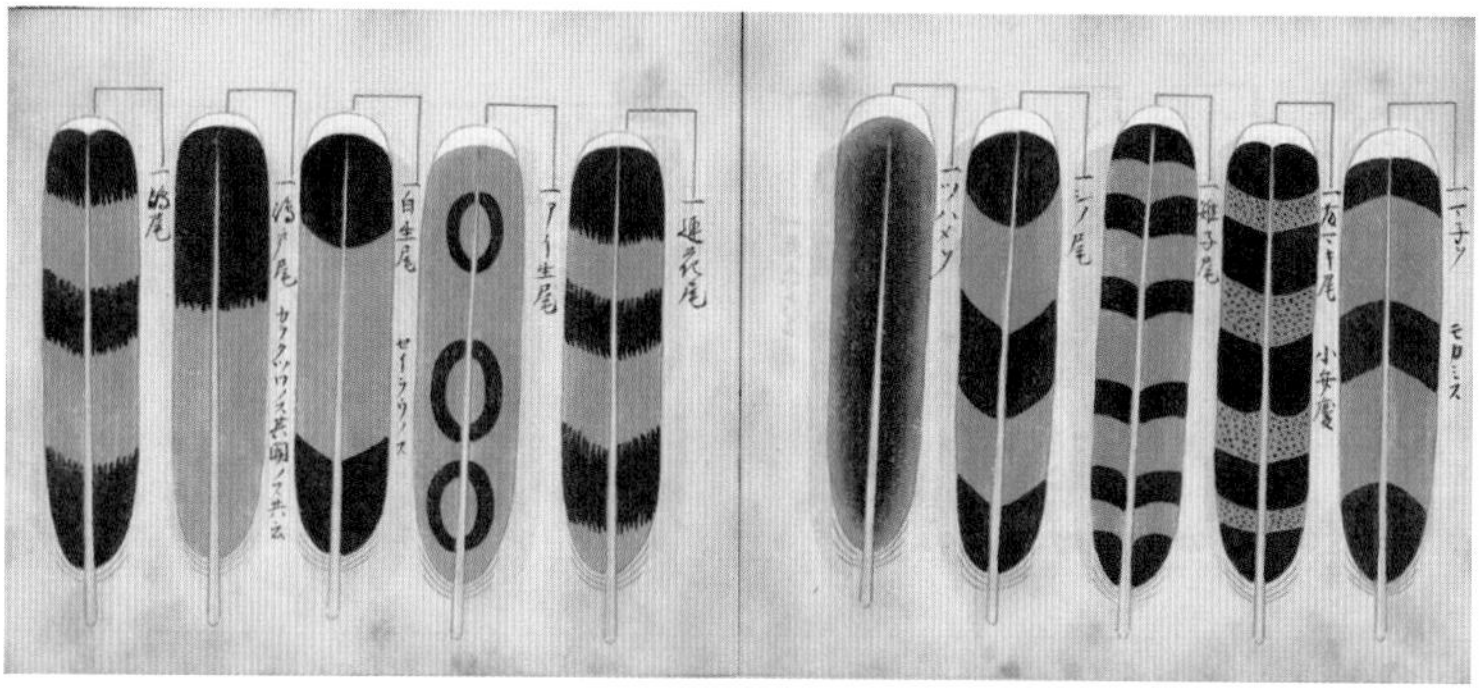
17ウ

鷹の尾羽の文様について

鷹の尾羽は古くからその斑紋のデザインが重要視されてきた。たとえば、猛禽類の尾羽を使った矢羽根には、斑紋の種類によって中黒・切り斑・護田鳥尾といった名称がつけられ、重用されている。

　鷹書では、そういった鷹の尾羽の文様について、種類別の名称とともに図説されている事例が頻繁に見られる。

　現代の鷹匠たちは、このような尾羽の斑紋の種類によって鷹の良し悪しを学ぶという。ちなみに、矢形尾（＝矢羽根の形に似た模様がある尾羽）の鷹が最も良相とされるらしい。

16ウ　鷹犬の膳部についての図説（「鷹犬の経穴について」の続き）。

17オ　鷹の尾羽の文様一覧。

17ウ、18オ　鷹の尾羽の文様一覧。

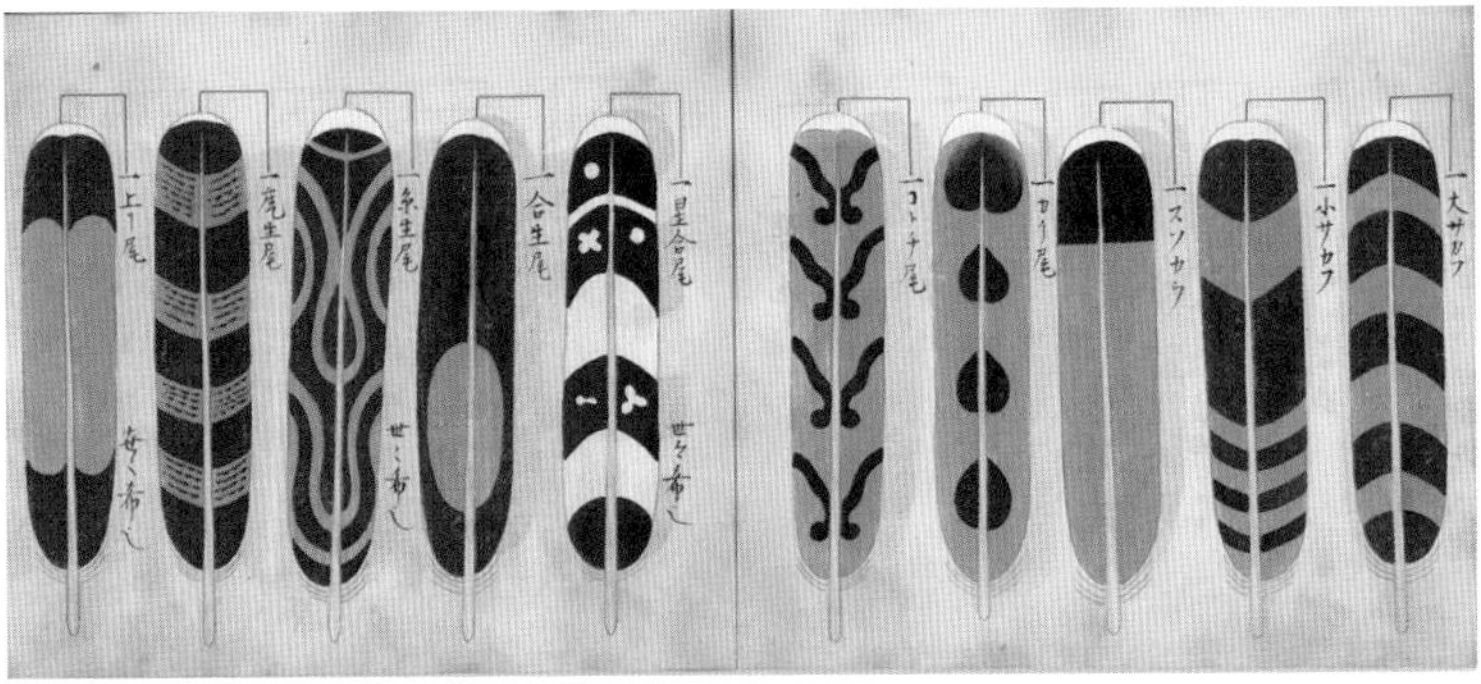

19オ　18ウ

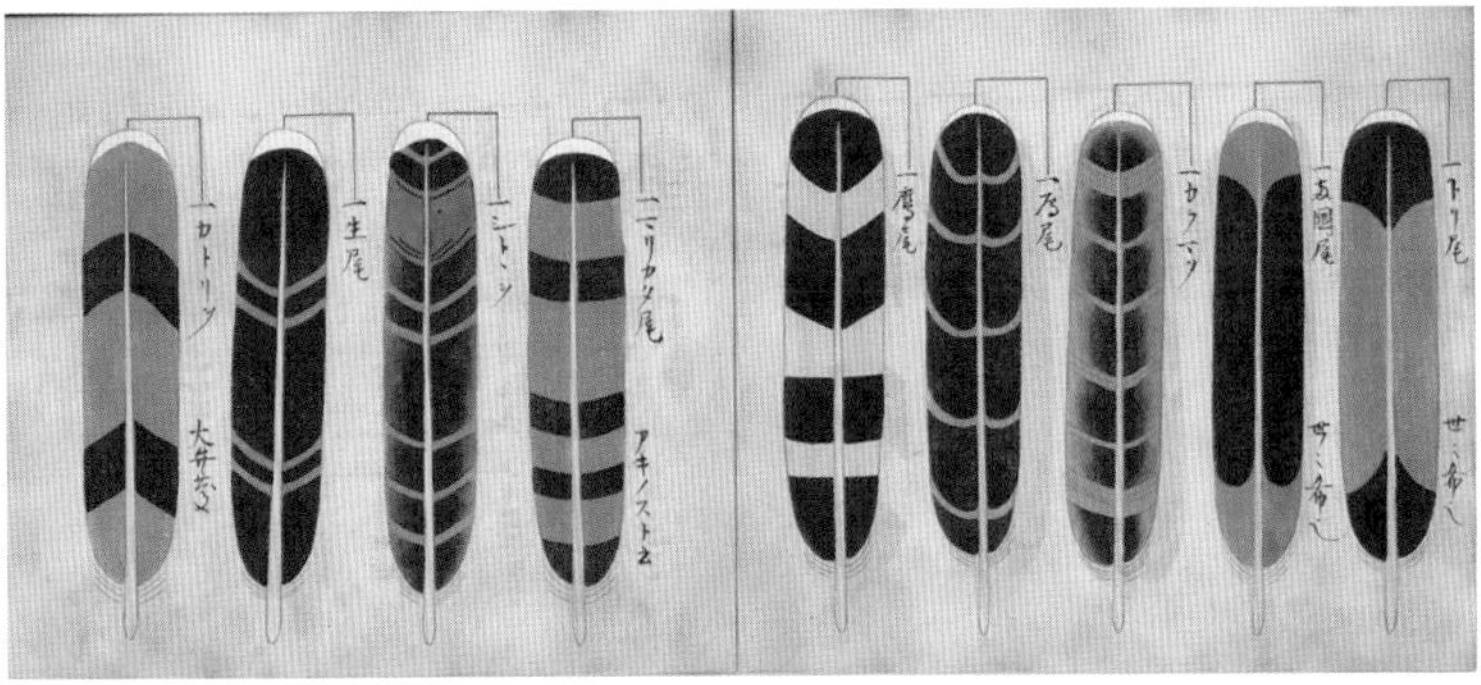

20オ　19ウ

18ウ、19オ　鷹の尾羽の文様一覧。

19ウ、20オ　鷹の尾羽の文様一覧。

『鷹繪圖之巻』にも様々な尾羽に大赤鷹、大赤白、忍尾、切斑…といった名称が付されているが、これらのすべてが実際の鷹の尾の文様に即したものとは限らない。というのも、ここに描かれている文様は、一部を除いて現実の鷹の尾羽には存在しないデザインだからである。

　このような鷹の尾羽の文様に関する虚構とも言うべき記事は、『鷹繪圖之巻』以外の鷹書においてもよく見られるものである。すなわち、鷹書に見える鷹の尾羽の文様の図柄は、その多くが創作されたデザインなのである。鷹書における尾羽の文様に関する記事では、正確な知識を提示することよりも、テキストそのものを美麗に飾る意図の方が強く働くものであろう。

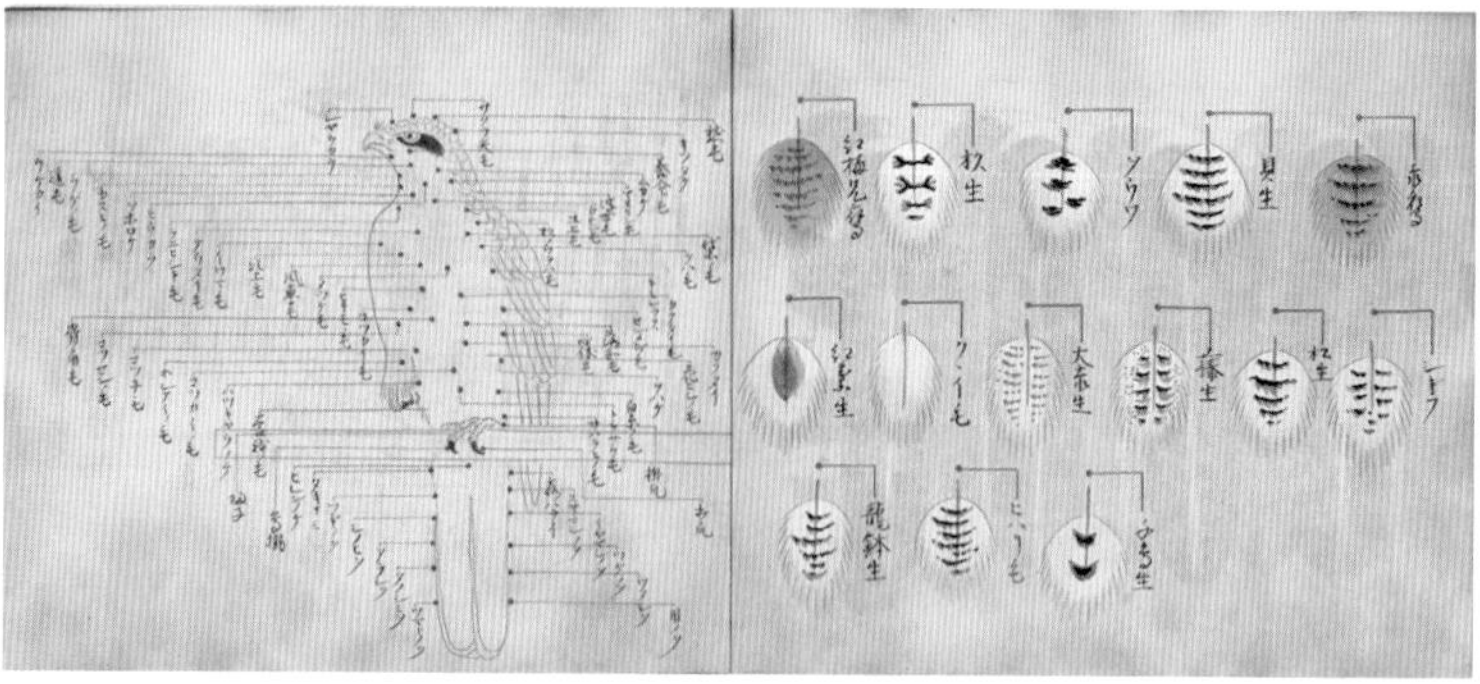

21オ　20ウ

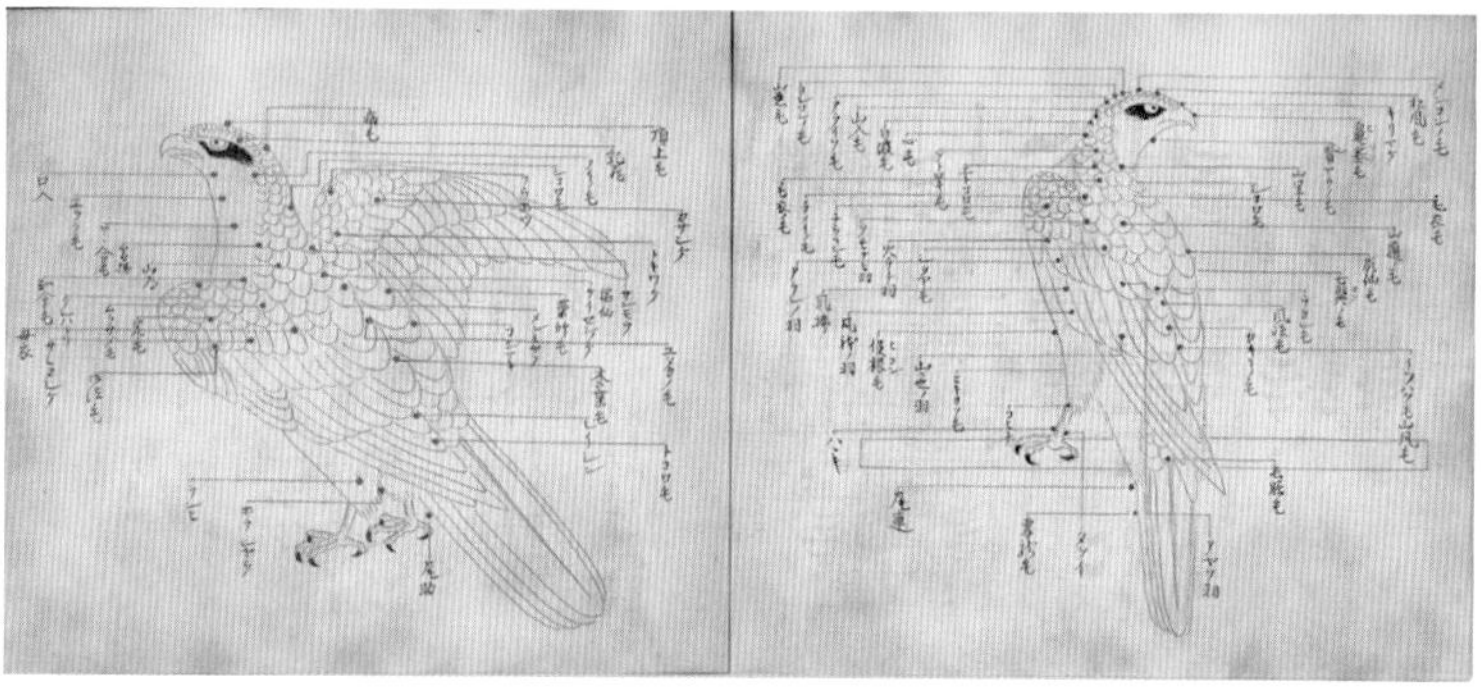

22オ　21ウ

鷹の部位について

鷹の体の部位に関する名称は、たとえば流派別による相違等はほとんどなく、おおむね一定している。多くの鷹書においても鷹の部位を図説した記事が掲載され、中にはこういった図説記事のみを掲載した巻子本（二本松泰子「近世における動物（鷹）飼育のマニュアル：新出資料の鷹書紹介」、「ビオストーリー」二二号、二〇一四年参照）なども存在する。

現代の鷹匠たちも流派伝来の鷹書に記されている尾羽と爪の名前は必須の知識として必ず覚えるという。

20ウ　鷹の羽の文様の種類（「鷹の尾羽の文様について」の続き）。

21オ　正面から見た鷹の部位の図説。

21ウ　背面から見た鷹の部位の図説。

22オ　左側面から見た鷹の部位の図説。

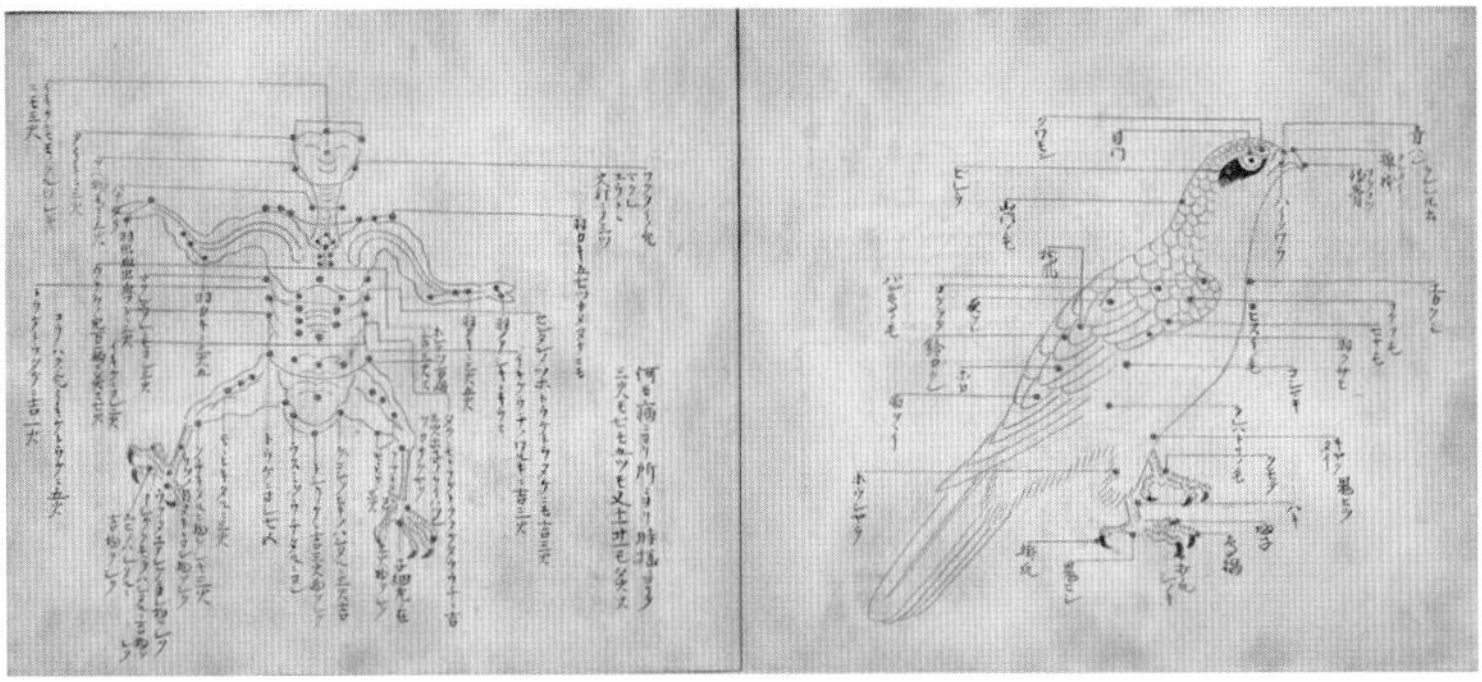

23オ　22ウ

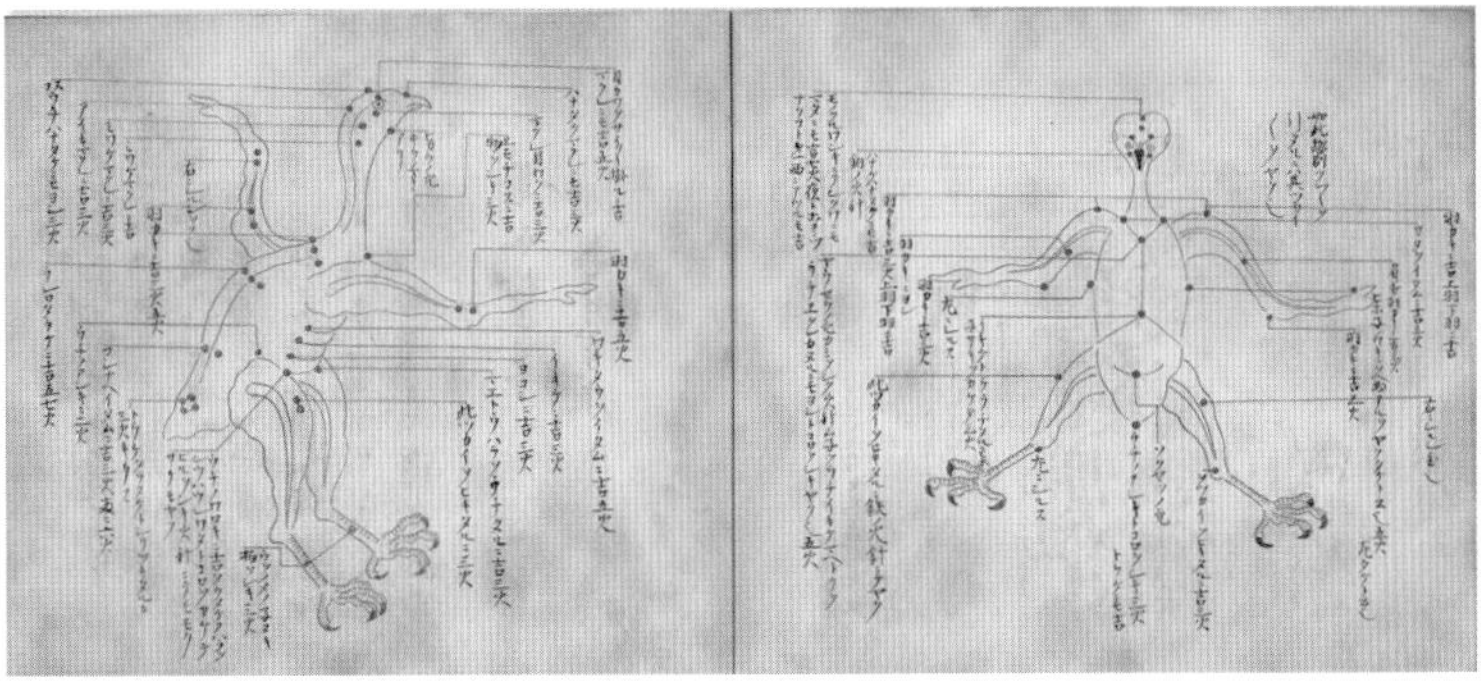

24オ　23ウ

鷹の経穴について

健康な鷹を飼育するためには、病気・ケガをした鷹の治療に関する知識を習得する必要がある。鷹書では、その主な知識として鷹に投与する薬の調合法や鷹の経穴を説明した図説が多数掲載されている。

そういった記事の内容は東洋医学や薬学の知識を反映したものであることから、鷹書を介して伝播した放鷹文化にはこういった自然科学的な教養が含まれていたことが窺えよう。

現代の鷹匠たちはこのような経穴を利用した治療は行っていない。

22ウ　右側面から見た鷹の部位の図説。（「鷹の部位について」の続き）。

23オ　鷹の経穴（背面）についての図説。

23ウ　鷹の経穴（正面）についての図説。

24オ　鷹の経穴（側面）についての図説。

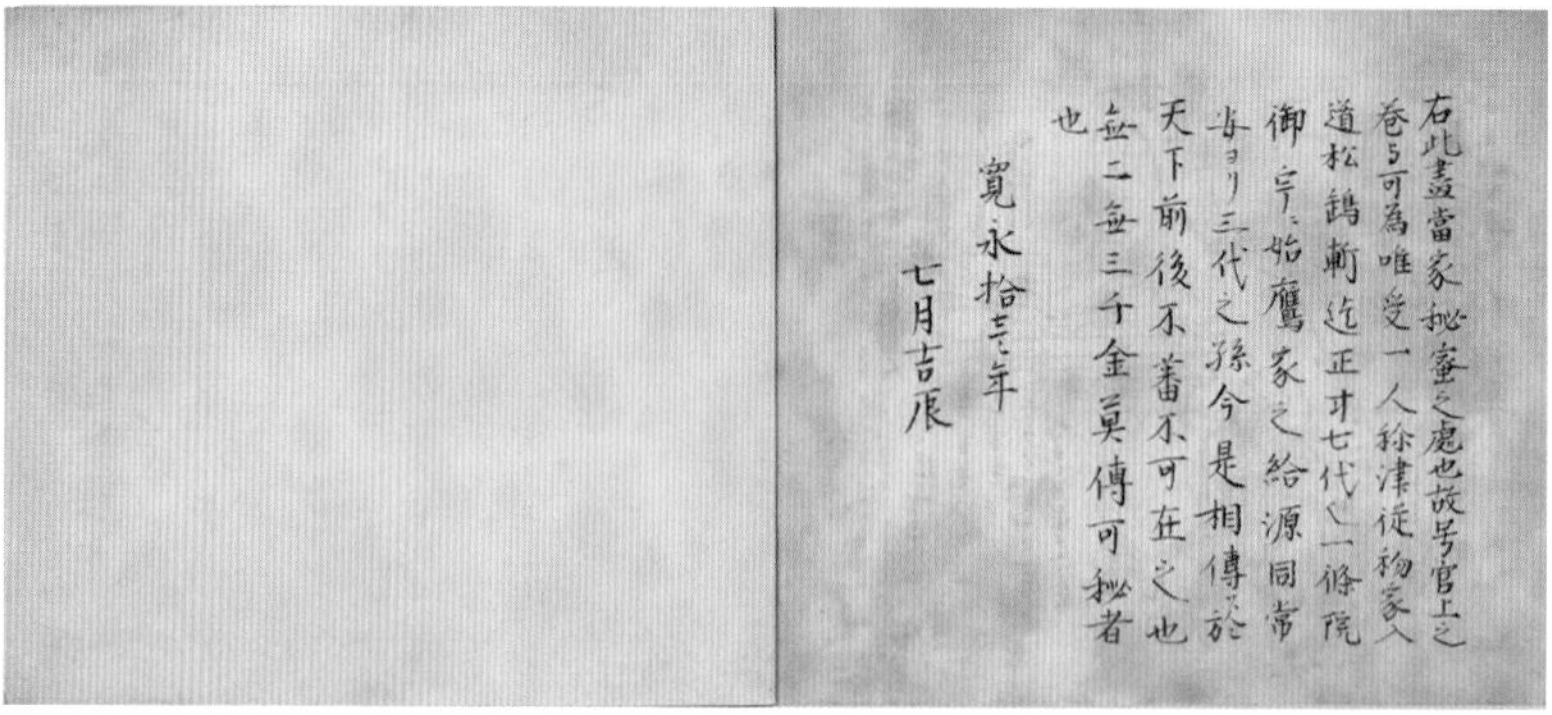

24ウ

奥書

寛永十一年（一六三四）の年紀と、この鷹書が祢津松鷂軒から三代目の孫に相伝されたものであることが記されている。

初出一覧

序章―松代藩の真田家と祢津家の鷹狩り―

➡書き下ろし。

第一編　祢津家の血脈が描く真田家の鷹狩り

第一章　真田家を彩る祢津家嫡流の系譜伝承

➡原題「近世期における祢津氏嫡流の家伝について―新出の祢津氏系図を端緒として―」／福田晃・中前正志編『唱導文学研究・第十二集』（三弥井書店、二〇一九年）をもとに加筆修正した。

第二章　祢津家嫡流の鷹書

➡原題「信州諸藩の鷹狩り―松代藩の祢津氏の鷹書―」／「グローバルマネジメント」第2号、二〇二〇年をもとに加筆修正した。

第三章　禰津家本家の格式と家芸としての鷹術

➡原題「松代藩・光直系祢津氏の系譜における鷹の言説」／「間谷論集」第14号、二〇二〇年をもとに加筆修正した。

第二編　徳川家の鷹狩りと真田家の鷹狩り

第一章　鷹の五臓論をめぐる言説の位相

⬇書き下ろし。

第二章　徳川家康愛顧の祢津松鷂軒系の鷹術とそのブランド化

⬇原題「中世鷹術流派の近世的展開―加賀藩における祢津家の鷹術を手掛かりとして―」／「立命館文学」第六五八号、二〇一八年をもとに加筆修正した。

結章

⬇書き下ろし。

付録　カラー版　絵で知る鷹狩り―図解『鷹繪圖之巻』―

⬇書き下ろし。

著書略歴

二本松　泰子（にほんまつ　やすこ）
昭和43年2月　大阪府に生まれる
昭和63年3月　金蘭短期大学国文科　卒業
平成3年3月　立命館大学文学部　卒業
平成11年3月　立命館大学大学院文学研究科博士課程後期課程　学位取得修了
現　在　長野県立大学　教授
博士（文学）

主要著書・論文
『中世鷹書の文化伝承』（三弥井書店、平成23年）、『鷹書と鷹術流派の系譜』（三弥井書店、平成30年）、「『諏訪信重解状』の新出本と『諏方講之式』―大祝家文書の中の諏訪縁起―」（『諏訪信仰の歴史と伝承』所収、三弥井書店、平成31年）、「日本における朝鮮放鷹文化の享受と展開―『新増鷹鶻方』の伝播をめぐって―」（「伝承文学研究」第70号、令和3年）

真田家の鷹狩り　鷹術の宗家、祢津家の血脈

2023(令和5)年1月9日　初版発行

定価はカバーに表示してあります。

ⓒ著　者　二本松泰子
発行者　吉田敬弥
発行所　株式会社 三弥井書店
〒108－0073 東京都港区三田3－2－39
電話03－3452－8069
振替00190－8－21125

ISBN978-4-8382-3399-1 C0021　製版・印刷　藤原印刷株式会社

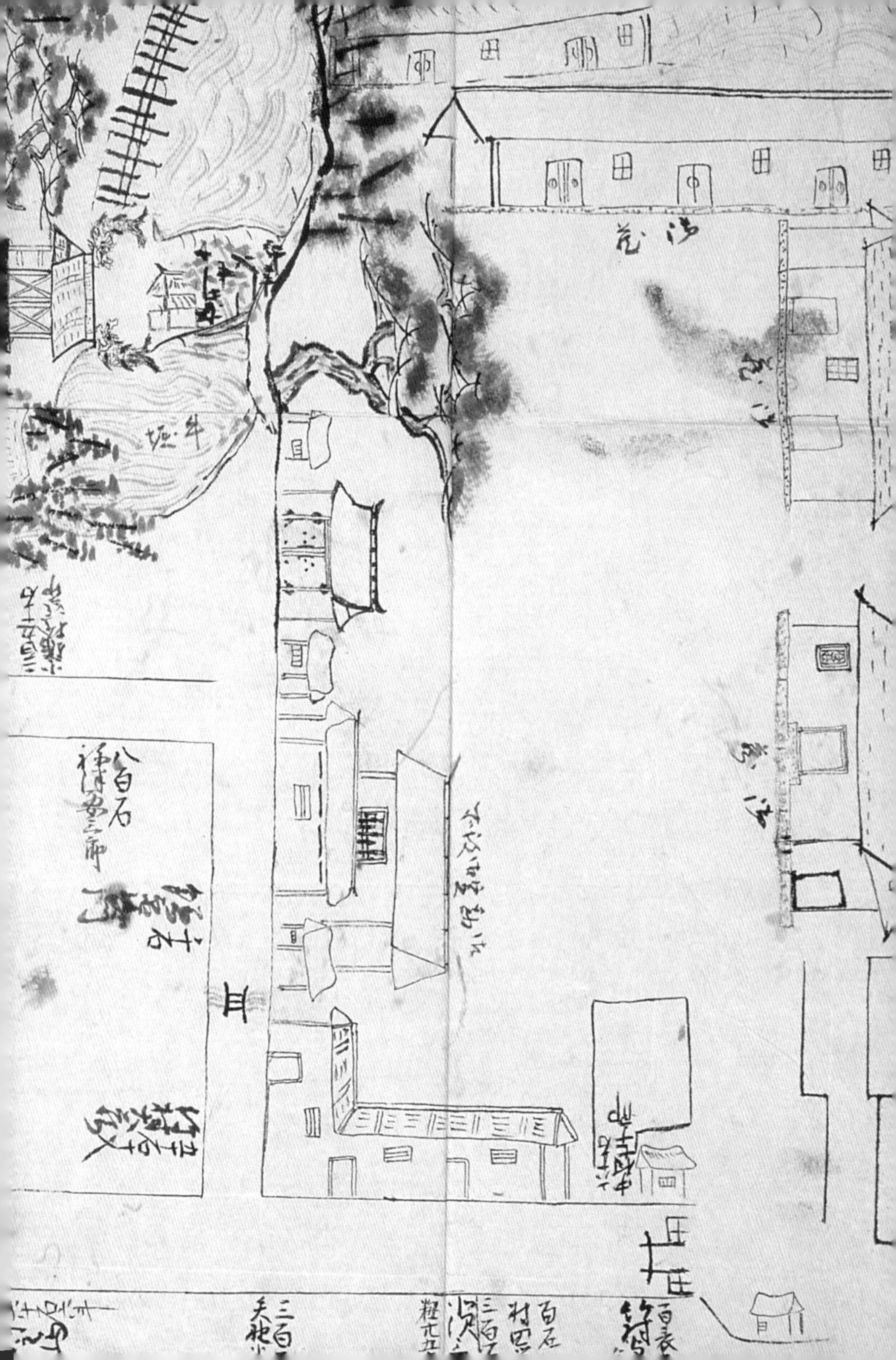